거짓말을 하면
얼굴이 빨개진다

거짓말을 하면 얼굴이 빨개진다

윤리의 문제를 생각하는 철학동화

라이너 에를링어 지음 · 박민수 옮김

 비룡소

차례

한없이 골치 아픈 질문을
명쾌하게 알려준 철학서

사람을 동물과 구별하는 본질적이고 보편적 특징은 일반적으로 지적 능력이라고 생각하지만 사실은 도덕적 의식이다. 지적 능력은 돌로 열매의 씨를 깨서 먹는 침팬지 혹은 조개껍데기를 부셔서 속살을 먹는 수달의 기술적 능력에서도 발견할 수 있지만, 어떤 행동을 놓고 도덕적 고민을 하는 동물은 오직 인간뿐이다. 도덕의식이 부재한 인간은 인간의 범주에 속하지 못한다. 그러므로 인간의 본질은 도덕성이다.

도덕성은 나 자신만이 아니라 나 자신을 희생하면서까지 남의 복지도 함께 배려하는 심성이며, 도덕의 구체적인 문제는 어떤 행동이 도덕적으로 가장 바람직한 행동인가를 이성적으로 결정하는 문제이다. 그러나 이런 결정은 쉽지 않다. 나의 모든 행동은 직접적 혹은 간접적으로 나 이외의 모든 사람들의 복지에 복잡한 인과적

관계로 얽혀 있기 때문이다. 이 책의 어린 주인공인 페르디난트가 고백하듯이 도덕적 행동의 결정이 '한없이 골치 아픈' 까닭은 우연이 아니다. 모든 도덕적 결정은 하나같이 깊은 사유를 요청한다.

이 책은 어린이들만을 위한 재미있는 이야기 즉 그냥 동화가 아니라 어린이나 어른이나 생각하는 사람이면 아무도 그냥 스쳐 갈 수 없는 철학적 문제를 다룬 철학서이다. 그 철학적 문제들에 대한 사유는 물음을 던지는 어린이와 대답을 주고자 하는 어른 간의 대화의 형식을 갖추고 있다. 철학적 문제를 풀기 위해서 많은 중요한 철학자, 종교인, 작가, 그들의 철학적 이론 등이 동원되었지만 이야기가 아주 재미있게 구성되어서 어려운 느낌은 전혀 없다. 독자들은 이 책을 통해서 철학적 사유의 재미와 더불어 철학사를 함께 익히게 될 것이다.

도덕적 문제가 인간으로서 올바른 삶을 사는 문제이며, 인간으로서 올바르게 사는 문제가 올바른 행동을 의미한다면, 인생에 있어서 도덕적으로 사는 것보다 더 중요한 문제가 어디에 있겠는가? 그러나 이 책의 어린 주인공 페르디난트가 왜 도덕적으로 올바르게 살아야 하는가에 대한 외삼촌의 설명을 들으면서 "올바르게 행동하는 게 가끔은 너무 어려워요."라고 고백했듯이 도덕적으로 살아야 하는 이유는 물론 어떤 행동이 도덕적인가를 결정하는 일도 너무 어렵다. 그러기에 도덕적 문제를 대하는 데 있어서 가장 중요한 점은 이 책의 말미에서 페르디난트와 고트프리트 외삼촌 간의 짤막한 대화에 담겨 있는 다음과 같은 가르침의 의미를 새겨보는 것이 아닐까 생각된다.

"사람들이 너한테 정답이라 내미는 것을 그냥 믿어버려서는 안 돼. 언제나 네 스스로 많은 생각을 하고 네 생각을 다듬어야 해. 그리고 네 믿음, 네가 옳다고 여기는 것, 네가 취하는 태도에 반드시 책임을 져야 해."
"하지만 그건 정말 힘든 일이에요."
"그래, 당연히 힘들지. 하지만 그런 게 바로 자유야."

나는 지난 반세기 이상을 문학과 철학을 가르치고, 시와 철학책을 쓰는 생활을 계속했다. 당연한 세상을 좀 더 분명히 하고, 무의미한 것 같은 모든 것에 의미를 찾고자 해서이며, 생각하면 할수록 세상은 헷갈리고, 따지면 따질수록 모든 것이 무의미하게 보이며, 고민하면 할수록 구체적으로 어떻게 살아야 할지 알 수 없기 때문이었다. 그런데도 나에게 세상은 불투명했다. 도덕에 관한 나의 철학을 정리하려고 『자비의 윤리학』이라는 저서를 세상에 낸 지도 어느새 40여 년이 되었지만, 나는 매사에 있어서 구체적인 상황에 부닥쳤을 때는 어떻게 살아야 도덕적으로 선하고 옳은 것인지, 어떤 행동을 선택해야 할 것인지 분명치 않아 고민에 빠졌다.

나는 한 20년 대학에서 교양 윤리를 가르쳤고 그 과정에서 수많은 종류의 교과서를 사용했다. 내가 윤리학을 다시 강의하게 된다면 나는 주저없이 이 책을 교재로 삼겠다.

이 책은 어려운 도덕적 이론을 어린이나 어른에게, 학생이나 선생에게 쉽고 재미있게 들려준다. 이 책은 윤리 책인 동시에 뛰어난 아동소설이기도 하다. 그것은 도덕적 문제의 핵심이 어디에 있는가를 생생하게 보여주며, 도덕적 선, 악의 결정이 얼마만큼 복잡하고 어려운 문제인가를 알려주는 동시에 그만큼 더 우리의 삶을 풍요하고 의미있게 해준다.

이 책을 읽기 시작한 이는 애들이든 어른이든 이 책의 문학적, 철학적 재미에 빠져 끝까지 읽기까지는 그 아무도 손에서 책을 떼기 어려울 것이다. 그리고 윤리, 도덕의 문제를 다룬 동화책의 베스트셀러가 될 것이라 생각한다.

전 연세대학교 특별 초빙 철학 교수
박이문

왜 약속을 지켜야 하고 거짓말을 해선 안 되나?

- 약속을 깨는 것은 왜 나쁠까?
- 남에게 피해가 되지 않는다면 거짓말을 해도 될까?
- 다른 사람을 돕기 위해 하는 거짓말도 나쁜 것일까?

"**너** 지금 거짓말하고 있는 거지?" 토마스가 말했다.

삐삐는 잠시 생각에 잠기는 듯하더니 슬픈 표정으로 말했다.

"맞아, 거짓말이야."

아니카는 그제야 용기를 내어 한마디 했다.

"거짓말은 나빠."

삐삐는 한층 더 슬픈 표정으로 말했다.

"그래, 거짓말은 나빠. 하지만 난 가끔씩 그 사실을 까먹지 뭐니. 우리 엄마는 천사고 아빠는 식인종의 왕이야. 그래서 난 평생 바다만 쏘다녔는데, 어떻게 만날 참말만 할 수 있겠니? 그러니까 말인데……."

갑자기 삐삐는 주근깨투성이 얼굴을 환히 빛내면서 말을 이었다.

"콩고에는 거짓말을 하지 않는 사람이 한 명도 없어. 다들 하루 종일 거짓말만 해. 그러니까 너희들은 내가 어쩌다 거짓말을 하더라도 콩고에서 너무 오래 살았던 탓이라는 걸 기억하고 용서해 줘야 돼. 어쨌든 우린 친구가 될 수 있겠지?"

"물론이야." 토미는 그렇게 말하면서 오늘 하루는 지루하지 않겠다는 생각이 언뜻 들었다.

— 『내 이름은 삐삐 롱스타킹』
(아스트리드 린드그렌 지음, 햇살과나무꾼 옮김, 시공주니어)

01

페르디난트의 누나 피아가 얼마 전부터 아주 이상해졌다. 페르디난트는 누나의 휴가 계획에 문제가 생긴 게 분명하다고 생각했다. 오래전부터 피아는 들뜬 마음으로 휴가를 기다리고 있었다. 피아는 가장 친한 친구와 함께 2주 동안 프랑스에서 지내기로 했던 것이다. 피아가 엄마 아빠의 허락을 받아내는 것이 쉽지는 않았다. 안네의 부모님은 걱정이 앞섰기 때문에 처음에는 절대로 허락하려 하지 않았다. 하지만 피아가 함께 가는 휴가였고, 안네의 부모님은 피아를 좋아했기 때문에 결국은 허락해 주었다. 두 소녀는 '프랑스어 연수'를 위해 휴가를 간다고 말했지만 사실 단 둘이서 특별한 휴가를 보내고 싶은 마음이 더 컸다. 피아의 친구 안네는 말할 수 없이 기뻐했다. 안네는 외국에 한 번도 나가본 적이 없었다.

그런데 그새 무슨 일이 생긴 게 분명했다. 피아는 전화벨이 울리기만 하면 얼른 전화기 쪽으로 달려갔다. 그리고 페르디난트나 엄마 아빠를 찾는 전화이면 실망한 표정을 감추지 못했다. 하지만 자신에게 온 전화면 얼굴이 빨개진 채 전화기를 들고 자기 방으로 쏙 들어가 버렸다. 저녁 식사 때도 말이 거의 없었고 잘 먹지도 않았다.

"무슨 일이 있니?" 엄마가 물었다.

"아니요. 일은 무슨 일이 있겠어요." 피아는 얼굴이 빨개졌다.

"분명 무슨 일이 있어." 엄마가 말했다. "자, 감추지 말고 어서 얘기해 보렴!"

피아는 잠시 머뭇거리다가 입을 열었다. "마르크란 애를 사랑하게 되었어요. 마르크는 세상에서 가장 멋진 남자애예요."

"그렇구나." 엄마가 말했다. "참 잘된 일이네. 그런데 문제가 뭐니? 그 애는 널 좋아하지 않니?"

"아니, 아니! 그렇지 않아요! 그 애도 나를 좋아해요. 하지만 어려운 일이 생겼어요." 피아의 두 눈에 눈물이 고였다. "마르크는 여섯 주만 있으면 교환학생으로 미국에 가서 일 년 동안 지내게 될 거예요. 일 년 동안이나 서로 볼 수 없다니 정말 끔찍해요. 그래서 헤어지기 전까지는 단 한순간도 그 애와 떨어져 있고 싶지 않아요."

"그런데?" 페르디난트가 끼어들었다. "그럼 그렇게 하면 되잖아!"

"그렇게 쉽지가 않아! 나는 안네와 휴가를 가기로 했잖아? 그리고 휴가는 벌써 3주 앞으로 다가왔어." 피아는 절망스러운 표정이었다. "마르크가 독일에 남아 있는 동안 안네와 함께 천막 속에서 휴가를 보내기는 정말 싫어요. 나는 휴가를 가고 싶지 않아요. 하지만 휴가를 못 가면 안네가 몹시 실망할 거예요. 그래도 안네와 나는 앞으로 매일 볼 수 있잖아요? 그런데 마르크는 이번에 떠나면 오랫동안 볼 수 없어요. 그동안 많이 생각해 봤는데, 돈이 모자라서 휴가를 못 가겠다고 안네에게 말하면 어떨까요? 그런데 막상 그렇게 하자니 양심의 가책을 느껴요."

친구에게 진실을 말할 경우
친구가 화를 낼 수도 있다면
거짓말을 해도 괜찮은가?

"그런 가책을 느끼는 건 당연해." 엄마가 화난 목소리로 말했다. "제일 친한 친구에게 거짓말을 해서는 안 돼. 그리고 엄마와 네 자신도 속이고 싶지는 않겠지?"

"왜 안 돼요?" 페르디난트가 물었다. "누나가 무슨 이유로 휴가를 갈 수 없다고 말하든 안네 누나에게는 아무 차이가 없어요."

"지금 내가 제대로 들은 거냐!" 엄마는 정말로 화가 났다. "기가 막혀서. 딸은 거짓말을 하려 하고 아들 녀석은 거짓말이 전혀 나쁘지 않다고 생각하다니. 내가 너희들 교육을 제대로 시킨 거냐? 늘 얘기했잖아? 거짓말은 나쁜 거라고."

"거짓말로 다른 사람을 해치려 하는 경우에는 나쁘죠." 피아는 그동안 많은 생각을 한 것 같았다. "하지만 이 경우에는 거짓말을 한다고 해서 해를 입는 사람은 없어요. 오히려 마르크 때문에 못 간다고 사실대로 말하면 안네는 정말로 마음이 상할 거예요. 그런 일이 생기는 건 싫어요."

"구실이 될 만한 것을 잘도 생각해 냈구나." 엄마가 말했다. "십계명 중에서 여덟 번째 계명이 뭐였지? '거짓말하지 마라.'였지? 너는 그 계명을 지켜야 해."

> 진리는 신과 인간에 관련된 모든 것의 시작이다. 그러므로 축복을 받고 행복해지고자 하는 사람은 처음부터 진실과 함께해야만 가능한 한 오랫동안 참된 사람으로 인정받고 살 수 있다. 그럴 때에만 그는 신뢰할 만한 사람이 되기 때문이다. 그러나 고의적으로 거짓을 일삼는 사람은 신뢰할 수 없는 사람이며, 본의 아니게 그런 사람은 어리석은 사람이다.
>
> 플라톤 | 기원전 428년~기원전 347년, 고대 그리스의 철학자

페르디난트는 잠시 생각을 해보았다. 거짓말은 나쁜 짓이며 죄악이라는 말은 이미 여러 번 들었다. 하지만 아직 알 수 없는 것이 있었다. 그래서 페르디난트는 물었다. "거짓말이 왜 나쁜 거죠?"

"기독교의 입장에서 보면 신은 모든 것을 아시는 분이야. 그러니까 신은 진실이 무엇인지도 아시지. 거짓말은 사실이 아닌 것을 말

하는 것이고 그렇기에 신에게서 멀리 떨어지는 것을 뜻해. 하지만 거짓말이 왜 나쁜지에 대해서는 아주 실제적인 이유를 생각해 볼 수도 있어. 거짓말은 사람들 사이의 신뢰를 깨." 엄마가 대답했다.

> 진실의 반대가 아닌 거짓말은 없다. 빛과 어둠, 경건과 패덕, 정의와 불의, 선행과 악행, 건강과 질병, 삶과 죽음과 마찬가지로 진실과 거짓은 대립되기 때문이다. 그러므로 진실을 사랑할수록 거짓을 미워해야만 한다.
>
> 아우구스티누스 | 354년~430년, 로마의 주교, 교부 철학의 대성자

"어째서요?" 피아가 물었다.

"너희들도 이런 격언을 알 거야. '한 번 거짓말한 사람은 아무도 믿지 않으며, 그 후로는 진실을 말해도 소용없다.' 네가 거짓말을 했다는 것을 안네가 알게 되는 상황을 생각해 보렴. 그다음부터 네가 안네에게 무슨 얘기를 하면 안네는 어떤 생각을 할까? 안네는 이런 생각을 할 거야. '이 말은 정말일까? 아니면 피아가 또 거짓말을 하는 걸까?' 결국 너희들의 우정에는 금이 가고 더 이상 신뢰를 쌓을 수 없게 될 거야."

양들을 돌보는 소년이 있었다. 양치기 소년은 어느 날 너무 심심했기 때문에 이런 소리를 질렀다. "도와줘요, 도와주세요! 늑대가 나타났어요!"

그러자 곧장 마을 사람들이 도와주려고 달려왔다. 하지만 늑대는 없었고 양치기 소년은 깔깔거리며 웃기만 했다. 다음 날 소년은 지루해서 또 소리를 질렀다. "도와줘요, 도와주세요! 늑대가 나타났어요!" 다시 마을 사람들이 달려왔지만, 이번에도 늑대는 없었고 소년은 또 깔깔거리며 웃었다. 그런데 셋째 날 정말로 늑대가 나타나서 양들에게 달려들었다. 양치기 소년은 소리쳤다. "도와줘요, 도와주세요! 늑대가 나타났어요!" 마을 사람들은 소년의 외침을 들었다. 하지만 소년이 또 거짓말을 하는 거라 생각하고 도와주러 오지 않았다. 늑대는 양들을 모두 잡아먹었다. "한 번 거짓말한 사람은 아무도 믿지 않으며, 그 후로는 진실을 말해도 소용없다."

양치기 소년과 늑대의 우화

피아는 자신의 잘못된 생각을 크게 뉘우쳤다. 신뢰가 깨진다는 것은 사소한 일이 아니었다. 안네에게는 사실대로 말해야 할 것이다. 하지만 아직 궁금한 것이 있었다. 피아는 거짓말을 하려는 생각 때문에만 양심의 가책을 느낀 게 아니었다. 왠지 모르겠지만 친구에게 휴가를 못 가겠다고 말하는 것도 왠지 꺼림직했다. 거짓말은 나쁘지만 이런 것은 괜찮은 것일까?

"그것도 결국 비슷한 거야." 엄마가 말했다.

"왜요?" 피아는 궁금했다. "안네에게 사실대로 말하면 괜찮은 거 아닌가요?"

"따지고 보면 누나는 애초부터 거짓말을 한 거야." 페르디난트가 말했다. "누나는 안네 누나와 함께 휴가를 가겠다고 말했다가 지금은 가지 않으려고 해. 그러니까 그때 누나는 사실과 다른 것을 말한 거야. 그러니까 거짓말을 한 거지 뭐야."

"아니, 그게 거짓말이라고 생각하지는 않아." 엄마가 말했다. "피아는 거짓말을 하지는 않았어. 그때는 분명히 안네와 함께 휴가를 갈 생각이었으니까. 하지만 거짓말은 아니더라도 결국은 똑같은 것, 그러니까 신뢰가 문제야. 약속을 깨도 신뢰에는 금이 가기 마련이야."

친한 친구와 오래전에 약속을 했지만
지금은 다른 일을 더 하고 싶다면
친구와 한 약속을 깨도 될까?

"하지만 나는 아무것도 약속한 적이 없어요." 피아가 항변했다. "나는 그저 안네와 함께 어떤 일을 계획한 것뿐이에요."

"'약속해.'라고 말했을 때만 약속인 게 아니야." 엄마가 말했다. "너는 안네와 함께 어떤 결정을 내렸고, 안네는 네 말을 굳게 믿었어. 그건 약속이야. 그리고 약속은 지켜야 해."

"왜 그래야 해요?" 페르디난트는 궁금했다.

"쉬운 예를 들어보마." 엄마가 말했다. "피아, 네가 프랑스행

기차를 타려고 플랫폼에 서있는데 기차가 오지 않으면 어떻게 할래?"

"그런 일은 일어나지 않아요! 혹시라도 그런 일이 생긴다면 당연히 화가 나겠죠. 하지만 내가 한 약속과 그게 무슨 상관이에요?" 피아가 물었다.

"어째서 너는 기차가 올 거라고 굳게 믿을 수 있는 걸까? 그건 기차가 올 거라고 철도청이 네게 약속했기 때문이야. 그러면 어째서 철도청은 기차를 운전할 기관사가 있을 거라고 확신할 수 있는 걸까? 그건 기관사가 근무를 할 거라고 철도청에 약속했기 때문이야. 그처럼 날마다 수많은 약속이 지켜질 때만 우리는 순조롭게 생활할 수가 있어. 다른 사람들이 약속을 지킬지 안 지킬지 우리가 전혀 알 수 없다면 어떻게 될까? 제과점에 빵이 있을지, 버스가 다닐지 전혀 예측할 수가 없다면 말이야. 엄마가 너희들에게 음식을 만들어 줄지 식탁에 아무것도 없을지 전혀 알 수 없는 상황을 상상해 봐."

"물론 그래요. 하지만 그건 직업이나 직무와 관련된 문제예요. 휴가하고는 좀 다른 문제예요." 피아가 말했다. "직장 생활에서는 분명히 책임을 저야 해요. 그렇게 하지 않으면 말썽이 일어나니까요. 처벌을 받게 되거나 해직되지요. 하지만 친구와 약속한 경우에는 그런 일이 일어나지 않아요."

"아니, 결국은 마찬가지야." 엄마가 말했다. "물론 직장 생활에서는 근로계약이란 것이 있어. 무엇을 해야 하고 무엇을 하면 안 되는지 계약에 정해져 있지. 사람들은 계약에 따르기만 하면 돼. 친구 사이에는 그런 계약이 없어. 믿음이란 것만 있지. 하지만 그렇기 때문에 친구 사이에서 신뢰가 깨지면 더 좋지 않은 상황이 생겨. 삽시간에 우정에 금이 갈 수 있다는 거야."

"그러면 이제 어떻게 해야 하나요?" 피아가 풀 죽은 목소리로 물었다.

"너한테는 한 가지 길밖에 없어." 엄마가 말했다. "안네와 솔직한 이야기를 나누고 네가 처한 상황을 설명해야 해. 그런 다음 너희 둘이 함께 해결책을 찾아봐. 안네가 너를 정말로 좋아한다면 분명히 휴가를 포기할 거야. 그리고 함께 다른 계획을 세워볼 수 있을 거야. 하지만 약속을 깬 사람이 너라는 점은 분명히 기억해야 해."

피아는 거실에서 나갔고, 페르디난트는 잠시 앉아 생각을 해보았다. 엄마가 옳았다. 하지만 아직 납득할 수 없는 점이 있었다. 모든 거짓말이 나쁠 수는 없다. 그리고 속은 사람이 사실을 알지 못한다면 신뢰에도 금이 가지 않을 것이다. 아무래도 이건 그렇게 간단한 문제가 아닌 것 같았다. 페르디난트는 궁금한 점을 풀기 위해 고트프리트 외삼촌에게 물어보기로 했다.

고트프리트 외삼촌은 엄마의 동생이고 페르디난트의 대부-기독교에서 유아 세례식 때 세례받는 아이의 후견인 역할을 하는 남자 어른.- 옮긴이였다. 페르디난트는 고트프리트 외삼촌이 상당히 멋진 사람이라고 생각했다. 외삼촌은 가까운 동네의 어느 지붕 밑 방에서 안톤이란 개와 함께 살았다. 외삼촌은 다른 어른들과 참 많이 달랐다.

"우리도 당신 동생 고트프리트처럼 편하게 살면 좋겠군!" 언젠가 아빠가 엄마에게 그런 말을 했다. "고트프리트는 도대체 왜 그러고 사는 거야? 직업이 일정치 않잖아? 하는 일이 늘 바뀌지. 그런데도 돈은 부족하지 않은 것 같으니 참 신기해. 게다가 결혼은커녕 지속적으로 사귀는 여자 친구도 없어."

"당신은 결혼하지 않은 사람을 보면 부러워하는 것 같더라. 그렇지? 가끔은 나도 그런 생각을 해!" 엄마가 대꾸했다. 아빠가 외삼촌에 관해 불평을 하면 엄마는 몹시 화를 냈다. 엄마도 외삼촌을 완전히 이해하지는 못했지만 외삼촌을 좋아했다.

"당장 외삼촌에게 가야겠어!" 페르디난트는 저도 모르게 소리내어 말했다. 잠시 후에 페르디난트는 외삼촌의 집 앞에 서있었다. 외삼촌이 문을 열자 안톤이 뛰어나왔다. 안톤은 페르디난트를 좋아했다. 안톤은 외삼촌이 몇 년 전 스페인에 여행 갔다 데려온 잡종견이었다. 굶주린 채 거리를 헤매는 어린 개를 외삼촌이 발견했던 것이다. 외삼촌은 개를 데려와 돌봐주고 먹여주었다. 안톤은 외삼촌에게서 2~3미터 이상 떨어지려고 하지 않았다. 물론 외삼촌이 페르디난트네 집에 갈 때는 집에 남아 있어야 했지만. 열린 문틈 사이로 뛰어나온 안톤이 꼬리를 흔들며 페르디난트에게 반가움을 표시했다.

"너무 야단 떨지 마, 안톤." 외삼촌이 그렇게 말했지만, 안톤은 페르디난트에게 반가운 마음을 충분히 표현할 때까지 가만 있으려고 하지 않았다. 두 사람이 외삼촌의 부엌 탁자 앞에 앉자 안톤은 페르디난트 옆에 엎드려 주둥이를 페르디난트의 발에 얹고는 위를 올려다보았다. "어쩐 일이냐?" 외삼촌이 물었다. 페르디난트는 누나와 누나의 남자 친구와 휴가와 누나의 여자 친구 안네에 관한 모든 이야기를 들려주었다. 그러고는 자신이 의문스러워하는 점들을 설명했다. 페르디난트가 이야기에 열중해서 안톤에게 신경을 쓰지 않자 안톤은 주둥이로 페르디난트를 쿡 찔렀다. 페르디난트가 쓰다듬어 주자 안톤은 주둥이를 다시 페르디난트의 발에 얹어놓았다.

거짓말이 아무에게 해가 되지 않는 경우나
누군가에게 도움이 되는 경우에도
거짓말이 나쁜 이유는 무엇인가?

"음, 그건 참 어려운 문제야." 고트프리트 외삼촌이 말했다. "그 문제에 관해서 많은 철학자들과 교부고대 교회에서 교의와 교회의 발달에 큰 공헌을 한 종교상의 훌륭한 스승과 저술가들.- 옮긴이들이 오랫동안 논쟁을 했지. 엄마는 분명히 거짓말이 죄악이라 말했을 거고, 그에 관한 종교적 입장도 설명해 주었을 거야."

24

"당연하지요." 페르디난트는 엄마의 이야기를 그대로 전했다.

"그러면 너는 뭐가 문제라고 생각하는 거냐?" 외삼촌이 물었다.

"다른 사람에게 해를 주려고 거짓말하는 것과 그 사람을 배려해서 거짓말하는 것은 분명 차이가 있어요. 십계명에서도 두 가지가 같다고 여기는 것은 아닐 것 같아요."

"그래, 그런 생각은 정당하다. 사실 가톨릭에서도 그에 관한 논쟁이 있었어. 하지만 이미 1600여 년 전에 아우구스티누스는 모든 종류의 거짓말을 죄악으로 간주했고, 그 입장은 오랫동안 옳은 것으로 간주되었어.

다른 사람이 진리를 받아들이기 쉽게 하려고 거짓말을 한다 해도, 그것은 진리의 입구를 막아버리는 짓이다. 즉 어떤 사람이 거짓말을 해서 다른 사람에게 보조를 맞추려고 한다면, 그가 진리를 말하자마자 신뢰를 잃게 된다.

'다른 사람을 구하기 위해서라면 거짓말을 해도 좋은가.'라는 물음은, '다른 사람을 구하기 위해서라면 죄를 지어도 좋은 것인가.'라는 물음과 같다. 하지만 이런 행위는 영혼의 구원과 합치될 수 없다. 영혼의 구원은 오로지 죄를 짓지 않을 때에만 보장될 수 있기 때문이다.

아우구스티누스

훨씬 나중에야 또 다른 교부인 토마스 아퀴나스가 해로운 거짓말과 유용한 거짓말과 장난스러운 거짓말을 구분했어. 토마스 아퀴나스에 따르면 이 세 가지 거짓말은 모두 나빠. 하지만 농담으로 하는 거짓말이 다른 사람에게 해를 끼치려는 거짓말보다는 당연히 덜 나쁘지. 그리고 개신교의 경우, 루터도 처음에는 그렇게 생각했어. 하지만 나중에 루터는 다른 사람에게 이로움을 주기 위한 거짓말과 장난스러운 거짓말은 본래의 거짓말이 아니며 따라서 비난받을 만한 것이 아니라고 생각하게 되었지."

"그러면 피아 누나는 안네 누나에게 돈이 없다고 말해도 괜찮은 거네요. 안네 누나의 기분을 상하지 않게 하려는 거니까요." 페르디난트가 말했다.

"그렇게 간단하지는 않아." 외삼촌이 말했다. "루터 역시 거짓말을 쉽게 용인한 것은 아니었어. 루터도 거짓말이 나쁘지 않으려면 신앙의 관점에서 유용한 점이 있어야 한다고 생각했어. 그런데 피아의 경우에는 전혀 그렇지 않아. 우리는 그저 자신이 좀 편해지려고 이야기를 지어내는 것인지 아닌지 잘 따져봐야 해."

"흠." 페르디난트는 뭔가 생각을 하는 표정이었다.

"아직도 석연치 않은 점이 있니?" 고트프리트 외삼촌이 물었다.

"예. 단지 서로 간의 신뢰가 문제라면 말이에요, 상대방에게 들킬 염려가 전혀 없을 때는 거짓말을 해도 되는 거잖아요? 그런 경우에는 신뢰가 깨지지 않으니까요."

"맙소사!" 외삼촌이 말하고서 페르디난트를 빤히 쳐다보았다. "정말이지 영리하구나."

페르디난트는 어떤 반응을 보여야 할지 알 수가 없었다. 자신의 생각은 아주 논리적인 것 같은데 외삼촌이 거부감을 표시하는 것 같았다. 하지만 외삼촌이라면 그런 태도를 보여도 싫지 않았다. 게다가 외삼촌은 늘 페르디난트의 말을 진지하게 들어주어서 좋았다.

"지금 우리는 모든 개별 경우에 적용되는 일반 규칙에 관해 얘기하는 거야. 피아의 친구 안네를 예로 들어보자. 네 말은, 피아의 거짓말을 안네가 알아채지 못하면 안네는 피아를 계속 신뢰한다는 뜻이지?"

"예, 그래요." 페르디난트가 말했다.

"그 말은 맞아." 외삼촌이 말했다. "하지만 안네가 피아의 거짓말을 눈치채지 못하리라는 것은 100퍼센트 확실하지 않아. 그런 경우 신뢰와 우정은 그저 우연에 좌우되는 거야. 그건 바람직하지 않아. 그리고 안네가 피아의 거짓말을 눈치채지 못하리라는 걸 100퍼센트 확신할 수 있다고 치자. 그런데 안네는 어째서 피아의 말을 믿어 의심치 않는 걸까?"

"그야 안네 누나는 친구가 거짓말할 리가 없다고 생각할 테니까요." 페르디난트가 대답했다.

"바로 그거야." 외삼촌은 말했다. "안네가 그런 생각을 하는 것은 거짓말을 해서는 안 된다는 일반 규칙이 있기 때문이야. 만약 누구나 원할 때 원하는 만큼 거짓말을 해도 좋고 그런 게 전혀 나쁜 짓이 아니라고 한다면, 다른 사람을 신뢰하겠다는 생각은 아무도 하지 않게 될 거야."

이제는 페르디난트도 분명하게 이해가 되었다. 하지만 외삼촌은 이야기를 계속했다. "그런데 거짓말을 해서는 안 되는 다른 이유도 생각해 볼 수 있어. 좀 더 복잡한 얘기겠지만 말이야. 하지만 너는 이해할 수 있을 거야. 잘 들어보렴. 혹시 인디언들이 거짓말쟁이를 뭐라고 부르는지 알고 있니?"

"나 참 기가 막혀서. 나는 일곱 살짜리 어린애가 아니에요. 예전에 외삼촌이 말해주었잖아요. 인디언들은 거짓말쟁이를 두고 '저 녀석은 혓바닥이 두 갈래다.'라고 말해요!"

"그러면 그게 무슨 뜻이지?" 외삼촌이 물었다.

"거짓말쟁이는 뱀처럼 나쁘고 혀도 두 갈래로 갈라져 있다는 뜻일 거예요." 페르디난트가 말했다. "거짓말쟁이는 마음속 생각과는 다른 것을 말한다는 거지요."

인간이 오직 도덕적 존재(인격 속에 있는 인간성)로서 간주되는 자기 자신에 반하여 자신의 의무에 가할 수 있는 가장 큰 손상은 진실성에 반하는 행위, 즉 거짓말(하나는 입속에 넣어 보여주고, 다른 하나는 가슴 속에 숨겨두는 것)이다.

이마누엘 칸트 | 1724년~1804년, 독일의 철학자

"그래. 바로 그게 거짓말이 나쁜 이유야." 외삼촌이 말했다. 페르디난트는 무슨 말인지 이해할 수가 없었다. 하지만 외삼촌은 이야기를 계속했다. "인디언들은 거짓말쟁이의 혓바닥은 둘로 갈라졌다 말하는데, 그와 비슷한 얘기는 다른 민족들에게서도 찾아볼 수 있어. 아우구스티누스에 관해서는 네 엄마에게서 이미 들어본 적이 있을 거야. 그런데 아우구스티누스는 '거짓말쟁이의 심장은 두 조각'이란 말을 했어. 그리고 철학자 칸트는 거짓말쟁이는 입속에 있는 것과 심장에 있는 것이 서로 다르다는 말을 했지.

거짓말은 어쩔 수 없는 상황이나 누군가를 구하기 위한 경우에도 나쁜 것인가?

우리 인간의 탁월한 점은 언어로 의사소통을 한다는 점이야. 그런데 누군가 자신의 생각을 나타내기 위해 언어를 사용하는 게 아니라 자신의 생각과 반대되는 것을 표현하기 위해 언어를 사용한다면, 그건 두 가지 의미에서 나쁜 짓이야. 첫째로, 그런 사람은 언어의 의미를 앗아가 버려. 왜냐하면 그런 사람 때문에 언어가 표현하는 것이 맞는지 틀린지를 알 수 없게 되기 때문이야. 이런 점은, 그러니까 거짓말은 생각과 언어 사이의 모순이기 때문에 의미를 깨뜨리는 상황을 낳는다는 점은 이미 오래전부터 인식되었어. 그리고 둘째로, 거짓말하는 사람은 인간의 탁월한 특징, 다시 말해 자신의 생각을 표현할 수 있다는 특징을 손상시켜. 그리고 많은 사람들은 그런 짓이 인간의 존엄성에 해를 끼치는 일이라고 생각해."

기원전 7세기의 철학자 에피메니데스는 크레타 사람이었다. 어느 날 그는 이런 말을 했다. "모든 크레타 사람은 거짓말쟁이다." 에피메니데스의 이 말은, 모든 크레타 사람은 단 한 사람도 예외 없이 거짓말쟁이라는 뜻이다.

에피메니데스의 이 말은 참인 동시에 거짓이다.

이 말이 옳다면 에피메니데스는 (그 자신의 말대로) 거짓말쟁이다. 하지만 그가 거짓말쟁이라면 이 말은 틀리다. 이 말이 틀리다면 그는 거짓말쟁이가 아니며 진실을 말하는 것이 된다. 하지만 그렇다면 그는 거짓말쟁이가 된다…….

에피메니데스는 거짓말쟁이인가, 아닌가? 그의 말은 참인가, 거짓인가?

에피메니데스의 역설

말은 본래부터 생각을 나타내는 기호이다. 그러므로 자신의 생각 속에 있지 않은 것을 말로 나타내는 것은 부자연스럽고 용납될 수 없는 행위이다.

토마스 아퀴나스 │ 1225년~1274년, 이탈리아의 철학자이자 교부 어떤 사람이 자신의 생각과 정반대되는 것을 (의도적으로) 포함하여 누군가에게 의사를 전달한다면, 이는 생각을 전달하는 자신의 능력이 지닌 자연적 합목적성에 정면으로 배치되는 목적을 갖는 것이며 따라서 자신의 인격을 포기하는 행위이다. 그런 사람은 인간이 아니라 인간의 허울에 불과하다.

이마누엘 칸트

"하지만 만약 그렇다면 어떤 경우에도 거짓말을 해서는 안 돼요." 페르디난트가 말했다. "그건 아무리 생각해도 이상해요. 좋은 일을 하기 위해서나 무서운 일을 막기 위해서라면 거짓말을 할 수도 있다고 생각해요."

"이를테면 범죄자와 마주치는 경우를 말하는 거냐?"

"예, 그래요." 페르디난트가 말했다. "학교 수업에서 어떤 신문 기사를 읽고 토론한 적이 있어요."

"어떤 기사였는데?"

"술에 취한 극우파 서너 명이 어느 망명 신청자의 뒤쪽에서 몰려가고 있었어요. 극우파들은 망명 신청자를 쫓아가고 있는 게 분명했지요. 그런데 근처에 있던 사람이 우연히 그 사실을 알아차렸고 망명 신청자에게 얼른 숨으라고 말했어요. 얼마 후 머리를 박박 깎은 극우파들이 나타났고 망명 신청자를 찾기 시작했어요. 숨어 있는 망명 신청자가 거의 발각될 찰나에 도움을 주었던 남자가 극우파들에게 다가가 말했어요. 댁들이 찾는 사람은 조금 전 저쪽으로 도망갔다고요. 그러자 극우파들은 괴성을 지르며 달려갔어요. 덕분에 그 망명 신청자는 무사할 수 있었지요. 그 며칠 전에는 다른 망명 신청자가 몰매를 맞고 병원에 입원한 일이 일어났어요."

"그 일에서 네가 문제 삼는 것이 뭐지?" 외삼촌이 물었다.

"어쨌거나 그건 거짓말이었어요." 페르디난트가 말했다. "그렇지만 모두들 거짓말한 사람이 옳게 행동한 거라 말했어요. 시장님도 나서서 거짓말한 사람을 칭찬했지요. 그리고 교회도 그랬어요. 거짓말은 죄악인데도 말이에요."

"넌 역시 그 사람의 행동이 옳다고 여기는구나. 그렇지?" 고트프리트 외삼촌이 물었다.

"그야 물론이죠." 페르디난트가 말했다. "하지만 그 행동이 옳다는 게 어떻게든 설명되어야 해요. 왜 그런 경우에는 다른 거죠? 왜 그런 경우에는 거짓말을 해도 괜찮은 거죠?"

"내 생각에, 그런 경우에는 거짓말을 해도 괜찮은 게 아니라 거짓말을 해야만 해." 외삼촌이 말했다. "그 사람이 거짓말을 하지 않았다면 어떤 일이 일어났을지 생각해 봐. 사람 패기 좋아하는 그놈들은 불쌍한 망명 신청자를 결국 찾아냈을 거고 흠씬 두들겨 팼을 거야. 어쩌면 죽였을지도 몰라. 그리고 거짓말을 했다는 그 남자 혼자서 술에 취한 그 싸움꾼들을 막을 수는 없었을 거야. 그러니까 거짓말을 하는 것이 범죄를 막을 수 있는 유일한 길이었어."

"나도 같은 생각이에요." 페르디난트가 말했다. "하지만 그렇다면 거짓말은 어떤 경우에도 나쁘다는 철학자들의 말은 옳지 않아요. 예외도 있어요."

"네 말이 맞아." 외삼촌도 페르디난트의 생각에 동의했다. "그런 주장에는 모순이 있어. 아주 오래전부터 생각되는 문제이지. 심지어 그 때문에 두 철학자가 논쟁을 벌이기도 했어. 더욱이 신문 기사에 나온 그 일과 아주 유사한 경우를 둘러싸고 논쟁을 했어. 프랑스의 철학자 뱅자맹 콩스탕1767년~1830년, 프랑스 철학자.- 옮긴이은, A라는 사람을 죽이겠다고 말한 사람이 A의 친구인 B에게 A가 집에 있는지 물어보는 경우를 생각했지. 지금까지 나는 그런 일은 현실에서 일어나기 어렵고, 따라서 콩스탕은 상당히 우스운 예를 들었다고 생각했어. 그런데 신문에 보도된 그 일은 콩스탕이 생각했던 예와 꼭 같구나. 아무튼 그런 경우 B가 아무 말도 하지 않으면 살인을 하려는 사람은 A가 있는지 직접 확인해야 해. 그리고 A는 자신을 죽이려는 사람이 찾아오는 것을 보고 가만히 있을 리가 없겠지."

"맞아요. 그런데 콩스탕이란 철학자는 그런 예를 들면서 어떤 말을 했어요?" 페르디난트는 궁금했다.

"콩스탕은 살인자에겐 진실을 알 권리가 없으므로 그런 상황에선 거짓말을 해도 괜찮다고 말했어." 고트프리트 외삼촌이 이야기했다. "그리고 그런 상황에서조차 거짓말을 해선 안 된다는 독일 철학자가 있다고 비웃었지."

"그 독일 철학자가 누군데요?"

"정확히는 알 수 없어. 콩스탕은 이름을 말하지 않았으니까. 하지만 유명한 철학자 이마누엘 칸트는 콩스탕이 지칭한 철학자가 바로 자신이라고 생각했어. 그래서 어느 글에선가 콩스탕을 반박하는 말을 했지. 진실은 너무 가치 있는 것이라 어떤 상황에서도 포기해서는 안 된다는 것이 칸트의 생각이었어."

"칸트의 생각은 옳지 않은 것 같아요." 페르디난트가 말했다. "사소한 거짓말로 인간의 생명을 구할 수 있다면 거짓말을 해야지요. 생명을 구하는 게 더 중요한 일이니까요."

상황에 따라 거짓말은 허용될 수 있는가?

"네 생각은 이해해." 고트프리트 외삼촌이 고개를 끄덕이며 말했다. "나도 너와 같은 생각이야. 그리고 나뿐 아니라 다른 많은 사람들의 생각도 그래. 예를 들어 루터는 '유용한 거짓말'은 죄로 간주하지 않았어. 하지만 가장 설득력 있는 해답은 다른 철학자가 제시했지. 바로 쇼펜하우어1788년~1860년, 독일의 철학자.- 옮긴이였어. 내가 보기에 네 생각은 쇼펜하우어의 생각과 같아. 너는 왜 그런 상황에서는 거짓말을 해도 괜찮다고 생각하는 거지?"

"그야, 그 깡패 같은 녀석들이 불쌍한 사람을 뒤쫓고, 누군가가 거짓말을 하지 않았다면 그 사람을 죽일지도 몰랐기 때문이죠."

"맞아. 아주 적절한 근거야. 그러면 이제 숨을 곳이 전혀 없었고 우연히 지나가던 사람이 쿵후 유단자였다고 생각해 보자."

뱅자맹 콩스탕은 이렇게 말했다. "우리에게는 다른 사람을 해치게 될 진실을 말할 권리가 없다." 즉 살인자가 범죄를 저지르기 위해 정보를 얻으려 한다면, 당연히 그에게는 거짓말을 해도 괜찮다.

칸트는 진실의 의무에는 어떤 예외도 허용되지 않는다고 반박했다. "왜냐하면 진실됨은 우리의 의무이며……. 여기서 우리가 사소한 예외라도 인정한다면 이 의무의 법칙은 흔들리고 무용한 것이 되어 버리기 때문이다."

진술의 참됨은 우리가 회피할 수 없는 것이다. 그것은 모든 인간에 대한 인간의 형식적 의무이다. 진실을 말함으로써 자기 자신이나 다른 사람이 커다란 해를 입는다 해도 그 의무는 지켜야 한다.

이마누엘 칸트

"와아, 그랬다면 그 꼴통들은 혼쭐이 났겠지요!" 페르디난트가 소리쳤다. "쿵후 유단자가 손 좀 봐줬을 테니까요."

"그래. 그런데 그렇게 혼을 내주는 건 괜찮은 걸까?" 외삼촌이 물었다. "예전에 「쿵후」라는 텔레비전 외화물이 있었어. 데이비드 캐러다인이 주인공이었지. 그걸 보니까 쿵후 유단자에게도 어떤 제한이 있더라. 쿵후 유단자는 먼저 다른 사람을 공격해서는 안 돼."

"하지만 어떤 경우이든 자신이나 다른 사람을 방어하는 것은 괜찮아요. 그래서 쿵후가 있는 거니까." 페르디난트가 말했다.

"맞아. 우리의 법도 그래. 특정한 상황에서는 폭력을 써도 괜찮아. 그러면 거짓말의 경우는 어떤가? 칸트 말에 따른다면……."

"어떤 경우에도 거짓말을 해서는 안 되죠." 페르디난트가 외삼촌의 말을 이었다. "즉 위급한 상황에 처했을 때 상대방을 혼내줄 수는 있지만 거짓말을 해서는 안 된다는 거예요. 하지만 그건 정말 웃기는 얘기예요. 폭력을 쓰는 게 허용될 수 있는 상황이라면 거짓말을 하는 것도 당연히 허용되어야죠."

따라서 내가 폭력을 행사할 권리를 갖는 경우에는 거짓말을 할 권리도 갖는다. 예를 들어 강도나 그 밖에 부당한 폭력을 행사하는 사람과 마주쳤을 경우, 나는 간계로 그들이 함정에 빠지게 할 수 있다.

아르투어 쇼펜하우어

"그래. 철학자 쇼펜하우어도 그렇게 생각했어. 쇼펜하우어는 거짓말과 폭력이라는 두 가지 바람직하지 못한 행위를 비교했어. 그리고 너와 똑같은 논증을 했지." 외삼촌이 말했다. "진실은 아주 가치 있는 것이고 우리는 진실을 존중해야 해. 하지만 다른 가치들도 있어. 그러니까 좀 더 가치 있는 무엇을 지키기 위해서라면 거짓말을 할 수도 있고 거짓말을 해야 하기도 해."

"가령 누군가 생명의 위협을 받는 경우에요." 페르디난트가 말했다.

"그래." 외삼촌이 말했다.

"그리고 다른 사람의 감정을 생각해서 거짓말을 해야 할 때도 있어. 예를 들어 어떤 사람이 사고를 당해서 얼굴이 흉측해졌다고 하자. 우리는 그 사람에게 '당신 얼굴은 정말 흉측해!'라고 말해선 안 돼. 그게 사실이라고 해도 말이야. 좀 편해지려고 그럴 듯한 구실을 지어내는 건 곤란해. 오늘날 대부분의 사람들이 그러고 있지만."

외삼촌은 이야기를 계속했다. "거짓말은 육체적인 것이 아니야. 그러니까 누군가 신체적인 폭력을 가하려 한다면 거짓말로 막아내도 괜찮아. 그리고 신체적이지 않은 폭력을 가해올 때도 마찬가지야. 예를 들어 누군가 자신과 관계없는 것을 굳이 알려고 하는데 그에게 말해줄 수 없다면 거짓말을 해도 괜찮아."

그러자 페르디난트가 말했다. "그럼 이런 경우에는 거짓말을 해도 괜찮겠군요. 선생님이 어떤 말썽을 일으킨 장본인이 내 친구인지 물어볼 경우 말이에요. 그럴 때 내가 '저는 아무 말도 할 수 없어요!'라고 말하면 선생님은 내 친구가 말썽을 일으켰다는 것을 금방 눈치채요. 아니라면 아니라고 대답할 테니까요."

"잠깐, 그렇게 간단하지는 않아. 우선 선생님께 사실을 알 권리가 있는지 없는지부터 생각해 봐."

"그야 뭐." 페르디난트는 풀 죽은 목소리로 말했다. "물론 선생님에겐 그런 권리가 있죠. 그러면 그런 경우에도 거짓말을 해서는 안 된다는 거군요."

"안됐지만, 그래." 외삼촌은 빙그레 웃으며 말했다.

"나 참!" 페르디난트는 한숨을 내쉬며 말했다. "올바르게 행동한다는 게 가끔은 너무 어려워요."

진실과 거짓말에 관한 수수께끼

길 잃은 어느 여행자가 갈림길 앞에 이르렀다. 거기서 길 하나는 황무지로 이어졌고 다른 하나는 가장 가까운 도시로 통했다. 날은 점점 어두워졌고 이정표도 없었으며 여행자는 어느 길로 가야 할지 알 수 없었다. 갈림길 앞에 두 남자가 있었는데, 한 남자는 언제나 진실을 말하는 사람이었고 다른 한 남자는 언제나 거짓말만 하는 사람이었다. 하지만 여행자는 둘 중 누가 진실을 말하는 사람이고 누가 거짓말을 하는 사람인지 알지 못했다. 여행자가 도시로 가는 길을 알려 한다면 어떻게 질문을 해야 할까?

해답: 여행자는 이렇게 물어야 한다. "저기 저 사람에게 어느 길이 황무지로 통하는 길이냐고 물으면 그가 어느 길을 가리킬까요?" 두 사람 중 누구에게 묻건 도시로 가는 길을 가리킬 것이다.

도덕은 도대체 왜 있는 것일까?

- 축구에서 할리우드 액션은 기술일까, 반칙일까?
- 공원에 핀 꽃을 꺾는 것은 도둑질일까, 아닐까?
- 내 마음이 편하기 위해서 남을 돕는 것은 옳은 것일까?

"지붕 고치는 목수 이야기는 왜 안 해요? 내가 마음을 잡아준 사람 말이에요." 꼬마마녀는 자랑하듯이 얘기했단다.

"그것이 사실이냐?"

이야기가 하나씩 끝날 때마다 여왕 마녀가 물었다. 꼬마마녀는 틀림없는 사실이라고 아주 자랑스럽게 대답했지.

가끔씩 여왕 마녀가 야단치듯 목소리를 높였지만, 꼬마마녀는 너무 신이 나있었기 때문에 조금도 눈치를 못 챘어. 물론 다른 마녀들이 걱정스러운 눈빛으로 머리를 설레설레 흔드는 것도 알아채지 못했지.

그런데 갑자기 여왕 마녀가 머리끝까지 화가 나서 소리를 버럭 지르는 거야.

"이런 돼먹지 못한 것을 내일 밤 브로켄산에 초대할 뻔했군! 에이, 이런 못된 마녀 같으니라고!"

"왜 그러세요? 저는 지금까지 좋은 일에만 요술을 부렸는데요." 꼬마마녀는 겁에 질려서 여왕 마녀에게 물었지.

"바로 그거야! 넌 지금 우리가 말하는 좋은 마녀란 게 뭔지도 모르잖아. 마녀 세계에서 좋은 마녀란 항상 사람들에게 나쁜 요술을 부리는 그런 마녀를 말하는 거다. 어찌됐든 너는 그동안 좋은 요술만 부렸으니 마녀 중에서 가장 나쁜 마녀야!"

— 『꼬마마녀』(오트프리트 프로이슬러 지음, 백경학 옮김, 길벗어린이)

02

페르디난트네 집안 분위기가 심상치 않았다. 처음에는 모든 것이 괜찮았다. 엄마의 생일이라서 페르디난트는 엄마에게 꽃을 선물로 드렸다. 사실 페르디난트는 그동안 엄마의 생일을 까맣게 잊고 있었다. 집에 돌아와서야 그 사실을 안 페르디난트는 선물을 준비하지 못해서 몹시 당황스러웠다. 당장 어디서 선물을 구할 수 있겠는가? 게다가 용돈은 이미 다 써서 한 푼도 없었다. 다행히도 튤립이 피는 시기였다.

페르디난트는 얼른 다시 바깥으로 나갔다. 집 근처의 작은 공원에서 꽃 몇 송이를 '빌려오기로' 한 것이다. 공원에서 꽃을 꺾어 오는 것은 좀 꺼림칙하고 겁도 났지만 상황이 상황인지라 어쩔 수가 없었다. 엄마 생일에 선물을 드리지 않을 수도 없고 돈도 한 푼 없었으니까 말이다. 게다가 친구들이 공원에서 꽃을 꺾어 선물로 썼다는 얘기를 이미 여러 번 들었다. 한번은 친구들이 꽃을 꺾을 동안 페르디난트가 망을 보기도 했다.

페르디난트는 근처에 사람이 뜸해질 때까지 기다리다가 재빨리 튤립을 꺾었다. 꽃밭이 아주 넓었기 때문에 페르디난트는 커다란 꽃다발을 만들 수 있었다. 너무 큰 꽃다발을 만든 게 실수였다는 건 나중에야 깨달았다. 처음에 엄마는 기뻐 어쩔 줄 몰랐지만 곧 의심을 품었다.

"꽃다발이 이렇게 크다니." 엄마가 말했다. "정말 비싸겠구나. 돈이 도대체 어디서 난 거니?"

"어, 그건……." 페르디난트는 우물쭈물했고, 엄마는 뭔가 눈치챈 것이 분명했다. 엄마의 얼굴에서 기쁜 표정이 사라졌고 목소리가 아주 엄해졌다.

"이 꽃들이 어디서 난 거냐니까?" 엄마가 물었다. 페르디난트는 아무렇게나 둘러대려 했지만 적당한 변명이 떠오르지 않았다. 엄마가 더욱 날카로운 목소리로 다그쳤다. "꽃이 어디서 난 건지 빨리 말해!" 페르디난트는 솔직히 털어놓을 수밖에 없었다.

"공원에서요." 페르디난트가 기어드는 목소리로 말했다.

"엄마 생일에 훔친 꽃을 선물로 주다니!" 엄마가 몹시 화난 목소리로 말했다. "어떻게 그럴 수가 있지?"

"엄마를 기쁘게 해드리고 싶었던 것뿐이에요." 페르디난트가 말했다. "공원에는 꽃이 아주 많아요. 몇 송이 꺾는다고 표시가 나지는 않아요."

"만약 모든 사람이 그런 생각을 하면 어떻게 되지? 더 길게 얘기할 필요도 없어. 공원에 있는 꽃은 꺾는 게 아니야."

페르디난트는 엄마의 기분을 조금 가라앉혀 보려고 말했다. "꽃은 아주 많이 피어 있고, 게다가 얼마 후면 다 질 텐데요. 그러니까 좀 꺾어도 괜찮지 않을까요?"

하지만 엄마는 그런 말에 넘어가지 않았다. "절대로 안 돼." 엄마가 말했다. "꽃을 꺾는 건 나빠. 도덕적이지 못한 짓이야."

또 그놈의 도덕 타령이었다. 어른들은 이유를 말하기가 곤란해지면 늘 도덕적이니 비도덕적이니 하면서 얼버무렸다. 페르디난트는 도덕이란 게 왜 있는 건지 도대체 알 수가 없었다.

도덕은 무엇 때문에 있나?
왜 도덕을 지켜야 하는가?

'그런 웃기는 것만 없다면 모든 게 훨씬 더 간단해질 텐데.' 페르디난트는 생각했다. 바로 며칠 전에도 엄마 아빠와 페르디난트는 그 문제로 입씨름을 했다. 그날 페르디난트는 축구 시합을 하고 집에 돌아왔다.

"시합은 어땠니?" 엄마가 물었다. 평소라면 페르디난트는 그런 질문을 듣는 게 싫었을 것이다. 하지만 그날은 엄마가 그런 질문을 해줘서 기뻤다.

"우리가 이겼어요. 다 내 덕분이에요!"

"그것 참 굉장하구나!" 엄마가 말했다. "네가 결정 골을 넣었니?"

"그건 아니에요. 하지만 우리 팀 애들 모두가 내 덕분에 이긴 거라고 말했어요. 내가 아니었으면 패널티킥을 얻어내지 못했을 테니까요."

"응, 그런 거였구나." 엄마는 더 이상 아무 말도 하지 않았다. 엄마는 축구에 관해서 잘 몰랐던 것이다. 잠시 후 아빠도 돌아왔다.

"너희들이 이겼다지? 잘했어!" 아빠는 벌써 모든 얘기를 들었던 것이다. "네가 패널티킥을 얻어냈다며? 어떻게 한 거냐?"

"할리우드 액션을 한 거죠, 뭐. 하인리히 중학교의 안디가 패널티 구역에서 내 옆으로 달려왔어요. 그래서 마치 그 애가 내 다리를 건 것처럼 자빠져 버렸어요. 그러자 심판이 패널티킥을 선언했어요."

"아주 잘했어!" 아빠가 환한 표정을 지으며 말했다. 그런 때면 페르디난트는 아빠가 너무 좋았다. 하지만 다음 순간 엄마가 따지는 투로 물었다.

"뭐라고? 네가 넘어져서 패널티킥을 얻어냈다고? 하지만 안디는 아무 반칙도 하지 않았잖아? 그럼 사실대로 얘기했어야지? 그나저나 그게 할리우드와 무슨 상관이야?" 엄마는 아무것도 이해할 수 없다는 표정을 지었다.

"나 참, 무슨 솔직한 얘기를 해요?" 페르디난트가 말했다. "그랬다면 패널티킥을 얻어내지 못하고 우리 팀이 이기지도 못했을 텐데요. 이기는 게 중요한 거예요."

"할리우드 액션이란 벌칙 구역에서 상대방이 반칙을 한 것처럼 보이게 하려고 일부러 넘어지는 걸 말해. 그렇게 해서 패널티킥을 얻어내는 거지." 아빠가 엄마에게 설명을 해주었다. "예전에 나도 훈련을 할 때면 그런 연습을 했어. 물론 드러내 놓고 연습하는 건 아니었지. 하지만 어떤 팀이나 그런 연습을 해. 페르디난트, 너희들도 그렇지?"

"그럼요!" 페르디난트가 말했다. "그리고 오늘 연습한 보람이 있었어요."

"정말이야?" 엄마는 믿을 수 없다는 표정이었다. "하지만 그건 옳지 않은 짓이야."

"그야 그렇지." 아빠가 대답했다. "따지고 보면 옳은 짓은 아니야. 속임수니까. 하지만 모두들 그러는데 뭐. 그렇게 해서라도 이긴다면……."

"그건 정당하게 이긴 게 아니야." 이제 엄마는 단호한 목소리로 말했다. "속임수를 써서 이기는 건 도덕적으로 옳지 않아. 그건 진 거라고도 할 수 있어." 그러자 아빠도 엄마 말에 동의하지 않을 수 없었다.

"그놈의 도덕!" 페르디난트는 한마디 툭 내뱉었다. 시합에서 이겨 신이 났던 기분도 잡쳐버렸다.

다음번 용돈을 받았을 때 페르디난트는 엄마에게 꽃을 사다 주었다. 공원에서 꺾어 온 것만큼 풍성하지는 않았지만 그래도 당당히 돈을 주고 산 꽃다발이었다. "선물이 늦었어요." 페르디난트는 엄마에게 꽃을 주면서 말했다. 엄마의 기분이 좋았기 때문에 페르디난트는 그 일에 관해 다시 얘기를 꺼냈다.

"도덕은 도대체 왜 있는 거예요?" 페르디난트가 물었다.

"녀석 또 엉뚱한 질문이군!" 아빠는 그렇게 말했다. 하지만 엄마는 먼저 이렇게 물었다. "왜 그런 생각이 든 거니?"

꽃에 관한 일을 다시 말하는 것은 위험했다. 그 일은 이제 막 잠잠해진 참이었다. 그래서 페르디난트는 할리우드 액션에 관한 얘기를 꺼냈다.

"도덕이란 건 원래 지켜야 하는 거야. 도덕은 지키라고 있는 거야." 아빠가 말했다. 하지만 페르디난트는 아빠의 말을 이해할 수가 없었다. 더군다나 그런 말을 하는 아빠도 할리우드 액션이 좋은 거라고 생각하지 않았나?

그런데 페리드난트의 엄마가 한 가지 예를 떠올렸다. "얼마 전의 사이클 경기에서 말이야, 경쟁자가 넘어지자 그가 일어날 때까지 기다려준 어떤 선수가 있었지?" 엄마가 '어떤 선수'라고 말한 것은 스포츠 선수 이름을 잘 알지 못하기 때문이었다.

"그건 얀 울리히였어요." 페르디난트가 말했다.

그리고 아빠도 거들었다. "그 친구는 랜스 암스트롱이 넘어지자 일어설 때까지 기다렸어. 그 때문에 울리히가 아니라 암스트롱이 승리했지." 2003년 투르 드 프랑스에서 미국의 '사이클 황제' 랜스 암스트롱은 제15레이스 구간에서 관중 때문에 넘어졌다. 그때 뒤따라오던 독일 선수 얀 울리히는 암스트롱을 추월하지 않고 자전거를 일으켜 세울 때까지 기다렸고 결국 암스트롱이 결승선에 1위로 골인했다. 이는 2001년 대회에서 울리히가 산악 구간 내리막길에서 넘어졌을 때 라이벌인 암스트롱이 추월하지 않고 기다려준 것에 대한 보답이었다.- 옮긴이

"울리히는 정말 대단해요! 아주 훌륭한 선수지요!" 페르디난트가 말했다.

"그런데 그 사람은 왜 그랬던 걸까?" 엄마가 물었다.

"그야 스포츠 정신이 투철했으니까요." 페르디난트가 말했다.

"바로 그거야. 도덕은 스포츠 정신과 비슷한 거야." 엄마가 말했다.

"그러면 도덕도 언제나 나쁜 건 아니군요." 페르디난트가 말했다.

"당연하지! 어떻게 도덕이 나쁘다는 생각을 한 거냐?" 아빠가 다시 한마디 하려 했다.

하지만 다음 순간 엄마가 말했다. "한 가지 예를 더 들어보자. 몇 주 전 너희 학교 상급반 애들이 네 친구 하나를 괴롭혔어. 그 때문에 너는 무척 흥분했었지."

"그건 정말 못된 짓이었어요. 선배들은 덩치도 크고 게다가 여러 명인데 어떻게 내 친구 혼자서 당해내요?"

"그다음에 어떤 일이 일어났지?" 엄마가 물었다.

"선배들은 교장선생님께 불려 갔고 처벌을 받았어요."

"그래. 옳지 못한 일을 저질렀기 때문이지. 그 애들의 그런 행동은 용납될 수 없어. 힘센 사람이 약한 사람을 괴롭힌다면 우리는 함께 어울려 살 수 없으니까. 그리고 그런 일을 막기 위해서 도덕이 있는 거야."

"그러면 도덕은 게임 규칙 같은 거로군요. 공동생활의 게임 규칙." 페르디난트가 말했다.

"바로 그거야!" 아빠와 엄마가 거의 동시에 말했다.

페르디난트는 잠시 생각에 잠겼다가 말했다. "그런데 왜 도덕적 규칙은 늘 즐거움을 앗아가는 역할만 하는 걸까요?"

"원래 그런 거야." 아빠가 말했다. "즐거운 일만 하면서 살 수는 없어. 삶은 파티가 아니야."

페르디난트는 이런 문제는 고트프리트 외삼촌과 얘기해 보는 것이 가장 좋겠다는 생각이 들었다. 외삼촌은 마침 집에 있었고 꽃집에서 사온 튤립을 꽃병에 꽂기 위해 다듬는 중이었다.

도덕 규칙들은 언제나 즐거움과 거리가 먼 것인가?
도덕은 우리의 삶에서 즐거움을 앗아가는 것인가?

"하필이면 튤립이람!" 페르디난트는 투덜거리면서 안톤을 쓰다

듣어 주었다. 그러자 외삼촌이 어리둥절한 표정을 지었다. 페르디난트는 외삼촌이 튤립의 줄기를 다듬는 동안 지난 며칠간 있었던 일을 이야기했다. 페르디난트가 이야기할 시간은 충분히 있었다. 고트프리트 외삼촌이 마음에 드는 꽃병을 찾기까지 오랜 시간이 걸렸기 때문이다. 외삼촌은 이 꽃병 저 꽃병에 꽃을 꽂아보고는 뭔가 마음에 들지 않는지 다시 제자리에 갖다놓았다. 페르디난트는 외삼촌 집에 꽃병이 무척이나 많은 것을 보고 놀랐다. 큰 꽃병, 작은 꽃병, 뚱뚱한 꽃병, 날씬한 꽃병, 도자기 꽃병, 유리 꽃병 등 없는 것이 없었고 모두 화려한 색깔이었다. 페르디난트 집에는 꽃병이 두 개뿐이었다. 아주 커다란 꽃병까지 포함하면 세 개라고 할 수 있었지만 그 꽃병에는 아주 오래전부터 마른 꽃들이 꽂혀 있었다.

"참 애쓰시네요." 페르디난트가 이야기를 하다 말고 말했다.

"야만인이라도 꽃은 사랑할 수 있으니까." 외삼촌이 대답했다.

"그게 무슨 말이에요?" 페르디난트가 물었다.

"아무것도 아니야. 『아스테릭스, 고트족의 국경을 넘다』 프랑스인들의 조상인 골족의 전사 아스테릭스와 그의 친구 오벨리스가 주인공으로 나오는 프랑스의 대표 만화.─옮긴이 라는 만화책에 나오는 말이야. 하던 얘기나 계속해 봐." 마침내 외삼촌은 마음에 드는 꽃병을 찾아냈다. 그리고 외삼촌이 꽃병을 탁자에 올려놓는 순간, 페르디난트도 묻고 싶었던 물음에 이르게 되었다. "도덕이란 건 왜 즐거움을 다 망치는 거죠?"

"그와는 정반대야!" 외삼촌이 말했다. "도덕은 우리 삶을 더 좋게 만들기 위해 있는 거야. 심지어 이렇게도 말할 수 있어. 윤리라는 것은……. 그나저나 너 윤리가 뭔지는 아니?"

도덕은 개인의 좋은 삶에 기여하기 위해 있는 것이지 개인의 삶에 필요 이상으로 간섭하기 위해 있는 것이 아니라는 점을 잊지 말아야 한다. 도덕이 인간을 위해 있는 것이지 인간이 도덕을 위해 있는 것이 아니다.

윌리엄 K. 프랑케나 | 1908년~1994년, 미국의 도덕 철학자

"그럼요." 페르디난트가 말했다. "그건 종교가 없는 학생들을 위한 선택 과목이에요." 독일은 주마다 교육제도가 조금씩 다르기는 하지만, 일반적으로 학교에서는 종파별 종교교육을 하고 종교가 없는 학생들은 대체 과목으로 윤리를 선택할 수 있다.- 옮긴이

"그래 맞아." 외삼촌이 말했다. "과목 이름이기도 해. 하지만 원래는 좀 다른 거야. '윤리'와 '도덕', '윤리적'과 '도덕적'이란 말은 흔히 같은 뜻으로 사용되지만 엄격히 따지면 그렇지 않아. 윤리는 선하고 정당한 행위에 관한 일반 원리를 밝히려는 학문이야. 말하자면 윤리라는 건 도덕이 어떤 모습이어야 하며 왜 그런지를 밝히려는 학문이지. 이 얘기는 좀 어렵게 들리겠구나. 사실 당장은 별로 중요한 얘기가 아니기도 해. 내가 얘기하고 싶었던 건 이런 거야. 어떤 사람들 말에 따르면, 윤리는 어떻게 하면 더 나은 삶을 살 수 있는지 가르치려는 학문이야. 그럴 경우 도덕이란 건 좋은 삶과 거의 같은 뜻이 되지."

"그건 전혀 몰랐던 내용이에요." 페르디난트가 말했다. "오히려 정반대로 생각했지요. 도덕이란 말만 나왔다 하면 대개 듣는 얘기가 이런 거잖아요? '그렇게 하면 안 돼! 그냥 둬! 그건 나빠! 그건 잘못한 거야! 이렇게 해야 해. 저렇게 해야 해.' 좋은 삶에 관한 얘기는 전혀 들을 수도 없어요."

"그 때문에 대다수 사람들이 도덕을 잘못 이해하기도 하지. 많은 사람들은 통상적이지 않은 일을 가리켜 '비도덕적'이니 '비윤리적'이니 하는 말을 해. 누군가 공공장소에서 손가락으로 코를 후빈다면 보기에 좋지 않다거나 예의가 없다는 말은 할 수 있어. 하지만 그런 게 비도덕적인 것은 아니야. '비도덕적'이란 말이 그처럼 잘못 사용되는 경우는 종종 있어. 성(性)적인 일이 문제될 때면 특히 그렇지."

페르디난트는 귀가 솔깃했지만 외삼촌은 손을 내저었다. "이와 관련된 얘기는 다음 기회에 하자. 지금 내가 말하고 싶은 것은, 우리가 삶을 더 좋게 만들려면 어떤 태도를 취해야 하는지 설명하려는 게 바로 윤리라는 거야."

"무슨 말인지 잘 모르겠어요." 페르디난트가 말했다. 너무 이론적인 얘기여서 어려웠던 것이다.

"들어봐." 외삼촌이 말했다. "조금 전 너는 사이클 선수 얀 울리히에 관해 얘기했어. 너는 그 사람의 태도가 마음에 들었지?"

"그야 물론이죠." 페르디난트가 말했다.

"사람들이 그런 태도를 취하면 삶은 더 좋아져. 그렇다면 그로부터 당장 어떤 규칙을 만들어낼 수도 있을 거야. '규칙 제 몇 조: 다른 사람이 실수로 넘어졌을 때 계속 달리는 것은 비도덕적이다!' 그런데 이렇게 규칙을 만들어 놓으니까 더 이상 멋지지 않지? 우리가 도덕 원칙에서 흔히 보게 되는 측면도 바로 이런 거야. 도덕 원칙들은 우리의 행동을 제한한다는 생각만 들게 하지. 하지만 '모두가 스포츠 정신을 갖고 공정한 태도를 가져야 한다.'고 표현하면, 그런 규칙은 우리 삶을 더 멋지게 만든다는 것을 알 수 있을 거야. 너 역시 언제든 공명정대한 대우를 받고 싶을 테니까."

"그건 그래요." 페르디난트가 말했다. "하지만 아직 이해할 수 없는 것이 있어요. 물론 스포츠 정신을 지킨다거나 공정한 것은 좋아요. 예를 들어 '어린아이는 배려해야 한다.'나 '누구에게나 기회를 주어야 한다.' 같은 게 그런 거죠. 하지만 그냥 원해서 하는 일은 늘 금지를 당해요. 그저 꼭 하고 싶어서 하는 일들 말이에요. 뭐든 단순히 즐기려는 마음으로, 또는 행복지려고 하는 일은 영락없이 비도덕적이라는 말을 듣죠. 물론 그런 경우 우리는 스스로의 행동을 생각해 보기는 해요. 하지만 그저 즐기거나 행복해지려는 것을 방해하는 게 대체 뭐죠?"

"그런 건 전혀 없어!" 외삼촌이 빙그레 웃으며 말했다.

"전혀 없다고요?" 페르디난트는 깜짝 놀라서 물었다. "그러면 내가 해야 하는 일을 하는 대신 그냥 재미있는 일을 해도 양심의 가책을 느낄 필요가 없다는 건가요?"

행복해지고 싶은 마음은 잘못된 마음인가?
- -

"좀 차근차근 생각해 보자." 외삼촌이 말했다. "우선 네가 뒤섞고 있는 두 가지 측면을 구분할 필요가 있어. 네가 어떤 일을 하지 않는다는 측면과 네가 그 대신 다른 일을 한다는 측면 말이야. 이 경우에 문제가 되는 것은 네가 어떤 일을 하지 않는다는 측면이야. 그리고 그 일이 중요한 것이라면 너는 양심의 가책을 느낄 수밖에 없겠지. 예를 들어 누군가가 네 도움이 절실히 필요한데 너는 놀고 싶은 마음이 앞서서 수영을 하러 간다고 하자. 그런 경우 네 도움이 필요한 사람을 돕지 않은 것은 잘못이야. 하지만 네가 호숫가에 가서 노는 것에는 원칙적으로 아무 잘못이 없어."

"노는 것에는 원칙적으로 잘못이 없다니 참 좋네요!" 페르디난트가 말했다.

"사람들이 흔히 하는 말이 무조건 옳은 거라고 여기지 마라." 외삼촌이 계속 이야기했다. "괴롭고 힘든 것만이 좋은 거라고 주입하는 사람들의 말을 듣지 마. 사는 게 무거운 벌 같은 것이어서는 안 돼. 사는 건 즐거워야 해. 즐거움을 주는 모든 것에는 아무 도덕적 가치도 없다고 생각하는 사람이 많지만, 시인 프리드리히 실러는 이미 200여 년 전에 그런 생각을 조롱했어. 실러는 친구를 돕는 게 즐거워서 친구를 돕는 경우를 예로 들었지."

　나는 친구들에게 기꺼이 봉사하지만
　유감스럽게도 그게 좋아서 그러는 것뿐.
　그래서 내게는 덕이 없다는
　생각이 자주 들곤 한다.

프리드리히 실러 | 1759년~1805년, 독일의 시인

"다른 사람을 돕는 것은 도덕적으로 가치 있는 일이야. 거기서 즐거움을 느낀다는 이유만으로 도덕적 가치를 잃게 된다는 건 말도 안 돼."

　페르디난트는 놀라웠다. 하지만 외삼촌의 계속되는 이야기를 들으면서 더 놀라야 했다. "오히려 아주 오래전부터 많은 철학자들은, 행복해지는 것은 아주 올바른 목표일 뿐 아니라 최고의 목표이기도 하다고 했어. 약 2300년 전에 살았던 그리스 철학자 아리스토텔레스도 그런 사람들 중 하나야. 아리스토텔레스는 무엇이 '좋은 것'인지 알고자 했고 그에 관해 많은 생각을 했어. 아리스토텔레스는 모두들 갖고 싶어 하는 것들 중에서 가장 가치 있는 것이 무엇인지 생각해 보면 '좋은 것'이 무엇인지 알 수 있다고 했지."

　"하지만 그런 것은 너무 많아요. 예를 들면 돈이 있지요. 돈은 누구나 갖고 싶어 하니까요." 페르디난트가 말했다.

"맞아. 하지만 모두들 돈을 갖고 싶어 하는 이유는 뭘까?"

"그야 돈이 있으면 뭐든 살 수 있으니까요. 물론 모든 건 아니겠지만."

그러자 외삼촌이 말했다. "잘 생각해 보렴. 그렇다면 돈이 사람들에게 가장 중요한 건 아니야. 돈이 필요한 건 다른 것을 사기 위해서니까. 돈보다 더 갖고 싶은 게 있다는 얘기가 되는 거야."

"그러네요." 페르디난트가 말했다. "그 점은 한 번도 생각하지 않았어요."

"아리스토텔레스는 돈처럼 다른 무엇을 얻기 위해서만 추구하는 게 아닌 것, 그 자체로 아주 중요하기 때문에 얻으려 하는 어떤 것이 있어야 한다고 생각했어." 고트프리트 외삼촌이 말했다.

"그게 뭐지요?" 페르디난트가 물었다.

"아리스토텔레스의 결론에 따르면, 모든 사람이 얻으려 하는 것은 행복이야."

그리하여 만일 우리가 하는 모든 일의 목적으로서 그것 자체 때문에 우리가 원하는 것이 있다면, 그리고 이것 때문에 우리가 다른 모든 것들을 원하고, 어떤 다른 것 때문에 우리가 이것을 선택하는 게 아니라면(만약 이런 최종 목적이 없다면, 목적의 계열은 끝없이 나아가게 되고, 그 결과 우리의 욕구는 공허하고 허무한 것이 될 것이므로), 이것이야말로 좋은 것 자체이며 또한 가장 좋은 것임에 틀림없을 것이다. 그런데 이런 것으로 여겨지는 것은 다른 무엇보다도 행복이다. 왜냐하면 우리는 언제나 행복을 그 자체로 선택하지 결코 다른 어떤 것 때문에 선택하지는 않기 때문이다.

아리스토텔레스 | 기원전 384년~기원전 322년, 고대 그리스의 철학자

"훌륭해요!" 페르디난트가 소리쳤다. "이제부터 나는 아리스토텔레스의 팬이 될래요."

"그것도 괜찮겠지." 고트프리트 외삼촌이 말했다. "아리스토텔레스 신봉자, 흔한 말로 아리스토텔레스주의자가 되는 것은 좋은 거야. 아리스토텔레스는 굉장히 현명한 사람이었으니까. 하지만 그가 말한 행복이 그저 쾌락이나 즐거움과 같은 거였다고 생각해선 안 돼. 아리스토텔레스에 따르면, 인간은 그가 가진 최고의 능력을 발현하는 데서 행복을 찾아야 하는 거야. 인간의 고유한 능력은 생각할 수 있는 이성의 능력이지. 그러니까 인간에게 참으로 좋은 것은 이성적인 삶이야."

인간에게 있어 '좋은 것'은 결국 특별한 능력에 따른 영혼의 활동이다. 그리고 그런 능력이 하나가 아니라 여럿이라면, 그중 가장 훌륭하고 궁극적인 능력에 따른 영혼의 활동이 바로 '좋은 것'이다. 그런데 그것은 온 생애를 통해 실현되는 것이다. 한 마리의 제비가 날아온다고 봄이 되는 것은 아니며, 하루아침에 계절이 바뀌는 것도 아니다. 그처럼 인간이

복을 받고 행복해지는 것도 하루아침이나 짧은 시일 내에 이루어질 수 없다.

아리스토텔레스

"그런 게 행복이라면, 행복해지기가 너무 어려울 수도 있잖아요." 페르디난트가 말했다. "나는 그런 게 행복이라고는 생각하지 않아요."

"그래." 외삼촌이 말했다. "아리스토텔레스의 생각에서 행복과 즐거움은 같은 게 아니야. 하지만 정말로 쾌락과 즐거움만을 추구하고 그런 태도가 바로 도덕적인 거라 생각한 철학자들도 있어. '쾌락'을 뜻한 그리스 말을 빌어서 그런 사람들을 헤도니스트라 부르지. 그건 '쾌락주의자'란 뜻이야."

"그게 더 마음에 들어요. 나는 아리스토텔레스주의자보다는 쾌락주의자가 될래요." 페르디난트가 말했다. "앞으로 나는 즐거움을 주는 일만 할 거고, 또 오직 그런 일만 해야 해요. 그런 나를 누가 비난하려 들면 '나는 쾌락주의자야.'라고 말하면 되죠. 그러면 아무도 나를 비난할 수 없을 거예요."

"그렇게 하렴." 외삼촌이 말했다. "하지만 아까 네가 얘기한 것도 좀 생각해 보렴. 네 친구를 괴롭힌 선배들의 경우를 말이야."

"그게 어떻다는 건데요?"

"그 애들은 분명 남을 괴롭히는 게 즐거웠을 거야. 쾌락주의의 관점에 따르면 그 애들의 행동도 옳아."

"어, 그렇게 되는 건 좋지 않아요." 페르디난트는 그렇게 말하고서 외삼촌의 이야기에 귀를 기울였다.

"그러면 에피쿠로스기원전 341년~기원전 270년, 고대 그리스의 철학자.- 옮긴이 라는 또 다른 철학자의 경우를 보자." 외삼촌이 말했다. "그 사람도 쾌락이 삶의 목표라고 말했어. 하지만 쾌락을 보통 사람과는 아주 다르게 이해했어. 즉 자족함을 통해 얻는 영혼의 평화가 곧 쾌락이라 본 거야. 그러니까 네가 생각하는 쾌락과는 거의 정반대의 것을 쾌락으로 이해한 거지."

이제 우리가 쾌락이 삶의 목표라고 말한다면, 이것은 무절제한 쾌락이나 향락 자체에 빠져 있는 쾌락을 뜻하는 것이 아니다. 그런 오해는 무지한 사람이나 우리의 이론을 이해하지 못하는 사람이나 그것을 악의적으로 오해하는 사람들이 저지르는 것이다. 우리에게 쾌락이란 신체에서 아무 고통이 없고 영혼에서 동요를 느끼지 못하는 상태를 말한다.

에피쿠로스

"맙소사! 말뜻을 그처럼 완전히 바꿔버리다니." 페르디난트가 투덜거렸다. "가능한 한 즐거움을 갖지 않는 게 즐거움이라고요? 그러다간 즐거움을 절대 느끼지 않고, 더 나아가 아무것도 갖지 않는 게 즐거움이라는 사람까지 나오겠군요."

"맞아. 그런 사람도 있었어." 외삼촌이 말했다. "가장 유명한 철학자 중 한 사람인 디오게네스기원전 412년~기원전 323년, 고대 그리스의 철학자.-옮긴이가 그랬지. 그런데 이 사람은 그의 사상보다는 통 속에 살면서 모든 사람에게 거침없는 태도를 보인 것으로 더 유명해. 디오게네스는 가능한 한 자족하며 사는 것을 삶의 목표로 삼았어. 그래서 집도 갖지 않고 통 속에서 살았던 거지. 그런 것도 행복이라고 할 수 있겠지?"

"글쎄요. 잘 모르겠어요." 페르디난트가 말했다.

어느 날 디오게네스는 누워서 햇볕을 쬐고 있었다. 그때 디오게네스에 관해 많은 소문을 들은 알렉산드로스대왕이 찾아왔다. 대왕은 이 유명한 철학자에게 뭐든 좋은 일을 해주고 싶었다. "그대의 소원을 말해보라." 그러자 디오게네스가 대답했다. "대왕이여, 태양을 가리지 마시오!"

시노페의 디오게네스

"디오게네스의 얘기에는 별로 솔깃해지지 않나 보구나." 외삼촌이 말했다. "물론 우리나라 같은 기후에서는 통 속에서 살 수가 없지. 그리고 알렉산드로스대왕 같은 사람이 네게 소원을 물어볼 가능성도 거의 없을 거야."

"하지만 그런 일이 생기면 좋을 텐데." 페르디난트가 말했다. "나라면 태양을 가리지 말라는 것보다는 더 많은 것을 원할 거예요. 소원만 제대로 말하면 평생을 아주 편하게 살 수 있을 테니까요."

"그래, 너라면 뭐든 넉넉하게 얻어내겠지. 디오게네스의 욕심 없는 태도에선 그다지 감동을 받지 못했나 보구나. 당연히 이 고대 철학자에 대한 생각은 사람마다 다를 수 있어. 그런데 행복의 원리는 오늘날 가장 중요한 윤리 이론인 공리주의의 바탕을 이루고 있기도 해. 공리주의는 라틴어로 '우틸리타리스무스Utilitarismus'이고 영어로는 '유틸러테리즘Utilitarianism'이지."

"그건 또 뭐예요?" 페르디난트는 어리둥절해서 물었다. "이름이 좀 어렵네요."

"하지만 알고 보면 전혀 그렇지 않아." 외삼촌이 말했다. "이 명칭은 유용함의 정도가 중요한 기준이라는 걸 뜻해. 어떤 것이 얼마나 이로움을 주는가가 중요한 문제라는 거야. 공리주의를 뜻하는 영어는 유용성 내지 이로움을 뜻하는 라틴어 '우틸리타리스무스'에서 왔어. 이 이론에 따르면, 사람들의 행위는 그것이 행복을 증대시키고 불행을 감소시킬 때 선하거나 도덕적이야. 즉 나쁜 결과보다 좋은 결과를 더 많이 가져올수록 좋은 행위라는 거지."

이로움 또는 최대 행복의 원리를 도덕의 기초로 받아들이는 견해에 따르면, 모든 행위는 행복을 증대시키는 정도에 비례해서 옳은 것이고, 행복에 반대되는 것을 야기하는 정도에 비례해서 그릇된 것이다. 이때 행복이란 쾌락이 있고 고통이 없는 상태를 의미하고, 불행이란 불쾌가 존재하고 쾌락이 결핍된 상태를 의미한다.

존 스튜어트 밀 | 1806년~1873년, 영국의 철학자

"그것 참 마음에 드는데요." 페르디난트가 말했다. "기쁨을 많이 주는 것일수록 도덕적으로도 더 좋은 것이 된다는 거군요."

"대강 그런 거야." 외삼촌이 말했다. "하지만 이때 어떤 행위는 그 행위를 하는 사람만이 아니라 그 행위의 영향을 받는 모든 사람에게 행복을 가져와야 해. 간단히 말해서, 가능한 한 많은 사람에게 가능한 한 많이 좋아야 한다는 거야. 그래서 '공리' 주의라는 거지."

"쾌락주의보다 그게 훨씬 더 좋아요!" 페르디난트가 소리쳤다. "앞으로 나는 공리주의자가 될래요. 나뿐 아니라 모든 사람에게도 좋아야 하니까요."

최대 다수의 최대 행복.

제러미 벤담 | 1748년~1832년, 영국의 철학자

"그래, 그게 제일 좋은 경우야. 하지만 공리주의가 중요하게 여기는 건 전체 행복의 규모야. 그러니까 대부분의 사람이 흡족해하지만 한 사람만은 행복하지 못한 경우도 생길 수 있어. 그리고 그

한 사람이 네가 될 수도 있어. 그러니까 자기 이익의 추구를 선이라 여기는 이기주의자에게 공리주의는 별로 좋은 게 아니야. 자기 이익을 우선적으로 생각하는 사람들도 있어. 개중에는 자신의 이익을 위해 다른 사람을 희생시키는 걸 주저하지 않는 사람들도 있지." 페르디난트가 놀란 표정을 짓자 외삼촌은 한마디 덧붙였다. "물론 남들의 삶에 전혀 관심이 없는 사람이 아니라면, 대부분의 사람들은 공리주의적인 사고방식을 갖고 있어."

"설명을 좀 해주세요." 페르디난트가 말했다. "어떤 경우를 예로 들 수 있죠?"

"글쎄, 하나의 예라." 외삼촌은 생각을 해보는 표정이었다. "예를 들기가 쉽지 않은 경우도 많아. 잠깐만……. 그래, 누군가 밤에 음악을 크게 듣고 싶은 경우를 예로 들어보자. 완전히 이기주의자인 사람이라면 간단히 소리를 높일 거야. 경찰이 나서지 않는다면 말이야. 하지만 조금이라도 이웃을 생각하는 사람이라면 그렇게 하지 않겠지. 단지 경찰이 무서워서만은 아닐 테고. 그건 왜일까?"

"그야 다른 사람들이 잠을 자야 하니까요."

"바로 그거야." 외삼촌이 말했다. "그런 생각의 바탕에는 공리주의가 있어. 시끄러운 음악은 한 사람은 즐겁게 하지만 다른 모든 사람의 잠을 방해해서 불쾌감이 들게 하지. 그러니까 음악을 시끄럽게 트는 것은 좋지 않다는 결론이 나와. 대부분의 사람은 바로 그 점을 생각하는 거야. 비록 그 순간 공리주의의 원리를 적용하고 있다는 건 의식하지 못해도 말이야."

"휴!" 페르디난트는 그 말밖에 할 수 없었다. 오늘은 외삼촌에게서 아주 많은 얘기를 들었다. 지금까지 페르디난트는 도덕과 관련된 문제를 무척 단순하게 생각해 왔다. 세상에는 반드시 지켜야 하는 규칙, 예를 들어 십계명 같은 것이 있다. 그리고 사람들은 무엇이 옳고 그른지 저절로 알기 마련이다. 이런 게 그동안 페르디난트가 생각했던 것들이었다. 실제로 사람들은 나쁜 짓을 하면 스스로 알아차린다. 양심의 가책을 느끼기 때문이다. 페르디난트는 이 문제를 외삼촌에게 물어보기로 했다.

"무슨 무슨 '주의'로 끝나는 그 모든 것은 도대체 왜 필요한 거예요? 철학자들마다 다른 얘기를 하고 심지어 서로 모순되기도 해요. 그런데 사람에게는 양심이란 게 있어요. 양심에 귀를 기울이기만 하면 충분할 거예요. 내가 공리주의란 말은 몰라도 양심은 그것을 알고 있잖아요?"

양심에 귀를 기울이는 것만으로
충분하지 않은 이유는 무엇인가?
"너의 양심이 명하는 대로 하라!"
이것이야말로 가장 단순하고 훌륭한 도덕 규칙이 아닌가?

"그래, 일반적으로 보면 네 말이 당연히 옳아." 외삼촌이 말했다. "일상적인 문제에서는 양심에 따르면 돼. 어떤 일을 하려고 할 때마다 윤리적으로 무엇이 옳고 그른지 알기 위해 도서관에 갈 수는 없어."

"바로 그거예요." 페르디난트가 말했다.

"그래, 인간에게는 양심이란 게 있지." 외삼촌이 말했다. "그런데 양심을 뜻하는 독일어 '게비센Gewissen'이나 영어 '콘션스Conscience'는 원래 '함께 안다.'라는 뜻이야. 즉 나의 모든 행위를 또 다른 내가 보고 있고 모든 것을 함께 알고 있다는 얘기야. 예전에 텔레비전에서 이런 세제 광고가 있었지? 어떤 사람이 빨래를 하려는데 갑자기 그 사람의 분신이 나타나 충고를 해주는 광고 말이야."

"그런 광고는 본 적이 없는데요?" 페르디난트가 말했다. "세제가루와 양심이 무슨 상관이에요?"

"물론 아무 관계도 없어. 그처럼 상관없는 걸 관계 지었기 때문에 그 광고가 실패한 건지도 모르겠구나. 아무튼 양심은 언제나 늘 너와 함께 있고 네 모든 행위를 감시하는 무엇이야. 말하자면 내면의 재판관이지."

양심은 습득할 수 있는 것이 아니며, 양심을 마련해야 한다는 의무도 없다. 오히려 양심은 도덕적 존재로서 모든 사람이 원래부터 자신 안에 갖고 있는 것이다. …… 여기서 의무가 되는 것은 단지 양심을 도야하고 이 내면의 재판관의 목소리에 대한 주의력을 더 예리하게 만들고 그것에 귀 기울이기 위해 모든 수단을 동원하는 것에 있다(따라서 이는 단지 간접적 의무이다).

이마누엘 칸트

"마치 바이러스 방지 프로그램 같네요." 페르디난트가 말했다. 그리고 외삼촌이 멀뚱하니 쳐다보자 설명을 했다. "컴퓨터에서는 바이러스 방지 프로그램이란 게 있어요. 이 프로그램은 하드디스크에 설치돼서 컴퓨터에서 일어나는 모든 것을 검사해요. 컴퓨터로 들어오고 나가는 모든 파일도 검사하지요. 컴퓨터에 손상을 줄수 있는 바이러스가 숨어 있는지 검사하는 거예요. 바이러스는 최악의 경우 하드디스크 전체에 손상을 줄 수도 있어요. 그래서 내가 외삼촌의 컴퓨터에도 바이러스 방지 프로그램을 설치했어요."

"아, 그렇구나."

고트프리트 외삼촌이 말했다.

몇 년 전까지만 해도 외삼촌은 컴퓨터가 없었고 구입할 생각도 하지 않았다. 그리고 외삼촌이 컴퓨터로 작업할 일이 생기면 페르디난트가 도와주었다.

"난 컴퓨터를 사용하기엔 너무 늙은 것 같아."

외삼촌은 그렇게 말하면서 페르디난트에게 도움을 청했다. 페르디난트는 외삼촌보다 더 잘 아는 것이 있어 기뻤고 또 외삼촌을 무척 좋아했기 때문에 기꺼운 마음으로 도왔다.

"그러고 보니 정말 비슷하구나."

고트프리트 외삼촌은 신기하다는 표정으로 잠시 컴퓨터를 쳐다보며 말했다.

"내 컴퓨터에 내 조카가 설치한 양심이 있는 거로군."

외삼촌은 혼자 중얼거리다가 다시 페르디난트 쪽으로 고개를 돌렸다.

"그런데 바이러스 방지 프로그램은 어떻게 바이러스를 인식하는 거지? 무엇이 좋고 무엇이 나쁜지 어떻게 아는 걸까?"

"새로운 바이러스가 나타나면 그것을 인식하는 새로운 버전의 방지 프로그램들이 나와요. 외삼촌도 인터넷에서 프로그램을 내려받아 업그레이드하면 돼요."

"아, 그런 거구나."

외삼촌이 말했다.

"업그레이드를 전혀 하지 않나요? 맙소사, 너무 낡은 버전이 설치돼 있으면 아무 소용 없어요!"

페르디난트가 말했다.

외삼촌은 조금 전보다 더 멀뚱한 표정을 지었다.

"그래, 뭐 그런 거라면……. 언제든 네가 시간 있을 때 좀 설치해줄 수 있겠니?"

"물론이죠."

페르디난트가 말했다.

"그래, 고맙구나." 외삼촌이 말했다. "그런데 이건 정말로 양심과 아주 비슷해. 인간의 천성은 선한가, 아니면 악한가에 대해서도 논란이 있거든. 아무튼 인간의 양심도 우선은 무엇이 옳고 무엇이 그른지를 배워야 해.

양심은 이정표의 역할을 하지만 우선은 어느 방향이 옳은지, 어느 방향을 가리켜야 하는지 배워야 한다는 얘기야. 그리고 더 중요한 건, 우리는 양심이 제 기능을 하는지도 정기적으로 검사해야 한다는 거야."

"바이러스 방지 프로그램을 업그레이드하는 것처럼 말이군요."

"그래, 그와 비슷해. 양심의 기능에도 문제가 생길 수 있다는 거지."

"좀 더 알기 쉽게 설명해 주세요." 페르디난트가 물었다.

환경의 산물로서의 인간은 원래 선하지도 악하지도 않다. 그런 만큼 인간의 소질과 교육과 주변 환경이 인간이 선에 이르는 길을 쉽게 할 수도 있고 어렵게 할 수도 있다. …… 이런 의미에서 누구나 근본적으로는 자신의 윤리적 존재를(선하게든 악하게든) 건설하는 장본인이다.

니콜라이 하르트만 | 1882년~1950년, 독일의 철학자

"공원에서 꽃을 꺾은 일을 예로 들어보자. 처음에 너는 그런 짓

을 해도 괜찮다고 생각했어. 그래서 당시에는 양심이 별 반응을 보이지 않았지. 하지만 그 사이에 너는 생각을 달리 하게 되었어. 그러니까 이제 또 그런 일을 하려 한다면 양심이 저항할 거야." 고트프리트 외삼촌이 말했다.

"그럴 거예요."

페르디난트가 대답했다.

그러고는 잠시 생각에 잠겼다 다시 입을 열었다. "방금 무슨 생각했는지 아세요?"

"아니."

"내 양심이 전에는 잘못을 알아차리지 못했는데 지금은 알아차린다면, 그 사이에 누군가 내 양심 소프트웨어를 최신품으로 업그레이드한 게 틀림없어요."

예의는 왜 지켜야 할까?

- 받은 선물이 마음에 안 들면 솔직하게 말해도 될까?
- 전철에서 나이 든 사람에게 자리를 꼭 양보해야 할까?
- 하품을 할 때 왜 입을 가려야 하는가?

크리스토퍼 로빈은 이 풀밭이 눈에 들어오자 외쳤어.

"모두 서!"

그래서 모두들 앉아서 쉬게 되었단다.

"지금 우리의 식량을 몽땅 먹어 치우는 게 좋을 것 같은데……. 그래야 짐이 줄어들지." 크리스토퍼 로빈이 말하니까 푸우가 물었어.

"우리의 뭘 몽땅 먹는다고?"

"우리가 가져온 것 몽땅." 대신 대답을 해준 아기돼지가 금방 일을 벌이기 시작했어.

"그거 좋은 생각이야." 푸우도 이렇게 말하고 역시 일을 벌이기 시작했어.

"모두들 뭔가 가지고 왔지?" 입안 가득 먹을 걸 담고 크리스토퍼 로빈이 물었어.

"나만 빼고. 항상 그렇지 뭐." 이요는 이렇게 말하고 뭔가를 애타게 찾는 듯 둘레를 살펴보았어. "혹시 엉겅퀴 위에 앉아 있는 애 없니?"

　"내가 그런 것 같아. 아얏!" 푸우가 일어서서 자기 엉덩이를 돌아봤어. "맞아, 나야. 그런 것 같더라."

　"푸우야, 고마워. 이제 네가 더 이상 엉겅퀴에 볼 일이 없으면⋯⋯." 이요는 푸우가 앉았던 자리로 가서 엉겅퀴를 먹기 시작했어.

　"너도 알겠지만, 위에 앉는 건 엉겅퀴한테 조금도 도움이 안 돼." 이요는 엉겅퀴를 오물오물 씹으며 타일렀어.

　"싱싱한 맛이 다 없어지거든. 너희들 모두 앞으로 잘 새겨둬. 남에 대한 아주 작은 배려, 아주 작은 마음 씀씀이가 모든 걸 바꿀 수 있다는걸."

―『곰돌이 푸우는 아무도 못 말려』

(앨런 알렉산더 밀른 지음, 조경숙 옮김, 길벗어린이)

03

"꼬마 페르디, 이리 오렴. 할머니한테 인사도 안 하니?" 클레르 헨 할머니가 오셨다. 이번에도 페르디난트는 삼류 영화에 출연한 듯한 기분이 들었다. 그것도 주인공이 아니라 실컷 당하는 역할로 말이다. 주연은 할머니로, 모두를 성가시게 하는 먼 친척의 역할이었다. 클레르헨 할머니가 오시기만 하면 페르디난트네 집은 난장판이 됐다. 할머니의 짐들이 집 안 여기저기에 나뒹굴었고, 욕실에서는 지독한 향수 비누 냄새가 났으며, 집이 떠나갈 듯 시끄러워서 정신이 하나도 없었다. 귀가 어두운 노인들이 그렇듯 할머니는 고래고래 소리를 지르며 말을 했던 것이다.

그 정도라면 참을 수 있었다. 하지만 페르디난트를 어린애 취급하는 것은 정말 견딜 수 없었다. 할머니는 페르디난트를 부를 때도 '꼬마 페르디', 심지어는 '아가'라고 불렀다. 싫어도 어쩔 수 없었

다. 클레르헨 할머니는 엄마의 친척 아주머니였고, 엄마는 클레르
헨 할머니께 공손해야 한다고 늘 당부했기 때문이다. 그래서 페르
디난트는 할머니에게 다가가 뺨에 입까지 맞추었다. 엄마밖에 없
어서 다행이었지 창피해서 죽을 지경이었다.

"네 선물을 가져왔단다, 아가야." 클레르헨 할머니가 꾸러미 하
나를 내밀며 말했다. "너 같은 꼬마 신사에게 아주 좋은 선물이야."

"어서!" 엄마가 말하고는 쯧 하고 혀까지 찼다.

페르디난트는 무슨 뜻인지 얼른 알아차리고 말했다. "아, 예. 고
맙습니다!"

"당장 풀어보렴." 할머니가 말했다. 페르디난트는 슬쩍 엄마의
눈치를 살피고는 포장을 풀었다.

"어떠니, 애야." 클레르헨 할머니가 물었다. 페르디난트는 꾸러
미 속의 선물을 보았다. 『꼬마 신사: 청소년을 위한 에티켓』이란 책
이었다. 페르디난트는 어이가 없었다. 그런 선물은 전혀 받고 싶지
않았던 것이다.

"요즘 애들도 당연히 예절이나 예의는 배워야 해. 그렇지, 아가?
아유, 귀여운 녀석 같으니라고. 마음에 드니?"

페르디난트는 잠시 머뭇거렸다. 하지만 엄마에겐 '잠시'가 아니
었던 것 같다. 엄마가 무섭게 노려보았던 것이다. 위험한 징조였기
에 페르디난트는 잔뜩 긴장했다. 보통은 엄마의 그런 표정에 이어
서 호통이 쏟아졌기 때문이다. "당연히 마음에 들 거예요. 그렇지?"

엄마가 말하면서 페르디난트를 쿡 찔렀다.

"네, 기뻐요." 페르디난트는 얼른 대답했지만 이미 늦은 거였다.

"얘는 이제 숙제를 해야 해요." 엄마가 큰 소리로 클레르헨 할머니에게 말했다. "어서 네 방으로 가! 그리고 이따가 엄마랑 얘기 좀 해!" 엄마가 페르디난트에게 냉랭하게 말했다. 나중에 한바탕 야단을 듣는 것은 피할 수 없는 일이었다.

얼마 후에 고트프리트 외삼촌이 찾아왔다. 클레르헨 할머니가 즐겨 가시는 제과점에 커피와 케이크를 먹으러 가기 위해서였다. "아이고 맙소사. 고트프리트는 이제 잘생긴 청년이 됐구나!" 할머니가 반가움을 표시했다. "그래, 나를 제과점에 데려가기로 했지. 고트프리트도 맛있는 걸 먹을 수 있고 말이야. 고트프리트는 어렸을 때부터 단것이라면 사족을 못 썼어. 사탕 과자 귀신이었지. 지금도 정확히 기억하는데……."

"얼른 가셔야 해요." 고트프리트 외삼촌이 서두르는 목소리로 말했다. "주차금지 구역에 차를 세워두었거든요."

"어, 우리 집 근처에는 주차 금지 구역이 없는데?" 페르디난트가 말했다. 그러자 할머니를 문밖으로 모시던 외삼촌이 무서운 눈으로 페르디난트를 쳐다보았다. "그럼 갔다 오마, 얘들아." 클레르헨 할머니의 목소리가 들리고 문이 닫혔다. 그리고 페르디난트가 돌아서기가 무섭게 엄마가 쏘아붙였다. "또 그러면 어떻게 하니! 너 때문에 엄마는 민망해서 죽을 뻔했어! 선물을 받으면 고맙다는 인사부터 해야 한다고 몇 번이나 말했니! 또 아무 말 없이 입술만 쏙 내밀고 있더구나! 할머니가 선물이 마음에 드냐고 물으시는데 그러고 있으면 어떻게 해!"

선물을 준 사람이
선물이 마음에 드는지 물을 때는
진심을 말해도 좋은가?

"그러면 거짓말을 하라는 거예요?" 페르디난트가 대꾸했다.

"거짓말을 하라는 게 아니라 예의를 지키라는 거야."

"예의를 지키려면 어떻게 해야 하는데요? 그런 게 저 굉장한 책에 쓰여 있나요?" 페르디난트가 물었다.

"또 버릇없이 구는구나! 아까 그런 것만으로 충분하지 않은 거니? 사람이 사는 데는 예절이란 게 있어. 선물이 마음에 들지 않아도 그런 감정은 표현하는 게 아니야. 이제 네 방으로 가."

페르디난트는 군말 없이 자기 방으로 피했다. 그리고 클레르헨 할머니가 주신 책을 읽어보았다. '남자는 여자에게 문을 열어주어야 한다.' '격식 있는 식사를 할 때는 식사 도구를 반드시 순서에 맞게 사용해야 한다.' 온통 그런 내용들뿐이었고 페르디난트는 모두 바보 같은 얘기라고 생각했다.

얼마 후 고트프리트 외삼촌과 할머니가 돌아온 기척이 들렸다.

할머니의 목소리가 워낙 커서 금세 알 수 있었다. 방에서 나온 페르디난트는 눈이 휘둥그레졌다. 외삼촌이 우스운 디자인의 넥타이를 매고 있었기 때문이다. 사람 얼굴 모양의 선인장이 헤드폰을 쓴 채 음악에 맞춰 몸을 흔들고 그 주위에서 음표들이 춤을 추는 디자인이었다.

"네가 보기에도 아주 재미있지?" 페르디난트의 표정을 보고 클레르헨 할머니가 소리쳤다. "가게에서 보자마자 아주 우습다는 생각이 들었어. 그래서 당장 고트프리트에게 사주었지. 고트프리트는 늘 우습고 재미있는 옷차림을 하잖아?"

클레르헨 할머니의 말도 틀린 것은 아니었지만 이 정도는 아니었다. 평소 외삼촌은 또래의 다른 남자들, 예컨대 페르디난트의 아빠라면 절대 입지 않을 옷들을 입고 다녔다. 옷차림이 너무 알록달록한 적도 자주 있었다. 하지만 이런 넥타이까지 맨 적은 없었다. 외삼촌도 결코 달가운 표정이 아니었다.

"그리고 내 생각이 맞았어." 클레르헨 할머니가 계속해서 말했다. "고트프리트도 넥타이가 마음에 쏙 들어서 얼른 맸거든. 그렇지?"

"아, 예. 그랬어요." 고트프리트 외삼촌은 당혹스러운 표정을 짓고서 말했다. 페르디난트는 그런 거짓말에 관해 외삼촌과 얘기를 좀 해야겠다고 생각했다. 조금만 기다리면 얘기를 나눌 기회가 생길 것이다.

"아, 얘들아. 내가 좀 피곤하구나." 클레르헨 할머니가 큰 소리로 말했다. "좀 누워서 쉬어야겠다. 그럼 이따 보자꾸나." 할머니는 방으로 들어갔고 잠시 후 코 고는 소리가 들렸다. 할머니의 코 고는 소리는 대포 소리 같았다.

고트프리트 외삼촌은 식탁 의자에 털썩 주저앉아 넥타이부터 풀었다.

"왜 그래? 마음에 안 들어?" 페르디난트의 엄마가 능청스럽게 물었다.

"누나 마음에는 드나 보지?" 외삼촌이 말했다. "누나는 이런 넥타이 본 적 있어? 이런 것을 사는 사람은 둘째치고, 이런 것을 만드는 사람이 다 있다니. 가게 점원들은 이 물건을 처분한 게 기뻐서 만세를 불렀을 거야."

"하지만 외삼촌은 클레르헨 할머니에게 넥타이가 마음에 든다고 했잖아요?"

"아니면 뭐라 말하라고?"

"솔직한 마음을 얘기할 수도 있잖아요?" 페르디난트가 말했다.

"이건 솔직하고 말고의 문제가 아니야." 엄마가 대답하고는 외삼촌에게 이렇게 말했다. "이 녀석은 지금 구실을 찾고 싶은 거야. 아까 할머니에게 예의 없이 굴었거든."

"무슨 일이 있었는데?" 고트프리트 외삼촌이 물었다.

"『꼬마 신사』인가 뭔가 하는 바보 같은 책을 받았는데, 선물이 마음에 든다는 말을 얼른 하지 않았어요."

"그리고 전혀 고마워하지도 않았어." 엄마가 말했다.

"너무 기뻐 말이 안 나왔던 거겠지." 외삼촌이 페르디난트의 편을 들었다.

"그런데 그런 상황에서는 거짓말을 해야 하나요, 말아야 하나요?" 페르디난트는 궁금했다.

"선물을 준 사람의 기분을 상하게 해선 안 돼. 그건 예의 없는 짓이야." 엄마가 대답했다.

"하지만 마음에 들지 않는데 마음에 든다고 말하는 건 거짓말이에요." 페르디난트가 대꾸했다. "엄마는 늘 거짓말을 해서는 안 된다고 말했잖아요?"

페르디난트의 엄마는 더 이상 할 말을 찾을 수 없었다.

그러자 외삼촌이 말했다. "네가 옳아, 페르디난트. 그런데 진실과 거짓에 관해 우리가 나누었던 얘기를 아직 기억하겠지? 그때 우리는 위급한 경우나 알 권리가 없는 사람이 질문을 할 경우에는 거짓말을 해도 된다는 얘기도 했어."

"바로 그거예요!" 페르디난트가 대답했다. "클레르헨 할머니에게서 선물을 받는 것은 정말로 위급한 경우가 아니에요."

"네 말이 옳다." 외삼촌이 말했다. "내 생각에도 사실 이런 경우에는 거짓말을 해서는 안 돼."

"거참, 사람 난처하게 만드는군." 엄마가 외삼촌에게 말했다. "너도 클레르헨 할머니에게 선물이 마음에 든다고 말했잖아? 상점에서 당장 넥타이를 매기까지 했고."

"그거야 뭐……." 외삼촌은 잠시 말을 잇지 못했다. "솔직한 마음을 말해버릴 수가 없었어. 그게 더 나은 태도였겠지만. 거짓말은 언제나 문제만 만들어내지. 클레르헨 할머니는 내가 이 넥타이를 받고서 정말로 기뻐한다고 생각하거든. 나는 이 넥타이 값이 얼마인지 알고 싶지도 않아. 오히려 우리가 이 넥타이를 치워주는 대가로 상점 주인이 돈을 주었어야 마땅해."

"할머니는 네가 기뻐한다고 믿기 때문에 행복해하셔. 그게 중요한 거야." 엄마가 말했다.

"하지만 달리 생각해 보면 우리 태도는 할머니에게도 좋은 게 아니야. 할머니가 주시는 물건들이 얼마나 흉측한지 얘기하지 않는다는 점에서 우리는 할머니에게 별로 솔직하지 못한 거야. 내가 일찌감치 이런 사실을 할머니에게 얘기했다면 서로 피곤한 일도 줄일 수 있었을 텐데. 지난번에는 할머니가 선물로 뭘 주셨는지 알아? 만화 주인공 디들 마우스의 그림이 있는 양말이었어. 크리스마스에는 반라의 여자 그림이 있는 넥타이를 주셨지. 게다가 교태 섞인 미소를 지으시며 이렇게 말씀하시는 거야. '노총각들은 이런 걸 좋아하지.' 아흔이 넘은 노인네가 말이야. 그런데 나는 그런 물건이 싫다는 말을 한 번도 하지 않았어. 그래서 할머니는 내가 그런 물건들을 정말로 좋아한다고 생각해. 선물이 마음에 드는지 물을 때 어떻게 대답하느냐가 미래의 선물을 결정하는 셈이지."

"선물 받은 후는 선물 받기 전이다." 페르디난트가 말했다.

"그 말 멋지군. 어떻게 그런 말을 생각했니?" 고트프리트 외삼촌이 말했다. "네가 제프 헤르베르거1897년~1977년, 독일의 전설적 축구 감독으로 "공은 둥글다.", "경기 후는 경기 전이다.", "가장 어려운 경기는 언제나 바로 다음 경기이다." 등의 많은 축구 명언을 남겼다.– 옮긴이 의 격언들을 들어봤을 리도 없고. 그건 우리 아버지 세대에 유행했던 거니까."

"어리다고 무시하지 말지어다." 페르디난트가 말했다.

"이것 참. 오늘은 멋진 격언들만 듣게 되는군." 외삼촌이 껄껄 웃었다.

"너희 둘 다 잊은 것 같은데, 우린 예절에 관해 얘기하던 중이었어." 페르디난트의 엄마가 대화의 실마리를 다시 찾아주었다. "아무튼 예의 없는 태도는 나쁜 거야."

왜 예의를 지켜야 하나?

"도대체 그게 왜 나쁜 건데요?" 페르디난트는 궁금했다. "속이는 것도 없고 거짓말을 하는 것도 아닌데요? 그와는 정반대예요. 오히려 예의를 지키다 보면 거짓말도 하게 되잖아요?"

"나 참. 예절을 지켜야 한다는 것에는 이유고 뭐고 필요 없어." 엄마가 말했다.

메피스토펠레스: 자네는 자네 말이 얼마나 거친지 모르는 것 같군.

학사: 독일에서 예의 바르다는 말은 거짓말쟁이라는 뜻이지요.

요한 볼프강 폰 괴테 | 1749년~1832년, 독일의 작가

"아무래도 나는 또 페르디난트 편을 들어야 하겠는걸." 외삼촌이 말했다. "어떤 문제에서든 우리는 이유를 생각해야 해. 많은 경우 예절은 도덕이나 옳고 그름과는 아무 상관도 없어."

"그 멍청한 책에는 멍청한 규칙들만 잔뜩 소개돼 있었어요. 점잖고 예의 바른 사람이 지켜야 할 규칙들이라나요? '이웃을 만나면 반갑게 인사해야 한다.' '하품을 할 때는 왼손으로 입을 가려야 한다.' '식사할 때 음식을 입에 가득 넣은 채로 말하지 않는다.' 뭐 이런 거였죠."

"바로 그런 게 예절 바른 태도야." 엄마가 말했다.

"우연이겠지만 네가 말한 것들은 참 좋은 예들이야." 외삼촌이 말했다. "그런 예들을 통해서 예절이란 것의 의미가 어디 있는지 생각해 볼 수 있거든. 즉 우리는 모든 예절 중에서 단순히 예전부터 그래왔다는 이유만으로 맹목적으로 따르고 있는 것이 없는지 잘 생각해 봐야 해. 클레르헨 할머니가 주신 그 책 제목이……."

"『꼬마 신사』예요."

"그래 『꼬마 신사』였지. 누나, 이제부터 내가 좀 비교육적으로 들리는 얘기를 해도 이해해 줘. 그 책은 제목부터가 마음에 안 들

어. 제목을 들으면 무엇보다도 꼴사나운 옷차림이 생각나거든. 흔히 행동거지에서 흠잡을 데 없는 아이들을 두고 착실하다고 말하지. 이를테면 세일러복을 빼입은 소공자 같은 애들 말이야."

"그러니까 예의니 범절이니 다 헛소리란 얘기죠? 신난다!" 페르디난트는 좋아서 어쩔 줄 몰랐다.

"잘했다, 잘했어, 동생 양반." 엄마가 말했다. "그렇게 말하면 그동안 내가 가르친 건 다 뭐가 되니? 앞으로 내가 무슨 말만 하면 이 녀석은 이렇게 대답할 거야. '나는 세일러복이나 입는 얼간이가 아니에요.'"

"아니, 그런 뜻이 전혀 아니야." 고트프리트 외삼촌이 손을 내두르며 말했다. "내 말은 우리가 어떤 문제에서든 이유 내지 근거를 알아야 한다는 거야. 그렇게 하지 않으면 정말로 얼간이가 되는 거야. 아이뿐 아니라 어른도 마찬가지야. 이건 나이와 상관없는 문제야. 예절 중에는 지키면 좋은 것들도 있어. 하지만 예를 들어 고급 부르군트 포도주를 마실 때 어떤 잔이 어울리는지 아는 것은 그리 중요한 문제가 아니야. 그깟 거 물잔에 따라 마실 수도 있는 거니까."

"물잔은 좀 곤란해. 그러면 술맛이 제대로 안 나니까." 엄마가 말했다.

"그래, 그것도 틀린 말은 아니야. 하지만 식사 도구에 관해 한번 생각해 봐. 특별한 음식을 먹을 때 그런 도구를 어떤 순서로 사용하는지 안다면 격식 있는 식사에 초대받았을 때 좀 당당할 수 있겠지. 하지만 설령 그런 걸 모른다 해도 다른 사람에게 해를 주는 건 아니야. 기껏해야 당사자의 마음이 불편하거나 교양 없어 보일까 봐 창피한 기분이 들 뿐이지."

"그런 자리에 가면 음식도 잘 넘어가지 않아요." 페르디난트가 말했다.

"물론 음식이 맛있고 예절도 안다면 식사가 아주 즐겁겠지. 말이 났으니 말인데, 칸트도 예의범절이 중요하다고 했어. 단 한 가지 이유에서이긴 했지만. 칸트는 예의범절이 이를테면 도덕을 선전하는 역할을 한다고 생각했어."

물론 예의범절은 덕과 유사한 그럴 듯한 가상으로서의 외장 내지 장식에 불과하다. 하지만 이 가상에는 기만성이 없다. 왜냐하면 누구나 무엇 때문에 그런 가상을 취해야 하는지 알기 때문이다. 이 가상은 가치가 큰 것은 아니지만 덕의 감정 자체를 촉진시킨다. 그 가상을 취할 때는 그것을 가능한 한 진실 가까이 가져가려 애쓰게 되기 때문이다. 그런 가상은, 다른 사람에게 붙임성 있고 예의 있는 태도를 보이며 그와 대화를 즐기고 융숭하게 대접하고 또 그에게 (반박을 할 때도 거칠게 말하지 않고) 완곡한 표현을 쓰는 데서 나타난다. 요컨대, 그런 가상은 그저 다른 사람과 교제할 때의 정중한 매너에 불과하지만, 이는 동시에 다른 사람들에게도 영향을 주어 그들로 하여금 최소한 덕을 애호하게 만들며,

그렇게 하여 덕 있는 자세를 갖추게끔 한다.

이마누엘 칸트

"아, 칸트. 그 사람은 현명한 생각을 최대한 어렵게 표현하기로 세계 챔피언인 사람이죠?"

"칸트를 그렇게 말하면, 철학을 연구하는 사람들이 무척 화를 낼 거야. 하지만 네 말이 완전히 틀렸다고 하기도 어렵지." 고트프리트 외삼촌이 웃으면서 말했다. "그건 그렇고, 다시 예절에 관해 얘기해 보자. 예절 중에는 우리가 지금까지 얘기한 것과는 좀 다른 것도 있어."

"어떤 건데요?"

"남에게 해를 끼치지 않아야 한다는 의미로서 예절."

"좀 더 자세히 얘기해 주세요." 페르디난트가 물었다.

"음, 아까 네가 얘기한 것 중에서 식사 예절이 그래. 입안에 음식이 가득 차 있는 상태로 말하는 건 매너가 아니야. 식사 중에 상대방에게 불쾌감을 느끼게 할 수 있기 때문이지. 그러니까 이 경우에는 다른 사람에게 피해를 주면 안 된다는 생각이 바탕에 있는 거지."

"그러면 남자가 여자의 왼쪽으로 걸어야 하는 이유는 뭐예요?"

"그것도 참 재미있는 예지. 신사가 숙녀 왼쪽에서 걸어야 하는 것은 누군가의 공격을 받았을 경우 가능한 한 빨리 칼을 뽑기 위해서야. 칼은 허리 왼쪽에 차니까 말이야."

"하지만 요즘 세상에 누가 칼을 차고 다녀요?"

"맞아. 그러니까 숙녀 왼쪽에서 걷는 것은 예절로서는 더 이상 의미가 없어. 자신이 그런 예절도 아는 사람이란 걸 보여주고 싶을 때라면 몰라도. 왜 요즘도 그런 것을 예절로 취급하는지 나 역시 이해가 안 가. 하품을 할 때 입을 가리는 것도 마찬가지야. 물론 배 속이 다 보일 만큼 입을 쩍 벌리고 하품하는 것은 보기 좋다고 말할 수 없지만."

"그러면 말을 가려서 하는 것도 예의상 중요한 건가요?" 페르디난트가 물었다.

"그건 중요하다고 생각해. 왜 전에 그런 얘기를 했잖아? 얼굴이 흉측한 사람에 관해서……"

"예, 기억나요. 사고로 얼굴을 다치거나 해서……."

"그래, 바로 그거야. 그런 사람에게 얼굴이 흉측하다는 말을 해서는 안 돼. 그러면 그 사람 마음이 다치니까. 즉 누군가를 해치지 않는 게 중요하다는 거야. 그런 말을 하는 것은 그 사람의 얼굴을 때리는 것과 마찬가지야. 아니, 마음을 다치게 하는 건 때리는 것보다 더 큰 고통을 줄 수도 있어."

자기 형제에게 성을 내는 사람은 누구나 재판을 받아야 하며 자기 형제를 가리켜 바보라고 욕하는 사람은 중앙 법정에 넘겨질 것이다. 또 자기 형제더러 미친놈이라고 하는 사람은 불붙는 지옥에 던져질 것이다.

신약성서 「마태복음」 5장 22절

(이 책에서 인용되는 성서 구절은 「공동번역 성서」를 따랐다.- 옮긴이)

"그러니까 너도 예절을 조금은 중요하게 생각하는 거로구나." 엄마가 말했다.

그러자 외삼촌이 정색을 하고 말했다. "조금이 아니야. 다만 나는 어떤 예절에 타당한 이유가 있는지 먼저 생각해 봐야 한다는 거야. 그리고 타당한 이유가 있다는 것을 알면 무턱대고 지키는 경우보다 더 중요하게 여기게 된다고. 나는 다른 사람을 배려하는 예절은 모두 의미 있다고 생각해. 사람들은 함께 어울려 사는 것이니까."

왜 다른 사람을 배려해야 하나?

"쳇, 또 국민 계몽 캠페인이군. '아이들에 대한 배려', '노인들에 대한 배려', '장애자에 대한 배려' 또 없나?" 페르디난트가 말했다.

"무슨 말을 그렇게 하니!" 엄마가 당장 페르디난트를 야단쳤다.

"지금 내가 누나를 가르치겠다는 뜻으로 말하는 게 아니라……." 외삼촌이 말했다.

"아니었던가?" 엄마가 장난스레 비꼬는 투로 말했다.

"…… 아무튼 배려가 왜 중요한지 설명해 주지 않으면 페르디난트와 같은 반응을 보일 수밖에 없어. 누군가 아무 설명 없이 지시만 내리면 그에 대해 의심과 의혹을 품을 수밖에 없다는 거야."

"또 조카 편이군!" 엄마가 말했다.

"다른 사람을 배려해야 하는 이유가 뭔데요?" 페르디난트는 궁금했다.

"그런 배려의 바탕이 되는 원칙은 이런 거야. '다른 사람의 입장이 돼보라.'" 외삼촌이 말했다.

"겨우 그거예요?" 페르디난트가 물었다.

"그래, 사실은 그처럼 간단해. 그리고 바로 이 원칙을 '황금률'이라 부른다는 게 중요하지. 아마 이것이 세상에서 가장 중요한 도덕 규칙이니까 이런 명칭이 붙었을 거야."

"'다른 사람의 입장이 돼보라.'가 가장 중요한 규칙이라고요? 왠지 좀 우습네요?"

"아, 이해가 잘 안 되나 보구나. 그럼 이런 오랜 격언은 들어봤지? '네가 당하기 싫은 일은 남에게도 행하지 말라.'" 외삼촌이 말했다.

윤리학의 핵심을 들어라. 그것을 듣고 그대로 따르라. 그 핵심은 이렇다. 네 자신이 견디기에 고통스러운 일은 남에게도 행하지 말라.

고대 인도의 격언

"아, 그거요. 당연히 그런 격언은 들어봤지요. 하지만 그게 그처럼 중요한 것인지는 몰랐어요."

그러자 외삼촌이 말했다. "이런 규칙은 어느 시대, 어느 문화에서나 존재해. 도덕에 관한 중요한 글에는 어디나 이런 말이 있어. 내 생각이지만, 이 원칙은 우리의 일상에서 가장 중요한 거야."

"내가 남한테 맞는 건 싫으니까 나도 남을 때리면 안 된다. 이런 건가요?" 페르디난트가 물었다.

"극단적으로 말하면 그래. 하지만 누군가를 때리고 싶은 생각이 드는 것은 비교적 드문 경우야. 배려라는 것은 아주 사소한 문제에서부터 시작돼야 해. 오늘 내가 좁은 인도를 걷고 있는데 맞은편에서 두 사람이 나란히 걸어 왔어. 그런데 그 사람들은 내게 길을 비켜줄 생각은 전혀 하지 않았어. 내가 옆으로 피해 가거나 공기 중으로 사라지기를 바라는 것처럼."

"그래서 외삼촌이 공기 중으로 사라지셨어요?"

"당연히 아니지. 그냥 차도로 내려갔어. 사실 두 사람 중 하나가 2초 동안만 옆으로 비켜서면 됐지. 참 예의 없는 사람들이지."

"너도 참. 그런 것까지 생각하며 사니까 인도로 다니는 것도 힘들지." 엄마가 말했다.

"그래, 어쩌면 내가 너무 민감한 건지도 모르지. 하지만 가만히 보면 정말 많은 사람들이 남을 전혀 배려하지 않고 살아. 모두가 황금률을 지키려 한다면 삶이 훨씬 더 쾌적해질 텐데."

"그런데 버스나 지하철을 타면 웃기는 안내문이 붙어있잖아요? '좌석은 노약자에게 양보하세요.'라는 거. 그런 것도 황금률과 관계 있어요?"

"물론이지. 그건 바로 황금률에 따른 거야." 외삼촌이 대답했다.

"어째서요? 자리야 먼저 앉은 사람이 임자이지. 남 편하게 하려고 내가 불편을 겪어야 하는 게 황금률은 아니잖아요?"

"그런 게 아니야! 잘 들어보렴." 외삼촌이 말했다. "네가 다리에 깁스를 했거나 축구를 한 날이라 서있기도 힘들 만큼 피곤하다고 생각해 봐. 아니면 아주 험한 산에 등산을 갔다 왔다고 가정해 보자. 그런 경우 너는 무척이나 앉고 싶지 않겠니?"

"그야, 그렇죠. 하지만 그런 사람에게 자리를 양보하라는 안내문은 없잖아요?"

"어떻게 그 모든 경우를 안내문에 써넣을 수 있겠니? 그런 경우를 일일이 다 생각해서 써 붙였다간 버스에 사람 탈 자리도 안 남을 게다. 그래서 간단히 '노약자'라는 말만 써넣은 거야. 어떤 버스를 타면 '좌석은 더 절실한 사람에게 양보하세요.'란 안내문도 볼 수 있어. 황금률을 더 분명하게 확인할 수 있는 경우이지. 안내문의 문구가 뭐든 간에 '다른 사람의 입장을 생각하고, 그런 경우 내가 어떤 대접을 받고 싶을지 생각해 보라.'는 원칙이 적용되고 있는 거야."

"클레르헨 할머니께도 이런 얘기를 들려드려야 해요. 할머니께서 우리 입장이 돼 보신다면 그런 우스꽝스러운 물건들만 선물로 주시지는 않을 테니까요." 페르디난트가 말했다.

"잠깐 내 얘기 좀 들어봐!" 엄마는 할머니에 대한 페르디난트의 불평을 그냥 넘기려 하지 않았다. "할머니께서는 한 사람 한 사람 다 생각하시고 적절하다 싶은 것을 선물로 주시는 거야. 이따금 이상한 선물을 주시는 건 큰 흠도 아니야."

남이 내게 해주기 바라는 일을 남에게 행하지 말라. 취향은 다양하니까.

조지 버나드 쇼 | 1856년~1950년, 아일랜드의 극작가

"그건 그래요." 페르디난트가 말했다. "선물이 아무리 끔찍해도 모두들 마음에 든다고 말하는데 할머니가 어떻게 아시겠어요? 바로 그런 할머니의 입장을 엄마와 외삼촌도 생각해야 한다고요. 다시 말해 할머니께서도 아셔야 한단 얘기죠."

황금률에 관한 격언

남이 행하면 화나는 일을 네 스스로 행하지 말라.

레스보스섬의 피타코스 | 기원전 7세기경

중궁이 인(仁)에 대해 묻자 공자께서 말씀하셨다. "문을 나서면 사람을 큰 제사로 모시듯하며, 내가 원치 않는 바를 남에게 시키지 마라. 이렇게 하면 나라에서나 집안에서나 원망함이 없을 것이다."

「논어」 | 기원전 6세기경

네가 당하면 고통스러운 일을 남에게 행하지 말라.

불교 | 기원전 5세기경

모든 피조물이 느끼는 행복과 고통, 즐거움과 괴로움에 우리는 공감해야 하며, 우리 스스로 받고 싶지 않은 고통을 그들에게 가하지 않게 조심해야 한다.

자이나교 | 기원전 6세기경(기원전 6세기 무렵 인도에서 마하비라가 창설한 종교로 불살생의 계율을 최고로 여기는 엄격한 금욕주의 사상.- 옮긴이)

너희 자신에게 싫은 일은 남에게도 행하지 말라.

자라투스트라 | 기원전 6세기경

아이야, 네가 싫은 일을 친구들에게 행해서는 안 된다.

바빌론의 「아히카르 이야기」 중에서 | 기원전 5세기경

내 이웃이 행하면 질책할 일은 나 스스로도 가능한 한 행하지 않으리라.

헤로도토스가 전하는 사모스의 마이안드리오스의 말 | 기원전 5세기경

내가 남에게서 바라는 태도를 남에게 취해야 하지 않겠는가?

플라톤 | 기원전 4세기경

네게 고통을 줄 만한 일이라면 남에게도 행하지 말라.

고대 인도의 대서사시 「마하바라타」 | 기원전 3세기경

사람은 스스로 당하기 싫은 일을 남에게 행하지 않는다. 그런 일을 당하면 불쾌하다는 것을 이미 경험해 봤기 때문이다.

「마하바라타」 | 기원전 6세기경

네가 겪고 싶지 않은 일은 아무에게도 행하지 말라.

구약의 외경 「토비트」 | 기원전 200년경

너희는 남에게서 바라는 대로 남에게 해주어라.

신약성서 「마태복음」 7장 12절

네 자신이 싫어하는 일은 아무에게도 행하지 말라!

「토비트」 4장 15절

네게 달갑지 않은 일을 남에게 행하지 말라. 이것이 법이다.

「탈무드 사바트」에 나오는 랍비 힐렐의 말

남이 네게 행하기를 원치 않는 일은 남에게도 행하지 말라.

람프리디우스가 전하는 세베루스 알렉산데르의 말 | 기원전 2~3세기경

네가 남에게서 당하면 노여워할 일을 남에게 행하지 말라.

이소크라테스 | 기원전 4세기경

네가 남에게 행한 일은 네가 남에게서 바랐던 일이니.

세네카의 「서간집」이 전하는 푸빌리우스 시루스의 말

남이 내게 악행을 저지르는 일이 없도록 남에게 악행을 저지르지 말라.

고대 이집트의 격언 | 기원전 4세기경

인간은 항상 자유롭게 결정할 수 있을까?

- 친구들에게 따돌림 당하지 않기 위해서 하는 나쁜 짓은 누구 책임일까?

- 강도가 위협해서 한 행동은 내 잘못이 아닐까?

- 나이 든 사람의 말은 꼭 들어야 할까?

자기보다 나이가 많은 남자 형제와 방을 같이 쓰면, 자기가 하고 싶은 건 하나도 제대로 할 수가 없어요.

밤에 언제 불을 끌지 정하는 건 항상 랏세 오빠였어요. 나는 침대에 누워 책을 좀 더 읽고 싶은데도, 오빠는 "우리, 불 끄고 귀신 얘기하자." 하고 말하는 거예요. 또 내가 졸려서 자려고 하면 랏세 오빠와 봇세 오빠는 "야, 우리 카드놀이 하자."라고 하고요. 랏세 오빠는 침대에 누워서도 언제든지 불을 끌 수 있어요. 불을 끄려면 스위치를 돌려야 하잖아요? 그런데 랏세 오빠는 그 스위치 주위에 빳빳한 종이를 단단히 붙였어요. 그리고 그 종이에 끈을 튼튼하게 달아서 자기 침대까지 닿게 해놓았어요. 그건 굉장히 신기한 장치인데, 나는 제대로 설명할 수가 없어요. 왜냐하면 나는 커서 '짤깍짤깍 기계공'이 될 생각은 없으니까요. 랏세 오빠는 '될 생각'이래요, 짤깍짤깍 기계공 말이에요. 그게 어떤 건지 도통 모르겠어요. 하지만 랏세 오빠는 무지하게 뻐기면서 이렇게 말하곤 하죠. "짤깍짤깍 기계공이 얼마나 근사하다고. 기계공이 되려면 전깃불 스위치에 빳빳한 종이를 붙이는 것쯤은 거뜬히 할 수 있어야 돼."

—『떠들썩한 마을의 아이들』

(아스트리드 린드그렌 지음, 햇살과나무꾼 옮김, 논장)

·

04

페르디난트는 외삼촌 집의 초인종을 누르려다 주춤거렸다. 외삼촌을 만나고 싶은 마음은 굴뚝 같았지만 왠지 꺼림칙한 기분이 들었던 것이다.

페르디난트는 외삼촌 집을 자기 집처럼 훤히 알고 있었다. 안톤도 페르디난트가 찾아오면 껑충껑충 뛰면서 반갑게 맞아주었다. 외삼촌 집은 여느 친구들의 집과도 달랐고 재미있고 신기한 물건들로 가득 차 있었다. 가끔은 외삼촌처럼 집을 꾸미고 살면 좋겠다는 생각도 들었다. 그런 멋진 집에 살면 친구들이 무척 부러워할 게 분명했다.

그리고 페르디난트는 외삼촌을 아주 좋아했다. 그러니 평소라면 초인종을 누르기 전에 망설일 이유가 없었지만 오늘은 좀 달랐다. 그렇다고 마냥 서있을 수만은 없어서 페르디난트는 결국 초인종을 눌렀다. 그러자 정말로 요란한 소리가 났다. 페르디난트가 아는 한 그런 구닥다리 초인종을 사용하는 사람은 이 세상에 외삼촌밖에 없었다. 요즘 사용되는 벨과 달리, 검은 상자 안에 은색 반구가 있고 조그만 쇠공이 달린 막대가 그 옆에 있었다. 그 쇠막대기가 반구를 때리면 아주 커다란 소리가 났다. 그 소리에 페르디난트의 귀가 멍멍해진 순간 고트프리트 외삼촌이 문을 열었다.

"아, 페르디난트구나. 들어오렴." 외삼촌이 말했다. "겨우 어제 봤는데 또 찾아오시니 감개무량하구나."

페르디난트는 외삼촌의 말이 무슨 뜻인지 잘 알았다. 하지만 지금의 고민은 외삼촌에게만 털어놓을 수 있었다. 친구들이나 부모님과는 상의할 수 없었다. 친구들이나 부모님은 자신의 고민을 전혀 이해하지 못할 것 같았다.

그래서 페르디난트는 이렇게 말했다. "외삼촌과 꼭 상의해야 할 일이 있어요. 도움이 필요해요. 하지만 외삼촌이 먼저 약속해야 해요. 무슨 얘기를 듣던지 화내지 않겠다고. 그리고 아무에게도 말하지 않겠다고. 특히 엄마와 아빠가 알면 안 돼요."

"이 녀석 보게?" 외삼촌이 말했다. "그렇게 말하는 걸 보니 심상치 않은 일이구나. 나야 네 대부이기도 하니까 네 고민을 듣고 조언을 하는 게 당연하지. 하지만 먼저 한 가지는 말해야겠다. 네가 내 충고를 잘 듣겠다고 약속할 때만 나도 네 엄마와 아빠에게 아무 말 하지 않겠다고 약속하겠어."

페르디난트는 머뭇거리다가 이런 생각을 했다. '귀로 잘 듣는 거야 어려운 일이 아니니까 까짓 약속하지 뭐.'

그래서 페르디난트는 순순히 대답했다. "알겠어요. 약속할게요."

"그럼 이제 얘기해 봐." 외삼촌이 말했다.

"학교에서, 그러니까 친한 친구들과 좀 문제가 있어요." 페르디난트가 말했다.

"무슨 문제인데?"

"그 애들이 가진 건 모두 최신 상품들이에요. 옷도 최신 유행 상표이고 컴퓨터게임도 최신품들이에요. 우리나라에는 아직 나오지 않은 것을 미국에서 받아보는 애들도 있어요."

"그래서?"

"나는 그렇지가 못해요. 그런 것들은 살 수 없지요. 돈이 없으니까요."

"다른 애들은 모두 돈이 많다는 거냐?" 고트프리트 외삼촌이 물었다.

"대부분의 애들은 그래요. 예를 들어 마이크란 애는 원하는 건 뭐든 가질 수 있어요. 집이 부자거든요. 집이 부자가 아닌 애들은 갖고 싶은 물건들을 슬쩍하고요."

"뭐라고?"

"요즘 우리가 음반 가게에 가면 한 녀석씩 돌아가면서 CD 한 장을 훔쳐요. 언젠가는 DVD를 훔친 녀석도 있었어요."

"이런!" 외삼촌이 말했다. "도대체 왜 그런 애들과 어울리며 다니는 거냐?"

페르디난트는 외삼촌의 말에 물러서려 하지 않았다. "그런 얘기는 듣고 싶지 않아요. 나는 걔네들과 어울리는 게 좋아요. 어쨌든 내 친구들이니까요. 물론 녀석들이 최근에 나를 놀리기는 했어요. 아주 갖고 싶은 CD가 하나 있는데 살 돈이 없다고 말했더니 다들 비웃더라고요. 그리고 지난번에는 나만 빼고 자기네들끼리 몰려갔어요. 나는 괜찮은 CD를 어떻게든 구할 생각을 하지 않고 늘 빌려 듣기만 하니까요. 그래도 나까지 그러고 싶지는 않아요. 그건 좋지 않은 일이라고 생각하기 때문이에요. 그리고 사람이 뭘 갖고 있느냐에 따라 평가받는 것도 참 짜증나는 일이에요. 하지만 좀 지나면 나도 어쩔 수 없을 것 같아요."

"너까지 그러고 싶지는 않다는 게 무슨 말이지?"

"그야 가게에서 CD 훔치는 걸 말한 거죠. 하지만 친구들과 어울리려면 이제 나도 어쩔 수 없어요. 나 혼자만 바보가 되기는 싫단 말이에요. 친구들과 어울리려고 CD 하나 훔치는 건 그리 나쁜 일도 아닐 거예요. 훔치고 싶어 훔치는 것도 아니니까요. 돈이 없으니까 그 수밖에 없잖아요?"

옳지 않다고 생각하는 하고 싶지 않지만
선택의 여지가 없을 때는 어떻게 해야 하나?

"맙소사." 외삼촌이 말했다. "이제는 나도 어쩔 수 없구나. 어떤 경우에도 이 말만은 하고 싶지 않았다만…… 그런 애들과는 어울리지 않았으면 좋겠구나. 이건 부모나 선생이 내뱉을 수 있는 가장 나쁜 말이야. 내가 혹시라도 이 말을 하게 된다면 그건 내가 정말로 늙고 속물이 돼버린 경우일 거라고 생각했지. 내겐 자식이 없으니까 이 말을 하게 될 일은 없을 거라 믿었어. 그런데 오늘 너한테 이 말을 하게 되는구나. 나도 이제 나이가 들었구나. 그래, 누군가 좀 더 일찍 내게 그런 얘기를 해줬더라면 더 좋았겠지. 그랬다면 더 이상 훈계를 하겠답시고 나서지 않았을 텐데. 하지만 아무도 내가 늙었다는 얘기를 하지 않았으니 그냥 생각하지 말기로 하자. 설령 늙은 게 사실일지라도."

페르디난트는 어리둥절한 표정으로 외삼촌을 보았다. 원래 외삼촌은 그처럼 뭔지 모를 말을 혼자 중얼거리는 경우가 많았다. 하지만 대개는 다시 분명한 얘기를 해주었다.

"우리 얘기를 좀 다르게 시작해 보자." 외삼촌이 말했다. "네가 명심해야 할 것은 무슨 일이든 네가 하는 일에는 책임을 져야 한다는 거야. 다시 말해, 네게 선택의 여지가 없는 상황이란 없어."

"무슨 말을 하려는지 알겠어요." 페르디난트가 말했다. "그러니까 친구들의 일과 관련해서도 나 스스로 결정해야 한다는 거죠? 아주 고맙네요! 나 참, 그런 생각은 나 혼자도 할 수 있어요. 아니면 학생 상담소라도 찾아갈까요?"

외삼촌은 적잖이 당황했다. 페르디난트를 너무 어리게만 생각했던 것이다.

페르디난트는 외삼촌에게 말할 틈도 주지 않고 계속 쏟아냈다. "외삼촌은 친구들이 내게 얼마나 중요한지 상상도 못할 거예요." 사실 페르디난트는 이미 오랫동안 이 문제를 생각했고 도움이 될 만한 사례가 없을까 해서 이런저런 영화도 많이 보았다. "어떤 범죄자가 권총을 들고 내 뒤에 서서 무슨 일을 강요한다면 어떻게 해야 할까요? 그런 경우 내겐 선택의 여지가 없어요. 그런 상황에서는 스스로 생각해서 결정할 수가 없단 말이에요."

"그것 참 좋은 예다." 외삼촌이 말했다. "네가 처한 상황과 같다고 보기는 어렵지만 재미있는 경우야. 그런 상황에 처한다 해도 나는 네가 자유롭다고 생각해. 그래, 어떤 범죄자가 무기로 너를 위협하면서 무슨 일을 강요한다고 치자. 그런 경우에는 무조건 시키는 대로 해야 하는 거니?"

"당연히 그래야죠." 페르디난트가 말했다.

"예를 들어 그 사람이 돈을 강요해서 네가 돈을 준다고 하자. 그런 경우라면 네가 자발적으로 돈을 주었다고 말할 사람은 없을 거야. 그렇지?"

"그래요." 페르디난트는 외삼촌이 논거까지 제시하는 것에 적잖이 놀랐다.

"시계든 뭐든 어떤 물건을 내놓으라고 말할 경우도 마찬가지일 거야. 그리고 어떤 일을 강요할 때도 그렇겠지? 예를 들어 누군가를 죽이라고 강요할 때도?"

페르디난트는 머뭇거렸다.

"네가 사무라이인데, 전투에 나가 친구를 배신하라는 강요를 받는 경우라면 어떨까?" 외삼촌은 페르디난트가 사무라이 영화를 무척 좋아한다는 것을 익히 알고 있었다. 두 사람은 자주 함께 영화를 보러 갔고, 그럴 때면 페르디난트도 영화를 고를 수 있었다. 그래서 외삼촌은 페르디난트의 취향을 잘 알고 있었던 것이다.

페르디난트는 할 말이 떠오르지 않았다.

"너라면 그런 짓을 하는 대신 영웅적으로 죽는 게 나을 거라 여길 거야. 그렇지?" 외삼촌이 말했다. "영웅적인 죽음이 스크린 밖에서도 늘 멋질 수 있는지에 대해서는 지금 생각하지 말기로 하자. 어쨌거나 그런 경우를 생각해 보면 알 수 있듯, 어떤 상황에서든 너는 스스로 결정을 내릴 수 있어. 강도가 네게 돈을 달라고 협박하는 경우는 왜 예외가 되어야 하니? 물론 돈 몇 푼 아끼려다 총에 맞아 죽는 것은 어리석은 짓이야. 하지만 사무라이가 스스로 목숨을 끊는 길을 택할 수 있다면, 강도를 당한 사람도 그렇지 못할 이유는 없겠지."

그러나 더욱 큰 재난에 대한 두려움 때문이라면……. 가령 어느 폭군이 어떤 사람의 부모나 자녀를 볼모로 하여 그 사람에게 나쁜 행위를 하도

108

록 명하여서 그 사람이 그 행위를 하면 부모나 자녀가 살고 그렇지 않을 경우 죽는다고 한다면, 그의 행위가 자발적인가 자발적이지 않은가에 대해서 논란이 있을 수 있다. …… 따라서 그런 행위는 혼합된 성질이 있기는 하나, 아무래도 자발적인 행위에 더 가깝다 할 수 있다. 왜냐하면 그런 행위가 실현되는 순간, 그 사람은 그것을 선택한 것이기 때문이다.

아리스토텔레스

"그러면 누가 나를 꼼짝 못 하게 묶은 다음 내 손을 억지로 움직여 무슨 일을 저지른다면요?" 페르디난트는 그런 예가 떠올라서 기뻤다.

"물론 그런 경우에는 좀 다르지." 외삼촌이 말했다. "하지만 그런 일은 자주 일어나지 않아."

"또 이런 경우는요? 세계 지배를 꿈꾸는 나쁜 과학자가 순종하게 하는 약을 발명했어요. 그리고 그 약을 내게 먹여서 자신의 하수인으로 만들어요."

"그래, 그런 경우에도 좀 달라. 하지만 다행히도 그런 일은 더욱 흔치 않아." 외삼촌은 이맛살을 찌푸리며 대답하고는 생각했다. '이 녀석 영화 취향에는 문제가 좀 있어. 언제든 기회가 나면 얘기 좀 해야지.'

"네가 알아야 하는 것은, 어떤 경우이든…… 물론 누가 널 꽁꽁

묶어놓고 네 손으로 무슨 일을 저지르는 경우는 제외하고……."

"그리고 나쁜 과학자가 순종시키는 약을 먹인 경우도 제외해야죠." 페르디난트가 얼른 말했다.

"그래, 그래. 나쁜 과학자와 순종시키는 약과 공상과학영화에 나오는 모든 비슷한 경우를 제외한다면, 너는 스스로 결정을 내릴 수 있고, 따라서 네 모든 행위에 책임을 져야 해."

인간은 자유의 선고를 받은 존재다. 인간은 스스로를 창조한 것이 아니므로 선고를 받은 것이요, 세상에 내던져지자마자 모든 행위에 책임을 져야 하므로 자유로운 것이다.

장 폴 사르트르 | 1905년~1980년, 프랑스의 철학자

"그러니까 CD를 슬쩍하다 잡힐 경우, 도둑질은 내 자유로운 결정에 따른 것이니까 내가 책임을 져야 한다는 거죠?"

"그래. 그리고 네가 '붙잡힐' 경우에만 책임이 있는 게 아니야."

"하지만 외삼촌 말은 어딘지 앞뒤가 맞지 않아요." 페르디난트가 말했다. "내가 완전히 자유롭게 결정을 내릴 수 있는 거라면 양심의 가책, 그러니까 나쁜 짓을 막는 그 양심의 가책을 느낄 이유도 없는 거잖아요? 내 친구 토미를 보면, 걔는 아무 생각도 안 해요. 한번은 DVD 여러 개가 든 포장을 통째로 훔쳤는데, 전혀 거리낌이 없더라고요. 양심의 가책 같은 건 간단히 비웃어 버렸어요. 내

생각에는 그런 게 자유예요. 그리고 또 이렇게도 생각할 수 있어요. 내가 완전히 자유로운 사람이라면 CD 따위를 훔칠 필요도 없게 되지요. 완전히 자유로워 아무 제약이 없다는 건 돈도 충분히 있다는 얘기이고, 그렇다면 CD 같은 것은 사버리면 되지요. 내가 원하는 걸 살 수 없다는 건 자유롭지 못하다는 뜻이기도 해요."

"내 얘기 좀 더 들어봐." 외삼촌이 말했다. "너는 어떻게 행동할지 결정할 수 있는 자유와 자신이 원하는 일이 일어나게 할 수 있는 자유를 혼동해서는 안 돼."

"무슨 말인지 이해하지 못하겠어요." 페르디난트가 말했다.

**나는 마음속의 강제나 외부의 강제에 의해 제약을 받는다.
그런 내가 어떻게 자유로울 수 있는가?**

"예를 들어 네가 수영을 하려 한다면 너는 날씨가 좋은 날을 택하려 할 거야."

"그야 그렇죠. 하지만 나는 내가 원하는 대로 해가 나게 할 수는 없어요!" 페르디난트가 소리쳤다.

"그건 그렇지. 하지만 날씨가 어떻든 간에, 수영을 하러 갈 건지 말 건지는 네가 결정할 수 있어."

"그럼 비가 내리는 날에도 수영을 가나요?"

"네가 원한다면 그럴 수 있지. 호수가 꽁꽁 얼어붙었어도 네가 원한다면 피켈로 얼음을 깨고 수영을 할 수도 있잖아?"

"정신 나갔지!"

"물론 기온이 35도인 8월 한낮에 수영을 할 때만큼 즐겁지는 않 겠지. 하지만 네가 원한다면 그럴 수도 있어. 이건 어떤 일이 뜻대 로 일어나게 하는 자유와는 다른 거야. 날씨가 좋을지 나쁠지, 몸 이 건강할지 아니면 열이 나서 누워 있을지를 자기 마음대로 결정 할 수 있으려면 신이 되어야 할 거야. 하지만 언제라도 너는 주어 진 상황에서 어떤 행동을 할지 선택할 수 있어. 물론 언제나 아주 많은 선택 가능성이 있는 것은 아니야. 백만장자라면 선택 가능성 이 더 많겠지. 수영을 하고 싶은데 날씨가 나쁘면 비행기를 타고 따뜻한 나라의 섬으로 놀러 가면 되니까. 백만장자라면 그럴 수 있 어. 즉 돈이 많은 사람은 너보다 더 많은 선택 가능성을 가져. 돈을 주고 살 수 있는 게 많으니까. 하지만 모든 것을 돈 주고 살 수는 없 어. 그리고 순전히 가능성으로만 본다면 너는 은행을 털 수도 있고 비행기를 납치할 수도 있어. 네가 정말로 그러기를 바라지는 않지 만, 불가능한 얘기는 아니야. 그리고 너는 비가 오는 날 호수에 뛰어 들 수도 있어."

"그야 그렇죠. 하지만 선택할 수 있는 게 겨우 몇 가지뿐이라면 별로 자유로운 상태가 아닌 거예요." 페르디난트가 말했다.

"하지만 네게는 선택의 자유가 있어. 너는 로봇이 아니고, 네가 어떤 선택을 할지는 미리 결정되어 있지 않아. 어쩌면 너는 야생동물이 너보다 훨씬 더 자유롭다고 생각할 수도 있겠지. 너처럼 학교에 가지 않아도 되니까." 외삼촌이 말했다.

"맞아요! 야생마나 치타는 자유롭게 들판을 뛰어다녀요." 페르디난트가 말했다.

"그러나 동물들은 너보다 선택할 수 있는 게 훨씬 더 적어. 좀 뻔한 얘기처럼 들리겠지만 잘 들어보렴. 새를 한번 생각해 봐. 히치콕1899년~1980년, 영국 태생의 미국 영화감독으로 서스펜스 스릴러영화로 유명하다. 「새 *The Birds*」는 히치콕의 1963년 작품으로, 새들이 이유 없이 공격하는 내용의 영화이다.- 옮긴이 영화에 나오는 새 말고 공원에서 노래하는 새 말이야. 흔히들 '새처럼 자유롭다.'고 말하지만 어떤 점에서 새가 자유롭다는 거지? 새들이 새벽에 노래를 시작하고 가을이면 남쪽으로 가는 것은 본성 때문이야. 새들은 '내일은 일찍 일어나고 싶지 않아.' 같은 생각은 하지 못할 거야. 본성에 따라 일찍 일어날 수밖에 없으니까. 너라면 '좀 더 누워있어야지.'라고 생각할 수 있어. 물론 엄마의 잔소리를 듣게 되겠지만 잔소리만 참으면 좀 더 누워있을 수 있어. 그랬다간 엄마에게 된통 혼이 날 게 분명하지만. 아무튼 이런 맥락에서 페르난도 사바테르1947년~, 스페인의 철학자.- 옮긴이는 트로이의 영웅 헥토르와 흰개미를 비교한 적이 있어."

"헥토르와 흰개미가 서로 무슨 상관이 있어요?" 페르디난트가 물었다.

"둘이 전혀 다르다는 게 중요한 거야. 헥토르는 아킬레스가 자신보다 훨씬 더 강하고 그와 싸우면 죽게 되리라는 것을 알아. 하지만 트로이를 지키기 위해 아킬레스와 싸우기로 마음먹지. 그는 정말 영웅이었어. 흰개미들도 커다란 개미들이 공격해 오면 맞서 싸우다 수천 마리가 죽어. 하지만 흰개미는 영웅이 아니야."

"흰개미도 영웅이라고 불러야 하지 않을까요?" 페르디난트가 말했다.

"아니, 그렇지 않아. 왜인지 알아? 흰개미들은 다른 아무것도 선택할 수 없기 때문이야. 흰개미들은 본능에 따라서만 행동하는 거야. 그에 반해 헥토르는 아킬레스와 싸우지 않고 도망갈 수도 있었어. 물론 트로이에서 태어나 무사로 교육받은 그가 싸움을 피하려고 했다면 엄청난 양심의 가책을 느낄 수밖에 없었겠지. 하지만 결코 불가능한 일은 아니었어. 훨씬 더 강한 아킬레스와 싸우는 것은 분명 내키지 않는 일이었을 거야. 그래도 헥토르는 싸워야 한다는 내적 강제 같은 걸 느꼈을 거야. 하지만 그러한 마음속의 강제는 흰개미의 본능과는 달라. 인간인 헥토르는 내적으로나 외적으로 강제를 받고 있지만 그럼에도 자유로워. 그리고 네가 원컨 원치 않건 너도 마찬가지야."

그렇다고 해서 인간이 자신을 규정하는 복합적인 조건을 단순히 제거하고 아무것도 없는 무의 상태에서 새롭게 시작할 수 있다는 것은 결코 아니다. 오히려 조건은 이미 주어져 있다. 하지만 이런 조건은 변화될 수 없는 사실이 아니라 인간이 스스로 관계 맺을 수 있는 사태들로 간주되어야 한다. 다시 말해 인간은 사실을 명명하고 판단하고 인정하며(즉 사실을 생산적이고 창조적으로 자기 것으로 만드는 경우) 혹은 저버릴 수도 있다. 그리고 (자신을) 교육시키고 사람들을 치유하며 정치적 행위와 다른 일을 하는 과정에서 사실을 변형시킬 수도 있다. 자기 관계의 이 같은 계기는 실천이성이나 자유의지라 불린다.

오트프리트 회페 | 1943년~, 독일의 철학자이자 윤리학자

그러자 페르디난트가 말했다. "자유롭기를 원치 않는다고요? 물론 나 역시 자유로운 게 좋아요. 그건 누구나 그렇죠. 하지만 외삼촌이 말하는 것만큼 우리가 자유롭다는 생각은 들지 않아요. 사람은 누구나 자신이 하고 싶지 않은 일도 많이 해야 해요. 정말로 자유롭다면 왜 날씨 좋은 날 학교에 가고 이를 닦고 심지어 치과에 가겠어요? 나는 원해서 치과에 가는 사람은 한 명도 못 봤어요. 병원 대기실이야 늘 북적거리지만."

"나는 내가 원해서 치과에 가." 외삼촌이 말했다. 페르디난트는 믿을 수 없다는 표정으로 외삼촌을 보았다. 그러자 외삼촌이 계속해서 말했다. "내 말은 치과에 갈 때 즐겁고 신난다는 뜻이 아니야. 치과에 가면 좀 불편한 마음이 들기는 하지. 하지만 아픈 건 걱정할 필요 없어. 마취 주사를 맞으면 되니까. 아마 문신을 새기는 게 훨씬 더 아플 거야. 문신을 새길 때는 마취제를 쓰지 않으니까. 그

런데도 많은 사람들이 문신을 새겨. 그건 왜일까?"

우리는 자유롭게 결정할 수 있는데
왜 이따금 원하지 않는 일도 해야 하나?

"그야 문신을 새기면 멋지니까요. 로비 윌리엄스1974년~, 영국 출신의 세계적 톱스타 가수.- 옮긴이를 봐요."

"그래, 문신이 멋지게 생각될 수도 있지. 그런데 그런 생각을 하기 때문에, 즉 문신을 새기면 멋지거나 매력적으로 보인다고 생각하기 때문에 사람들은 고통을 참아. 말하자면 '아픈 건 싫다.'와 '문신은 멋있다.' 사이에서 어떤 걸 선택할지 생각하는 거야. 좀 오랫동안 고통을 견뎌내면 문신이 생기겠지. 그러니까 나중에 멋져 보이고 싶기 때문에 지금 고통을 감수하기로 결정해. 완전히 자발적으로 고통을 당하는 거야."

"그럼 로비 윌리엄스가 멋진 문신을 새겼다는 것과 외삼촌이 자발적으로 치과에 간다는 것 사이에 공통점이 있다는 건가요?"

"좀 우습게 들리겠지만 공통점이 있어. 물론 썩은 이가 멋지거나 매력 있어보인다는 뜻은 아니야. 다만 나는 나중에 더 아픈 게 싫어서 빨리 치과에 가는 쪽을 택한다는 거야. 다시 말해 내게 더 나은 쪽을 선택한다는 얘기지."

"그러면 이 닭기도 비슷한 건가요?"

"응. 그리고 사실 나는 이 닦는 게 전혀 수고스럽지 않고 심지어 즐겁기까지 해."

"뭐라고요? 이 닦는 게 즐겁다고요? 가끔 삼촌은 참 이상해!"페르디난트가 말했다.

"입안이 찝찝할 때 이를 닦으면 기분이 상쾌해지잖아? 그리고 대개의 사람들은 피곤하거나 얼른 자고 싶어도 이를 닦아. 정 귀찮으면 치실로라도 청소를 하지. 이가 썩는 것보다는 귀찮아도 닦는 게 낫다고 생각하기 때문이야. 이가 썩으면 치과에 가야 할 테니까 말이야."

"그럴 수도 있겠군요."페르디난트가 말했다. "그러면 학교에 가는 건요? 학교는 정말 싫어요. 학교에 가는 내내 싫다는 느낌을 떨칠 수 없는 날도 있어요."

"이 대목에서도 좀 조심해야겠군."외삼촌이 말했다. "평소라면 나는 '우리가 배우는 건 학교를 위해서가 아니라 삶을 위해서'라고 말했을 거야. 하지만 오늘은 이렇게 말하고 싶어. 네가 학교에 다니는 것은 어떤 단계의 끝을 맺기 위해서야. 그러면 직업 선택의 가능성이 더 많아지기도 하지. 예를 들어 네가 의사가 되고 싶다면 대학에 가야 하고, 대학에 가려면 대입 고사를 준비해야 해. 그리고 대입 고사를 준비하려면 학교에 다녀야 하지. 지금 일정한 자유를 포기하는 대가로 너는 나중에 더 많은 자유를 얻을 수 있어. 따라서 네가 지금 학교에 다니는 것 역시 네가 원해서라고 할 수 있어."

페르디난트는 썩 마음에 들지는 않지만 틀린 얘기도 아니라고 생각했다. 하지만 아직 한 가지 궁금한 것이 있었다. "어떤 일이 좋은 일이어서 그 일을 하는 것과 방금 외삼촌이 얘기한 것과는 어떤 관계가 있어요? 예를 들어 남을 돕는 경우, 그러니까 지금이든 나중이든 어떤 이득을 얻기 위해서가 아니라 단순히 돕는 경우 말이에요. 가끔이기는 하지만 나도 그럴 때가 있거든요."

"내가 예전부터 생각해 왔던 것을 이야기해 줄게. 어린 시절에는 이런 생각 때문에 어른들과도 많이 다퉜지. 교장선생님과도 언쟁을 한 적이 있어. 그런데 몇 년 후 어느 철학자의 책을 읽다가 내 생각과 비슷한 대목을 발견했어. 물론 이 철학자의 입장에 대해서는 아직 논란이 있지만. 나는 인간이 어떤 행동을 하는 것은 그로 인해 자신이 더 나은 기분을 느끼기 때문에, 즉 그 행동이 자신을 위해 좋다고 여기기 때문에 행동한다고 생각해. 남을 돕는 것처럼 헌신적인 행동도 마찬가지야. 언젠가 너한테 실러의 시를 들려주었지? '나는 친구들에게 기꺼이 봉사하지만 유감스럽게도 그게 좋아서 그러는 것뿐.' 그처럼 친구를 도우면 기분이 좋아. 물론 기쁨 없이 행하는 선만이 도덕적인 가치를 갖는다고 생각하는 사람들도 있지. 그런 사람들에 따르면 선한 행동을 하는 것은 그것이 도덕적 의무이기 때문이야. 하지만 도덕적 의무를 다하려 하는 이유는 무엇일까? 의무를 지키지 않으면 기분이 좋지 않고, 의무를 지키면 기분이 좋기 때문일 거야. 기독교인들 중에 화를 낼 사람도 있겠지만, 왜 테레사 수녀1910년~1997년, 알바니아에서 태어났으며 1928년 수녀가 된 이래 평생을 인도 캘커타의 빈민을 도우며 살았고 1979년 노벨평화상을 받았다.- 옮긴이는 자신을 희생해 가며 가난한 사람들을 도왔을까? 더 편한 삶을 살 수도 있었을 텐데 말이야."

"그렇게 살아야 한다고 생각했겠지요."

"그래. 이때 테레사 수녀가 왜 그런 생각을 했느냐는 전혀 중요하지 않아. 신이 명한 일이라 여겼건 도덕적 의무라 여겼건 아니면 그저 남을 돕는 게 즐거웠건 간에 테레사 수녀는 그렇게 행동해야만 한다고 생각했어. 즉 그렇게 행동할 때 기분이 더 좋았지. 자신만 편히 사는 것은 테레사 수녀에게 참을 수 없는 일이었을 거야. 지금 내 말은 테레사 수녀의 업적을 깎아내리기 위한 것이 아니야. 나는 테레사 수녀의 생애에 늘 감탄해. 나는 그렇게 살 수 없을 거야. 하지만 따지고 보면 테레사 수녀는 자신에게 가장 좋다고 여긴 일을 한 거야. 즉 남을 돕는 것이 자신에게 가장 좋은 것이었지."

페르디난트는 잠깐 생각을 해보았다. 당장은 아무 생각도 떠오르지 않았다. 하지만 잠시 후 이렇게 말할 수 있었다. "그것도 참 좋은 얘기예요. 테레사 수녀도 역시 자기 자신을 생각한 거였군요. 하지만 정말로 그런 건지 아닌지 잘 모르겠어요. 아직 좀 의문이 나요."

"의문이 나는 것도 당연해." 외삼촌이 말했다. "아까도 말했듯이 나와 전혀 다르게 생각하는 사람들도 많아. 말이 나왔으니 말인데,

너는 남들의 말을 그냥 믿어버려서는 안 돼. 스스로 많은 생각을 해서 네 자신의 의견을 갖도록 노력해야 해."

"알았어요. 그런데 CD와 관계된 문제는 어떻게 해야 할지 아직 모르겠어요."

외삼촌은 뭔가 생각하는 표정을 짓다 잠시 후 말했다. "무엇보다 중요한 것은 오늘 네가 한 가지를 알았다는 거야. 너는 스스로 결정을 내릴 수 있어. 그게 바로 어른이 되었을 때의 장점이야. 하지만 너는 네 결정에 대해 책임을 져야 해. 그건 어른이 되었을 때의 단점이지. 오늘 네가 이 점을 이해했으니 상으로 20유로를 주마. 그 돈으로 갖고 싶은 CD를 사렴. 이런 내 행동은 교육적으로나 도덕적으로 아주 옳다고 할 수 없을 거야. 하지만 나는 마리아 몬테소리1870년~1952년, 이탈리아의 교육자로 아이들의 창의적 학습을 돕는 몬테소리 교육법을 창시했다.- 옮긴이같은 위대한 교육학자도 아니고 이마누엘 칸트도 아니니까. 그리고 내 입으로 '나쁜 친구와 사귀지 말라.'는 말을 하는 것보다는 20유로를 주는 게 더 쉬울 것 같구나. 그 말이 꼭 틀린 말은 아니지만. 아무튼 대신 너는 두 가지를 약속해야 해."

"어떤 약속인데요?" 페르디난트는 외삼촌이 내미는 20유로를 받으면서 물었다.

"첫째, 혹시라도 네가 양심에서 벗어나는 일을 저지르게 될 것 같다면 다시 내게 찾아오겠다고 약속해."

"두 번째는요?"

"둘째로, 네가 갖고 싶어 하는 그 CD를 사면 나한테도 빌려줘. 요즘 유행하는 음악이 어떤 건지 알고 싶어서 그래."

"꼭 빌려드릴게요. 외삼촌도 새로운 걸 좀 듣는 게 좋을 거예요. 물론 외삼촌은 어른치고는 괜찮은 것들을 많이 갖고 있지만요." 페르디난트는 외삼촌의 음반과 CD들을 턱으로 가리키며 말했다. 외삼촌의 음반과 CD들은 스테레오 옆에 아무렇게나 쌓여있었다.

집으로 돌아오는 동안 페르디난트는 이런 생각을 했다. '나이에 비해 외삼촌은 참 멋있는 사람이야. 아니, 나이를 따지지 않아도 그래.'

사랑하는 것도
죄가 되는
걸까?

- 동시에 두 사람을 사랑하면 왜 안 될까?
- 동성애는 무조건 잘못된 것일까?
- 성은 점잖지 못한 것일까? 비도덕적인 것일까?

톰이 제프 대처네 집 앞을 지나가는데 정원에 못 보던 여자아이가 있었다. 푸른 눈의 자그마한 여자아이는 금발을 곱게 두 갈래로 길게 땋아 내리고 하얀색 여름 원피스에 수놓인 속바지를 입고 있었다. 전투에서 큰 승리를 거둔 영웅은 제대로 맞서보지도 못하고 그 자리에서 무릎을 꿇고 말았다. 에이미 로렌스라는 여자아이는 어느새 머릿속에서 말끔히 잊혀져 희미한 기억조차 남지 않았다. 한때 톰은 에이미를 미치도록 사랑했고 에이미에 대한 열정은 거의 숭배에 가까운 것이라고 여긴 적도 있었다. 하지만 톰은 이제 감정이라는 것이 얼마나 순식간에 사라져버리는 하찮은 것인지 알게 되었다. 톰은 지난 몇 달 동안 에이미의 마음을 사로잡으려고 애를 썼고, 에이미가 그런 톰의 마음을 받아들인 것은 겨우 일주일 전이었다. 그 짧은 일주일 동안 세상에서 가장 행복했고 그렇게 뿌듯할 수가 없었다. 하지만 이제 에이미는 톰의 마음속에서 잠깐 머물다 간 손님 같은 존재가 되어 버렸다. 톰은 새로 나타난 이 천사 같은 여자아이를 남몰래 훔쳐보았다. 마침내 그 여자아이도 톰을 보았다. 톰은 짐짓 못 본 척하면서 관심을 끌어보려고 또래 사내아이들이 그렇듯이 온갖 황당한 잔재주를 다 선보였다. 톰은 한참 동안이나 정말 우스꽝스러운 바보짓을 계속했다. 위험한 곡예를 하면서 톰이 힐끗 쳐다보니 여자아이가 집으로 들어가고 있었다. 톰은 울타리까지 따라가 몸을 기대어 선 채 여자아이가 조금 더 있어 주었으면 하고 속을 태웠다. 여자아이는 계단 앞에서 잠시 멈추어 서는 듯하다가 다시 문 쪽으로 움직였다. 여자아이가 문턱을 넘어서자 톰은 큰 한숨을 내쉬었다. 하지만 금세 톰의 얼굴이 환히 밝아졌다. 왜냐하면 여자아이가 집 안으로 사라지기 전에 울타리 너머로 팬지 한 송이를 던져주었기 때문이다.

　　　　　—『톰 소여의 모험』(마크 트웨인 지음, 지혜연 옮김, 시공주니어)

"어, 피아구나. 어쩐 일로 예고도 없이 찾아온 거냐?" 외삼촌이 놀라서 물었다. "마침 내가 집에 있어 다행이다. 원래 목요일에는 요가를 하러 가거든. 그런데 오늘은 요가 수업이 취소되었어."

"요가도 배우세요?" 피아가 눈을 동그랗게 뜨고 물었다.

"응. 왜?"

"인도풍의 풍성한 옷을 입은 여자들 사이에 외삼촌이 앉아 있는 모습이 떠올랐어요. 두 다리를 포개고 앉아 '오 옴, 오 옴'하고 주문을 외는 모습이요. 솔직히 말하면, 그런 모습의 외삼촌을 상상하기가 어려워요."

"그래, 네가 상상하는 모습과 약간 비슷하긴 해." 외삼촌은 좀 부끄러워하는 것 같았다. "하지만 가만히 앉아 주문이나 외는 요가가 아니야. 무척 힘이 들어. 끝내고 나면 기분도 상쾌해지고. 몸과 마음에 아주 좋은 거야. 그런데 이런 얘기나 하려고 찾아온 것은 아닐 테고. 페르디난트는 왜 함께 오지 않은 거냐?"

"아, 페르디난트는…… 올 수 없었어요." 피아는 약간 머뭇거리다가 다시 입을 열었다. "솔직히 말하면…… 외삼촌과 단둘이 얘기하고 싶었어요."

"그래? 무슨 일이 있니?" 외삼촌이 물었다.

"아니요. 아니, 무슨 일이 있어요."

"무슨 일인지 참 궁금하구나."

"남녀 관계에 관한 거예요." 피아가 말했다.

"에…… 그런 문제라면 나는 적절한 대화 상대가 아닌 것 같은데……. 남녀 문제라면…… 게다가 너 같은 여자애와 얘기하기는 좀…… 그러니까 네가 알고 싶은 건…… 엄마와는 얘기해 봤니?"

"외삼촌은 지금 성 지식을 말하는 건가요?" 피아는 외삼촌이 당황스러워하는 모습에 웃음이 나왔다. "외삼촌 너무 웃겨요. 나는 더 이상 열네 살짜리 여자아이가 아니에요. 그리고 요즘은 그 나이만 돼도 알 건 다 알아요."

"응, 그렇구나." 외삼촌이 말했다.

"그런 걸 알고 싶어 찾아온 게 아니에요. 이 문제에 관해선 친구 안네와도 얘기를 했는데, 안네가 그러더라고요. 남자들의 생각이 어떤지 알아보는 게 좋겠다고요. 그런데 내가 이런 문제를 얘기해 볼 수 있는 유일한 남자는 외삼촌이에요. 아빠와는 얘기하기가 어려워요. 우리 반 남자애들은 말할 것도 없고요. 걔네들은 허튼소리만 늘어놓을 테니까요."

"아, 그래!" 외삼촌은 피아가 무슨 얘기를 꺼낼지 궁금했다.

"하지만 먼저 엄마와 아빠에게 아무 말도 하지 않겠다고 약속하세요."

"웬만한 일이라면 약속하겠다만, 혹시라도 네가 약물중독이라는 고백을 한다면 입 다물고 있을 수 없어."

"걱정 마세요. 그런 문제는 아니에요." 피아는 외삼촌을 안심시켰다. "얼마 전부터 마르크란 애와 사귀고 있었어요."

"나는 모르는 애군."

"마르크는 지금 교환학생으로 미국에 가 있어요. 그리고 바로 그 때문에 문제가 생긴 것이기도 해요. 마르크는 멀리 떠나 있고 못본 지 너무 오래되었거든요. 물론 아직도 그 애를 사랑해요. 하지만 지난 주말에 문제가 좀 생겼어요."

"어떤 문제인데?"

"뭐 그렇게 나쁜 일은 아니에요. 진지한 감정이 있어서 그랬던 건 아니니까요. 그냥 어떤 남자애와 애무를 좀 나눈 것뿐이에요."

"뭐라고?"

"그런 반응 보이지 마세요."

"어, 그래. 나는 그냥……." 고트프리트 외삼촌이 말했다. "네 나름대로 생각은 분명한 것 같구나. 그나저나 피임은 했니?"

"잠깐만요! 나는 더 이상 열네 살이 아니라고 했잖아요? 그리고 지난 주말에는 아무 일도 일어나지 않았어요. 우리는 그냥 애무만 했어요. 그런데 문득 마르크 생각이 났고 양심의 가책을 느꼈어요."

"그나마 다행이군. 그런데 나한테는 뭘 묻고 싶은 거지?"

"뭐냐하면…… 정말로 어떤 일이 생기고 마르크가 그에 관해 알게 된다면 어떤 반응을 보일까요? 안네 말로는 남자들의 생각은 여자들과 아주 다르다던데. 남자들은 그런 경우 어떤 생각을 하는지 외삼촌에게 묻고 싶어요."

"'어떤 일이 생긴다'는 건 '외도'를 말하는 거냐?"

"예, 그런 표현을 사용할 수도 있겠죠. 좀 웃길 만큼 도덕적 냄새를 풍기는 표현이긴 하지만."

"그건 정말로 도덕과 상관있는 문제야."

'외도'는 비도덕적인가?

"하지만 지금 또 십계명을 들먹이지는 마세요. 그 얘기는 귀가 따갑도록 들었으니까."

"바로 그 얘기를 할 참이었는데?" 외삼촌이 말했다.

"그 얘기는 하지 않아도 돼요. 첫 번째, 십계명은 기독교 신자들에게나 적용되는 거예요. 신자가 아닌 사람들에게 십계명은 적용되지 않는 것이고, 외도 역시 도덕적으로 아주 나쁜 일은 아닐 거예요."

"그리고 두 번째는?" 외삼촌이 물었다.

"두 번째는 십계명에서 얘기하는 것은 간통이에요. 하지만 다행히도 나는 아직 결혼하지 않았어요."

"첫 번째로, 십계명은 신자들에게만 적용되는 게 아니야. 두 번째로, 결혼하지 않은 사람도 예외가 아니야."

"어떻게 십계명이 모든 사람에게 적용된다는 거예요?" 피아가 물었다. "이미 첫 계명부터가 하느님을 믿어야 하고 다른 신을 섬겨서는 안 된다는 얘기잖아요? 그러니까 십계명은 그 신을 믿는 사람들만 지켜야 하는 계율이에요."

십계명

1. 나 외에 다른 신을 섬기지 말라.
2. 너의 주 하느님의 이름을 욕되게 하지 말라.
3. 안식일을 기억하여 거룩히 지키라.
4. 네 부모를 공경하라.
5. 살인하지 말라.
6. 간음하지 말라.
7. 도적질하지 말라.
8. 네 이웃에 대하여 거짓 증언하지 말라.
9. 네 이웃의 아내를 탐내지 말라.
10. 네 이웃이 소유한 것을 탐내지 말라.

"그건 맞기도 하고 틀리기도 한 얘기야." 외삼촌이 말했다.

"그건 또 무슨 말이에요? 좀 더 분명하게 얘기해 주세요."

"십계명은 두 부분으로 나뉘어져 있어. 처음 세 계명과 나머지 일곱 계명으로. 교회의 성화들을 주의해서 보면, 신이 모세에게 내미는 석판에는 흔히 생각되는 것과 달리 다섯 계명씩 쓰여 있지 않아. 하나에는 그리스 숫자 I부터 III까지 쓰여 있고, 다른 하나에는 IV부터 X까지 쓰여 있어."

"왜 그런 거죠?"

"처음 세 계명은 신과 인간의 관계를 규정한 거야. 신앙이 있는 사람들을 위한 것이지. 하지만 나머지 계명은 인간들 사이에서 지켜야 하는 것들이야. 이 계명들은 누구에게나 적용돼."

"그렇군요. 하지만 나머지 계명들 역시 특정한 사람들이 믿는 신이 정한 거예요." 피아는 그런 계명이 어째서 모든 사람에게 적용되어야 하는지 이해할 수 없었다.

"네 생각은 이런 거지? 신을 믿는 사람들은 '신이 그렇게 말했으므로 그것은 옳다.'라고 생각한다는 거. 따라서 신을 믿지 않는 사람들에게는 그것이 반드시 옳을 이유가 없다는 거."

"바로 그거예요."

"하지만 이렇게 생각해 볼 수도 있어. '신이 그렇게 말한 것은 그것이 옳기 때문'이라고."

"둘이 같은 얘기가 아닌가요?" 피아가 물었다.

소크라테스: 가만있어 보게. 곧 더 잘 알게 될 테니까. 우선 이걸 좀 생각해 보게. 경건한 것은 경건하기 때문에 신들에게 사랑을 받는 것인가? 아니면 신들의 사랑을 받기 때문에 경건한 것인지?

에우튀프론: 무슨 말씀인지 모르겠군요, 소크라테스.

플라톤

"아니, 그렇지 않아." 고트프리트 외삼촌이 고개를 저으며 말했다. "이건 아주 오래된 철학적 문제야. 이미 플라톤이 이 문제를 다루었지. 신자들의 입장에서는 신이 거짓말을 하지 않는다는 게 너무나 당연해. 하지만 '신이 그렇게 말한 것은 그것이 옳기 때문'이라고 표현한다면, 이건 단지 신이 그런 말을 했기 때문에 그것이 옳다는 얘기가 아니야. 신이 말하지 않았어도, 심지어 신이 존재하지 않아도 그 말은 옳다는 얘기야."

"그러면 어떻게 그게 옳은 건지 알 수 있죠?" 피아가 물었다.

"어떤 공식을 생각해 볼 수 있을 거야. 즉 어떤 것이 아주 다양한 문화에서 공통적으로 옳은 것으로 간주된다면, 그건 근본적으로 옳을 가능성이 아주 많다는 공식. 십계명의 나머지 일곱 계명들 중 많은 것은 다른 종교들에서도 찾을 수 있어. 강조점이나 표현 방식이 좀 다르기는 하지만 핵심 내용은 언제나 같아. 가령 유대교에서는 안식일을 거룩히 지키라는 것이 강조되고, 유교에서는 어른들에 대한 공경이 중요해. 이슬람교에서는 신은 오직 하나뿐이라는 사실이 특히 중요하지. 그리고 불교에서는 살생 금지가 중요한 계율이야. 이처럼 강조하는 것에는 차이가 있지만 분명한 공통점이 있어."

힌두교에서 인류의 시조인 마누가 정한 십계

1. 영혼의 힘
2. 인내
3. 자제력
4. 남의 소유물에 대한 존중
5. 순결함
6. 감각의 제어
7. 통찰력
8. 지혜
9. 진실
10. 노여움의 회피

불교 수행자의 5계

1. 살아 있는 것을 죽이지 마라.
2. 주지 않는 것을 갖지 마라.
3. 거짓말을 하지 마라.
4. 술을 마시지 마라.
5. 음탕한 짓을 하지 마라.

"'하라'와 '하지 마라'로 끝나는 무수한 계율들은 정말 끔찍해요." 피아가 말했다. "모든 사람에게 언제나 타당한 원칙 같은 것은 있을 수가 없어요."

"이 계율들은 한 원칙의 다양한 적용 사례로 생각할 수 있을 거야." 외삼촌이 대답했다.

"무슨 얘기예요?"

"'거짓말을 하지 마라.'나 '네 이웃에 대하여 거짓 증언 하지 마라.'를 예로 들어보자. 거짓말이 왜 나쁜지 생각해 보자는 거야. 거짓말이 나쁜 건 아무도 속지 않고 싶기 때문이야. 이런 게 바로 황금률이지. '네가 당하고 싶지 않은 일을 남에게 행하지 마라.' 그리고 또 모든 사람이 늘 거짓말만 한다면 사람 사이의 대화는 불가능해질 거야. 여기서 다른 유명한 윤리 규칙, 즉 칸트의 정언명법을 생각해 볼 수도 있어. '네 의지의 준칙이 보편적 법칙이 될 수 있도록 행동하라.'"

네 의지의 준칙이 언제나 동시에 보편적 입법의 원칙으로서 타당할 수 있도록 그렇게 행위하라.

이마누엘 칸트

"그런 말을 이해할 수 있는 사람이 있을까요?"

"그래, 어려운 말이지." 외삼촌이 말했다. "하지만 '거짓말을 하지 마라.'는 건 누구나 이해할 거야."

"그러면 '간음하지 마라.'는 건 어떻게 이해해야 하나요?" 피아는 궁금했다.

"간음은 신뢰를 저버리는 거야. 결혼할 때 두 사람은 서로 충실하겠다고 약속해. 둘 중 한 사람이 이 약속을 깨면 대개 결혼 생활은 정상적으로 유지될 수 없어."

"하지만 나는 결혼하지 않았어요." 피아가 다시 따지고 들었다. "그리고 '남자 친구를 속이지 마라.'는 계명 같은 것은 없잖아요?"

"성경에서는 충실함을 약속하는 것이 곧 신으로부터 결혼을 축복받는 것과 같다고 보는 거야. 물론 네가 굳이 우긴다면 십계명 중에 구체적으로 너와 마르크의 관계를 규정하는 문구는 없어. 아무튼 내게 중요한 건 이런 질문이야. 너와 마르크의 관계는 서로 충실할 것임을 믿는 관계이냐, 아니냐?"

피아는 신중히 생각을 하고 나서 대답했다. "물론 그런 관계예요. 하지만 아직 모르는 게 하나 있어요. 지난 주말에 있었던 일을 마르크에게 털어놓아야 하나요?"

외도를 했다면 연인이나 배우자에게 고백해야 하나?

"좀 천천히 얘기해 보자. 남녀 관계에서 서로 솔직해야 한다는 원칙은 당연히 있어야 해. 그리고 이 원칙에 따르면 외도를 한 경우에는 솔직히 고백해야 해."

"왜요? 마르크가 묻지 않으면 굳이 대답할 필요가 없고, 아무 말도 하지 않는 건 거짓말이 아니에요." 피아가 말했다.

"그러면 어느 날인가 그 애가 자신을 속이고 바람을 피웠냐고 네게 묻는다면 어떻게 대답할래? '너한테 그 얘기는 하고 싶지 않왔어. 하지만 네가 물었으니 대답할게. 응, 그랬어.' 이렇게 대답할래? 남녀 관계에서 상대방에게 꼬치꼬치 캐묻는 것은 바람직하지 않아. 그보다는 중요한 문제가 생기면 상대방에게 말하는 것을 의무로 생각해야 해. 이건 서로간의 신뢰의 문제이기도 해. 모든 인간관계는 신뢰에 바탕을 두고 있어."

"그래요. 한쪽이 다른 쪽의 외도를 알게 되었을 때에는 솔직히 말해야겠지요. 하지만 상대방이 그 사실을 모르고 있을 때는 다 괜찮은 거잖아요?"

"상대방이 그 사실을 제3자에게서 듣게 되었을 때는 어떻게 될까?" 외삼촌이 말했다. "그럴 경우 신뢰는 완전히 깨지는 거야."

"그렇다면 들킬 위험이 있을 때만 얘기하면 되겠군요?" 피아는 뭔가 생각을 하는 표정이었다. "이 일은 예전에 있었던 일과 참 비슷해요. 그때 나는 마르크와 휴가를 보내고 싶어서 안네에게 함께 휴가를 갈 수 없다는 구실을 지어내려고 했어요."

"친한 친구와의 관계와 남자 친구와의 관계는 사실 약간 비슷한 점이 있지. 그리고 방금 너는 들킬 위험이 있을 때만 말하면 된다는 꽤나 영리한 생각을 했어. 언뜻 생각하기에는 그처럼 간단하지. 하지만 좀 더 생각해 보면 그런 바탕에서는 신뢰가 존재할 수 없고 참된 남녀 관계도 이뤄지기 어렵다는 것을 알게 돼. 그런데 내 생각에 그보다 훨씬 더 중요한 건 왜 바람을 피우게 되느냐는 문제야. 일시적 충동 때문일 수도 있고 현재의 이성 친구나 배우자에게

136

불만이 있기 때문일 수도 있지. 그리고 외도한 걸 후회할 수도 있지만 또 저지를 마음을 먹을 수도 있어."

"그럼 외도한 걸 고백해야 하는 거예요, 말아야 하는 거예요?"

그러자 고트프리트 외삼촌이 말했다. "지금 내가 외도를 변호하려는 건 아니야. 그런데 육체적인 것보다 더 좋지 못한 것은 마음속으로 하는 기만이야. '살은 허약하다.'는 말도 있잖니?"

"수수께끼 같은 말이네요. 그건 또 무슨 뜻이에요?"

"그런 일은 언제라도 일어날 수 있다는 뜻이야. 물론 그런 일은 없는 게 바람직하고 저질러서는 안 돼. 하지만 네 경우에 그런 일이 일어났어. 아마 실수였을 게고 일을 저지른 후에는 몹시 후회하고 또 자신이 남자 친구를 얼마나 사랑하는지 비로소 깨닫게 된 그런 경우겠지. 그런 경우라면 차라리 나아. 현재의 관계에 불만이 있기 때문에 외도를 한 경우는 더 좋지 못한 경우야. 그런 경우에는 외도할 마음을 계속 품을 수 있으니까. 나는 그런 게 더 좋지 못한 경우라고 생각해."

"맞아요." 피아는 고개를 끄덕이며 말했다. "남자들의 생각은 그렇다는 거죠?"

"그렇게 일반화할 수는 없어. 세상에는 간단히 '남자'와 '여자'라는 두 종류만 있는 게 아니야. 사람마다 생각은 다른 거야."

"그러면 외삼촌 생각은요?"

"나라면 상대방에게서 솔직한 얘기를 듣고 싶을 거야. 나한테 어떤 문제가 있는지 알기 위해서 말이야. 나한테는 언제나 '왜'라는 질문이 중요해."

"그럼 성관계는 어떤 거예요?"

"뭐? 무슨 말을 하고 싶은 거냐?" 외삼촌이 놀라서 물었다.

"성은 점잖지 못한 건가요? 비도덕적인 건가요?" 피아는 궁금했다. "흔히 농담처럼 이런 말을 하잖아요? 그 얘기를 시작하면 음담 패설이나 음란한 영화 얘기로 나가기 마련이라고."

성(性)은 점잖지 못한 것이라는 주장은 옳은가?

"음…… 그러니까…… 나도 모르겠구나." 고트프리트 외삼촌은 좀 당황한 듯 머뭇거렸다. "'점잖지 못하다.'는 표현은 너무 구태의 연하게 들리는구나. 내가 좋아하는 표현이 아니야. 그나저나 지금 내가 너무 '점잔 뺀다'고 생각하지 않으면 좋겠다만, 그건 너와 내가 나누기에는 좀 그런 얘기 같구나. 차라리 네 엄마와 얘기해 보렴."

"외삼촌 생각이 정 그렇다면." 피아가 말했다. 그러고는 외삼촌이 들을 수 없게 혼자 중얼거렸다. "그게 외삼촌 마음대로 될까요?"

며칠 후 고트프리트 외삼촌은 피아네 집에 놀러갔다. 피아의 엄마는 이탈리아 시장에 가서 동생이 좋아하는 음식들을 사 왔다. 세 사람은 식탁에 앉아 이탈리아 별미를 즐겼다. 음식은 따로 그릇에

담지 않고 봉투에서 꺼내 먹었고 신선한 이탈리아 흰 빵도 함께 즐 겼다.

"외삼촌에게 좀 물어보고 싶은 게 있어요." 피아가 커다란 모르 타델라_{향료를 뿌려 만든 이탈리아 소시지.- 옮긴이} 한 조각을 집으면서 지나가는 투로 말했다.

"마침 얘기하기 좋은 기회구나." 엄마가 말했다. "네 외삼촌은 맛 있는 게 있으면 좀 느슨해지거든."

"평소에는 내가 딱딱한 사람이란 얘긴가?" 외삼촌이 페코리노_{이 탈리아 특산의 양젖 치즈.- 옮긴이} 한 조각을 깨물면서 말했다.

"뭘 알고 싶냐면…… 성관계는 비도덕적인 건가요?" 피아는 정 신없이 치즈를 먹고 있던 외삼촌을 보며 씨익 웃었다.

"그런데…… 내가 소녀, 아니 젊은 숙녀와 그런 얘기를 해도 괜 찮을까?" 외삼촌은 얘기를 피하고 싶은 것 같았다.

"안 될 거 없잖아?" 엄마가 말했다.

"차라리 여자들끼리 얘기해 보는 게 더 좋지 않을까?" 외삼촌이 대답했다.

"나 참, 고트프리트. 언제부터 그렇게 점잔만 뺐니?" 엄마가 놀 리듯 말했다. "원리 원칙이라면 네가 잘 알잖아? 피아는 네 충고를 듣고 싶어 해. 그리고 나도 도덕에 조예가 깊은 분의 말씀 한번 듣 고 싶고."

"그럼 좋아." 외삼촌은 말하고서 피아를 보며 빙긋 웃었다. "여러 분이 원하신다면 그렇게 하지. 그 문제에 관해서 나도 생각해 본 게 있으니까."

"말해보세요."

"나는 성관계 자체에 비도덕적인 게 있는지 모르겠어. 솔직히 말해 그런 점은 전혀 없다고 생각해."

"정말 그렇게 생각해요? 그런 대답을 들으리라고는 기대하지 않았는데!" 올리브 하나를 집어 먹던 피아가 놀라서 말했다. 그리고 피아의 엄마도 약간 놀라서 말했다. "너무 쉽게 얘기하는 거 아니야? 전혀 없다고?"

"전혀 없다고 단언해!" 고트프리트 외삼촌이 대답했다. "하지만 지켜야 할 원칙들은 있어."

"이제 얘기가 재미있어지겠군. 고트프리프, 어서 말해봐. 그런데 여기 미성년자 하나가 있다는 건 잊지 마."

"또 어리다고 무시해!" 피아가 약간 화난 표정으로 말했다. "그리고 나는 더 이상 어리지도 않아요."

"얘기를 시작하게 한 건 누나야." 고트프리트 외삼촌이 말했다. "아무튼 근본적으로 성관계는 육체적 욕망 내지 육체적 애착의 표현일 뿐이야. 거기에 나쁜 점은 전혀 없어. 오히려 성관계는 사랑의 표현일 수 있고 그런 점에서 소중한 것이야. 그리고 아마 사랑은 우리가 누릴 수 있는 것 중 가장 소중한 것일 거야."

"사랑이야 그렇지." 엄마가 말했다. "하지만 사랑에도 여러 가지

가 있지. 이웃에 대한 사랑, 부모에 대한 사랑 그리고 '플라토닉러

브'육체적 욕망에서 벗어난 정신적 사랑이야말로 참된 사랑이고 육체적 사랑은 사람을 동물의 수준으

로 타락시킨다는 이론으로, 정신적 사랑만이 사람의 영혼을 신이나 진리로 승화시킨다고 보는 사상.-

옮긴이 즉 성관계가 없는 사랑도 있어. 플라토닉러브에는 성관계가

전혀 개입되지 않아야 해."

"그래. 하지만 재미있게도 플라톤 자신은 좀 다른 얘기를 했어.

그건 두 사람의 사랑에 관한 아주 아름다운 얘기인데, 우리가 플라

토닉러브라 부르는 것과는 거리가 먼 내용이야. 플라톤은 그렇게

점잔만 빼는 사람이 아니었어."

"그게 어떤 얘기인데요?"피아는 궁금했다.

"플라톤에 따르면 사람들의 모습은 원래 둥근 공 같았어. 그런데

신들에게 반항하다 벌을 받아 두 조각으로 갈라졌지. 그때부터 사

람들은 자신의 반 조각을 찾아 세상을 헤매게 됐지. 누구든 자신의

반 조각이 세상 어딘가에 있고 그것이 바로 사랑의 대상이야."

"정말 멋진 발상이에요. 그러니까 누구에게나 사랑하고 사랑받

을 수 있는 짝이 있다는 거군요." 피아가 아주 감탄해서 말했다.

이렇듯 사람들이 서로 사랑하는 것은 먼 옛날부터 사람들 속에 깃들여

있는 것입니다. 사랑이란 본래 몸뚱이의 부분들을 다시 모아서, 즉 둘이

하나가 되게 해서 인간 본연의 모습을 회복하려 하는 것이지요. 고로 우

리들 각자는 한 인간의 일부입니다. 마치 넙치처럼 쪼개져서 하나가 둘

이 된 것이지요. 그래서 사람마다 자기의 반쪽을 찾는 것입니다.

사랑하는 이와 결합하여 하나가 되고 두 몸이 한 몸으로 변하고 싶다는 것은 누구나 오래전부터 갈망하는 것입니다. 그렇게 하나가 된 것이 우리의 본래 모습이고, 그럴 때에 우리는 온전한 인간이 되기 때문이지요. 그래서 온전함에 대한 욕망과 추구를 사랑이라 부르는 것입니다.

플라톤

고트프리트 외삼촌은 이야기를 계속했다. "그런데 이 이야기에서 플라톤은 동성 간의 사랑을 이성 간의 사랑과 다르게 취급하지 않았어. 그에 따르면, 완전히 남자거나 완전히 여자였던 공에서 갈라진 두 사람은 둘 다 여자거나 둘 다 남자야. 그리고 반은 남자, 반은 여자였던 공에서 갈라진 경우에는 남자와 여자가 서로를 찾지."

"그러면 동성애도 전혀 잘못된 게 아니겠군요?" 피아는 정말로 흥미롭다고 생각했다.

"요즘은 동성애가 나쁘다는 생각이 많이 사라졌지." 외삼촌이 말했다.

그러자 피아의 엄마도 말했다. "아직 생소하게 여기는 사람들도 많이 있겠지만, 사람은 누구나 자신이 원하는 걸 택할 수 있어야 하는 거야."

"그러면 위대한 사랑 같은 것 없이 성관계를 맺는 경우는요?" 피아가 물었다. 하지만 다음 순간 뭔가 수상쩍어 하는 엄마의 시선을 느끼며 몸을 움츠렸다.

"순전히 즐기기 위해서 성관계를 갖는다 해도 거기에 도덕적으로 잘못된 것은 없어." 외삼촌이 말했다.

그러자 피아의 엄마가 말을 막고 나섰다. "그 말에 100퍼센트 동의할 수는 없어. 분명히 생각해 봐야 할 것들이 있잖아?"

"그래. 우선 생각해야 할 것은 사랑하지 않는 사람과 성관계를 갖는 게 정말로 즐거울 수 있느냐 하는 거야. 정말로 즐겁다면 문제될 게 없지. 하지만 전혀 즐겁지 않고 오히려 불쾌한 기분만 남을 수도 있어. 그건 각자가 생각해 봐야 할 문제야. 그리고 또 한 가지. 두 사람이 완전히 동의하지 않은 상태에서 성관계를 갖는다면 그건 정말 나쁜 거야."

"맞아요. 강간이 그런 거죠!" 피아가 말했다.

"그래. 그건 최악의 경우지." 외삼촌이 대답했다. "인간이 저지를 수 있는 가장 나쁜 짓 중의 하나가 그거야. 하지만 강간이 아니더라도 그런 경우는 많아. 예를 들어 두 사람 중 하나가 성관계를 맺을 기분이 나지 않는데 성관계를 강요하는 것은 더 나쁜 경우이고. 그런 일은 연인이나 부부 사이에서도 일어나. 남자는 당장 함께 자기를 원하지만 여자는 아직 마음의 준비가 되지 않은 경우가 그런 경우이지. 또 한쪽이 원하지 않는 어떤 구체적인 행위를 강요하는 것도 마찬가지야. 중요한 건 두 사람이 함께 원해야 한다는 거야. 구체적으로 뭐가 문제가 되건 두 사람이 함께 원해야 한다는 게 가장 중요해. 그리고 이 점은 세 번째 측면과 연관된 거야."

"세 번째 측면? 아직 얘기하지 않은 문제가 있었나?" 엄마가 물었다.

"책임." 외삼촌이 말했다.

"맞아, 그건 정말 중요한 거야!" 엄마가 고개를 끄덕였다.

"아유, 또 그 얘기. 아무렴 중요하고말고요." 피아가 조금 비꼬는 투로 말했다. "그 순간이 오면 '책임'이란 단어를 꼭 떠올려야죠. 그러면 피임해야 한다는 걸 기억하니까."

"그래. 책임이란 건 잊지 말아야 해." 외삼촌이 말했다. "피임도 책임과 연관해서 중요한 거야. 함께 자는 건 좋지만 아이가 생기는 건 싫다면서 피임에 신경 쓰지 않는다면 무책임한 거지. 비난받을 일이라고도 할 수 있어. 아니면, 당장이라도 애를 갖고 싶냐?"

"말도 안 돼요!" 피아가 놀라서 말했다. "우선 학교부터 졸업해야죠."

"그래야지!" 외삼촌이 계속해서 말했다. "아무 생각 없이 잠깐 즐기다가 인생이 완전히 달라질 수 있어."

"아무리 그렇다고 인생까지 달라지겠어요?" 피아가 말했다.

"과장이 아니야." 외삼촌이 말했다. "너보다 훨씬 더 어린 여자애들에게도 그런 일이 일어나. 아직 어린애들이 아이를 갖고 문젯거리도 잔뜩 짊어지게 되지. 그리고 감염을 막는 것도 중요해. 에이즈 때문에 이 점이 다시 중요해졌지. 피임을 하지 않고 성관계를 갖는 건 상대방이 이미 관계를 가졌던 모든 사람들과 함께 침대에 드는 거라고 할 수 있어."

"그만, 고트프리트!" 엄마가 한입 베어 물려던 빵 사이에서 토마토가 빠질 뻔했다.

"아니, 이 점은 분명히 해야 해." 고트프리트 외삼촌은 조카 피아를 보며 말했다. "너는 마르크를 100퍼센트 신뢰하겠지? 그 애가 책임감 있게 행동하리라는 것도?"

"물론이에요!"

"그러면 그 애의 예전 여자 친구는?"

그러자 피아가 눈살을 찌푸리며 대답했다. "그 애는 조금도 믿을 수 없어요."

"그래, 너는 그 여자애가 또 누구와 잤는지 몰라. 그리고 책임에는 이런 것도 포함돼. 섹스가 상대방에게 무슨 의미를 갖는지 분명히 아는 것."

"의미요? 성관계를 맺으면서 오해 같은 게 있을 수 있나요?" 피아는 외삼촌의 말을 이해할 수 없었다.

"예를 들어, 두 사람 모두 그저 즐기기 위해 관계를 갖는 것인지, 아니면 둘 중 한 사람은 사랑에 빠진 것인지 분명히 해야 해. 두 사람이 같은 생각을 하는 게 아니라면 한 사람은 아주 깊은 상처를 입을 수 있어. 네 여자 친구들에게서도 이런 얘기를 들은 적이 있을 거야. 어떤 녀석이 사랑한다고 했는데 알고 보니 그저 함께 자기 위한 구실이었다는 얘기 말이야."

"예, 벌써 두세 번 그런 얘기를 들었어요." 피아가 말했다.

"그런데 그처럼 의도적인 경우도 있지만, 단순히 서로 기대하는 게 달라서 그런 일이 생길 수도 있어. 그리고 성이란 문제에서 특히 좋지 못한 것은 속이거나 속임을 당하는 거야. 이건 아주 내밀한 문제이기 때문에 아무도 거짓된 전제에서 시작하는 건 바라지 않으니까. 그리고 한 가지만 더."

"또 있어?" 엄마는 또 무슨 얘기가 나올까 불안했다.

"사랑하는 사람과 관계를 갖는 동안에도 책임 있게 최선을 다해야 해. 성관계란 자신을 잊어버리는 상태가 되는 것이고, 사랑은 특별한 무엇이기 때문이야."

"아멘." 피아가 말했다. 그리고 외삼촌과 엄마가 물끄러미 쳐다보자 이렇게 변명했다. "미안해요. 하지만 방금 그 말은 꼭 설교처럼 들렸어요."

"그래, 네 말대로 좀 설교 투로 나갔던 것 같다." 꽤나 열띤 목소리로 말하던 외삼촌은 이제 좀 진정된 것 같았다. 하지만 파르마햄 _{이탈리아 파르마의 특산물로 돼지 허벅지살을 훈제해서 만든 햄.- 옮긴이} 한 조각을 베어 물고는 이렇게 덧붙였다. "하지만 틀린 말 하지는 않았어."

"나는 고트프리트의 얘기가 설교 투나 훈계조라는 느낌은 들지 않았어." 엄마가 말했다. "오히려 반대야. 요즘 교회들은 성이란 주제에 대해 훨씬 더 개방적인 태도를 보이고 있지. 하지만 우리가 학교 다닐 때만 해도 종교 과목 선생님들은 이런 주제만 나오면 얼굴부터 붉혔어."

"'옛날이 좋았지.'란 말이 다 맞는 것은 아니군요." 피아가 웃으며 말하자 엄마와 외삼촌도 함께 웃었다.

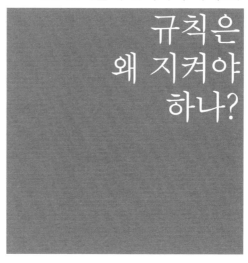

규칙은
왜 지켜야
하나?

- 아무도 없는 새벽엔 교통신호를 지키지 않아도 될까?
- 규칙을 지키는 이유는 벌에 대한 두려움 때문일까?
- 잘못된 규칙도 있을까?

어린 왕자는 별에 발을 들여 놓자 가로등 켜는 사람에게 공손히 인사 했다.

"안녕. 아저씨 왜 방금 가로등을 껐어?"

"안녕. 그건 지시 사항이야." 가로등 켜는 사람이 대답했다.

"지시 사항이라는 게 뭐야?"

"가로등을 끄는 거지. 잘 자." 그리고 그는 곧 가로등을 다시 켰다.

"왜 또다시 켰어?"

"지시 사항이야."

어린 왕자가 말했다. "무슨 말인지 모르겠는걸."

"알건 모르건 상관없어. 지시는 지시니까. 잘 잤니?" 하고 말하면서 그는 다시 가로등을 끄는 것이었다. 그러고 나선 체크무늬의 빨간색 손수건으로 이마에 흐르는 땀을 닦았다.

"내 직업은 정말 힘들어. 전에는 괜찮았는데. 그땐 아침에 끄고 저녁에

켜기만 하면 되었거든. 그래서 나머지 낮 시간에는 쉬고 나머지 밤 시간에는 잠을 잘 수 있었거든…….”

“그렇다면 그 후로 지시가 바뀐 거야?”

“지시가 바뀌지 않았으니까 그게 문제야! 해가 갈수록 별은 점점 더 빨리 도는데 지시는 바뀌지 않았단 말야!”

“그래서?”

“그래서는 무슨. 이제는 이 별이 일 분에 한 번씩 회전하니까 잠시도 쉴 틈이 없게 된 거야. 밤낮이 일 분마다 바뀌니까 일 분에 한 번씩 켰다 꺼야 하니까.”(중략)

이렇게 말하고서 그는 다시 불을 켰다.

어린 왕자는 그를 물끄러미 바라보았다. 그는 지시를 그토록 잘 지키는 그 남자가 좋아졌다.

—『어린 왕자』(생텍쥐페리 지음, 박성창 옮김, 비룡소)

06

'잔디밭에 들어가지 마시오!' 페르디난트가 기억하는 한, 이 팻말은 집 앞 조그만 잔디밭 구석에 언제나 있었다. 잔디밭에 들어갈 수 없기 때문에 페르디난트는 자전거를 가지러 갈 때면 길을 돌아가야 했다. 잔디밭을 가로지르지 않고 옆길로 빙 돌았던 것이다. 지금까지 페르디난트에게는 그것이 전혀 이상하지 않았다. 그에 관해 별다른 생각을 해본 적도 없었다. 늘 그래 왔기에 당연하게 여겼던 것이다. 잔디밭으로는 절대로 들어가면 안 됐다. 그런데 며칠 전, 친구 마이크가 축구 연습장에 함께 가기 위해 찾아왔을 때의 일이다. 페르디난트는 늘 그랬듯이 옆으로 돌아가는데, 마이크가 잔디를 밟고 지나갔다.

"왜 그리로 가?" 마이크가 물었다. "여기로 가면 되잖아? 무슨 바보 같은 짓이야?" 페르디난트가 팻말을 가리키려 했지만, 마이크는 이미 팻말을 보고 그렇게 물은 것이었다. "저걸 보고 그러는 거야? 네가 젖먹이 애냐? 바보같이 시키는 대로 하게? 엄마 손도 붙잡고 다니지 그래? 집에 보모도 있겠구나!"

"그런 게 아니야!" 페르디난트는 얼른 둘러댈 말을 찾았다. "그냥 습관이 돼서 그래." 그리고 앞으로는 절대 옆길로 돌아가지 않겠다고 마음먹었다.

나중에 페르디난트는 왜 지금까지 팻말의 지시 사항을 순순히 따랐던 것인지 생각해 보았다.

'무슨 타당한 이유가 있을 리 없어. 그냥 금지한 거지. 사실 그런 팻말은 무시할 수도 있었을 텐데.' 페르디난트는 그런 생각을 했고 팻말에 대해 공연히 화가 났다. 하지만 팻말을 완전히 무시할 수도 없다는 생각이 들었고, 그런 자신에 대해 더욱 화가 났다. 친구 마이크는 팻말 따위는 안중에도 두지 않았다. 그렇다면 이제 어떻게 해야 하나? 팻말의 지시 사항을 계속 따라야 하나, 말아야 하나?

규칙과 법은 왜 지켜야 하나?

"무슨 바보 같은 질문이니? 규칙은 당연히 지켜야지. 안 그러면 벌을 받아." 페르디난트가 묻자 아빠가 대답했다.

"알았어요. 그런데 집 앞 잔디밭으로 다니면 누가 벌을 주나요? 아빠가 내 용돈을 깎을 건가요? 설마 그러지는 않겠죠?"

"그야 잔디밭으로 들어갔다고 내가 용돈을 깎지는 않겠지." 아빠가 말했다. "일반적으로 규칙을 어기면 벌을 받는다는 얘기를 한거야. 그리고 너도 어렸을 때 일은 기억하겠지? 너희들이 잔디밭에 들어가면 발라우슈체크 아저씨가 너희들 귀때기를 잡고 혼을 내줬잖아?"

페르디난트는 엄마와 아빠가 '너희들이 어렸을 때'로 얘기를 시작하면 달가운 기분이 들지 않았다. 특히 엄마가 "넌 어렸을 때 정말 귀여웠어."라는 말을 하면 듣기가 싫었다. 하지만 건물 관리인 발라우슈체크 아저씨에 관한 얘기는 사실이었다. 관리인 아저씨는 잔디밭에 들어가는 사람이 있는지, 금지된 행동을 하는 사람이 있는지 눈을 부릅뜨고 감시했다. 그리고 누군가가 잔디밭에 들어가는 걸 보면 무섭게 혼을 내주었다. 이웃집 친구 막스는 잔디밭에 들어갔다가 외출 금지령까지 받았다. 발라우슈체크 아저씨가 막스의 엄마 아빠에게 따졌던 것이다. 그래서 모두들 관리인 아저씨를 무서워했다. 아니, 아저씨가 무서웠다기보다는 벌을 받는 게 싫었던 것이다.

페르디난트는 곰곰이 생각을 하다가 말했다. "규칙을 어기면 항상 벌을 받나요? 금지된 거야 많지만 감시하는 사람, 그러니까 발라우슈체크 아저씨 같은 사람은 거의 눈에 띄지 않던데요?"

"규칙을 위반하면 언제나 벌을 받아." 아빠가 말했다. "그렇게 해서 우리나라의 질서가 유지되는 거야. 경찰이나 감옥이 그래서 있는 거잖아? 금지된 일을 하는 사람은 벌을 받게 돼 있어. 그리고 벌을 받고 싶은 사람은 없기 때문에 법을 지키는 거야. 그러니까 벌이 있어 좋은 거지."

"벌을 받는 게 싫어서 법을 지키는 건데, 왜 벌이 좋은 거예요?" 페르디난트가 물었다.

아빠는 할 말이 떠오르지 않았다. 하지만 잠시 후 좋은 생각이 떠올랐다. "예를 들어 도둑이나 강도를 생각해 봐. 그런 사람에게 벌을 주는 건 좋잖아?"

"너무 뻔한 얘기네요. 아무튼 그래서요?"

"네 자전거를 빼앗아 가는 건 법으로 금지되어 있고, 만약 누군가가 그런 일을 저지르면 벌을 받아. 그러니 얼마나 좋아?"

"아무렴 내 걸 빼앗으려다 감옥까지 갈 사람이 있을까요?" 페르디난트가 말했다.

형벌은 모든 피조물을 지배하고
아무도 보호 없이 내버려두지 않는다.
우리가 잠잘 때도 형벌은 우리를 감시하니,
현자의 말처럼 형벌과 법률은 같은 것이다.
임금이 악행을 저지른 죄인들을 벌주지 않는다면
강한 자는 생선을 꼬챙이에 끼워 굽듯
약한 자를 괴롭힐 것이다.

그러면 까마귀와 개들이

희생자들의 시체를 파먹으리.

아무도 그 시체를 거두지 않을 것이며

비천한 자들이 고귀한 자들을 넘보리라.

지상에서는 형벌이 모든 것을 지배하며

순결한 인간은 찾아보기 어렵다.

오직 형벌에 대한 두려움만이

모든 세상과 존재를 제어한다.

신들과 악마들, 천상의 합창들,

요괴들, 새들, 뱀의 무리들.

만약 형벌에 대한 두려움이 사라진다면

이 모든 것들이 더 이상 의무를 행하지 않으리라.

힌두교의 마누법전 │ 기원전 200년~기원후 200년

"세상에는 그런 사람도 있어." 아빠가 말했다. "법을 전혀 존중하지 않는 사람도 있다고. 그런데 그런 사람이 네게서 자전거를 빼앗으려고 해. 그 사람이 너보다 훨씬 더 힘이 세서 네가 반항할 수 없다면 자전거는 간단히 빼앗기는 거야. 하지만 그런 짓을 하면 경찰이 와서 그 사람을 잡아가기 때문에 너보다 힘이 세봤자 소용없지. 그러니 그런 사람도 강도 짓을 하기 전에 다시 한번 생각하게 되는 거야."

"그런 게 정말 효과가 있어요?" 페르디난트는 궁금했다.

"있고말고. 지금까지 네 자전거를 훔치거나 빼앗은 사람이 없잖아?" 아빠는 스스로의 답변에 흡족해하는 것 같았다. 그리고 페르디난트도 아빠 말이 옳다는 것을 인정할 수밖에 없었다. 페르디난트의 자전거는 상당히 비싼 것이라서 보는 사람마다 부러워하는데도 아직까지 도둑맞지 않았으니까 말이다.

그렇다면 규칙을 지켜야 하는 이유는 벌을 받지 않기 위해서였다. 자전거 도둑과 경찰의 경우를 생각하면 그 점을 분명히 알 수 있었다. 하지만 잔디밭에 들어가는 경우는 좀 다르지 않은가? 그 경우에는 벌을 받지 않을 수도 있었다. 페르디난트는 아빠가 잊은 것을 일깨워 주었다. "그러면 8월에는 잔디밭에 들어가도 괜찮잖아요?" 페르디난트는 8월이 되면 발라우슈체크 아저씨가 한 달간 휴가를 떠난다는 것을 생각했던 것이다. 페르디난트와 친구들은 이 시간이 오기만 기다렸다. 그때가 되면 뒤뜰에서 축구를 하고 잔디밭으로 다닐 수도 있었기 때문이다. 더욱이 8월이면 방학이라 놀 시간도 아주 많았다.

벌받을 염려가 없는 경우에도
규칙을 지켜야 하나?

"벌이 무서워서 규칙을 지키는 거라면 관리인 아저씨가 휴가를 갔을 때는 규칙을 안 지켜도 되는 거죠?" 페르디난트는 뭔가 좀 우습다는 생각이 들었다. 그렇다면 발라우슈체크 아저씨가 휴가 중이거나 병이 났거나 볼일이 있어 외출했을 때는 지킬 필요가 없게 된다. 규칙을 지키느냐 마느냐가 관리인이 집에 있느냐 없느냐에 따라 결정되는 것이다.

"말도 안 돼." 아빠는 그렇게만 대답했다. "어쨌거나 경찰의 경우는 달라. 경찰은 언제나 있으니까."

페르디난트는 아빠의 대답만으로는 만족할 수 없었다.

그때 엄마가 다른 설명을 했다. 잔디밭 출입을 금지하는 것에는 이유가 있으며 모든 규칙은 다 이유가 있어서 정해진 것이라는 설명이었다. 페르디난트는 납득하기 어려웠지만, 엄마가 이야기를 계속했다. "잔디를 밟고 다니면 잔디가 망가져. 풀이 다 사라지고 흙이 보기 싫게 드러난단 말이야."

이것도 이해할 수 없는 얘기였다. 그깟 자전거 좀 끌고 다닌다고 잔디가 망가진다니! 그렇다면 축구 경기장의 잔디는 어떻게 이해해야 하나? 축구선수들은 언제나 잔디 깔린 경기장에서 경기를 한다. 축구선수들은 잔디 위로 다니는 정도가 아니라 뛰고 구르고 넘어지고 온 난리를 피운다. 페르디난트의 우상인 데이비드 베컴도 그렇다. 베컴처럼 날듯이 뛰어다니면 잔디는 남아날 수도 없을 것이다. 하지만 축구 경기장은 언제나 훌륭한 잔디로 덮여 있다. 그러니 집 앞 잔디로 좀 다닌다고 풀이 마를 리는 없다. 페르디난트

는 생각했다. '못 다니게 할 만한 이유는 분명 없을 거야. 뭐든 잘 생각해 보면 알 수 있다니까.'

그런데 며칠 후 클레르헨 할머니가 찾아왔다. 엄마의 친척 아주머니인 할머니는 워낙 나이가 많아서 대하기가 편치 않았다. 페르디난트는 친구들과 축구를 하기로 했기 때문에 나가려고 했다. 그때 엄마가 말했다. "어딜 가니? 엄마랑 할머니 모시고 공원에 가기로 한 거 잊었어?"

"하느님 맙소사." 페르디난트는 공원에서 산책하는 것만큼 지루한 게 없었다. 그것도 엄마와 클레르헨 할머니와 함께라니. 할머니는 늘 우스꽝스러운 모자를 썼고 귀가 어두워서 말할 때면 소리를 질렀다. 그런 할머니와 함께 있는 모습을 친구들이 보면 창피해서 죽을 지경이 될 것이다. 하지만 페르디난트 뜻대로 할 수는 없었다.

"어서 따라와!" 엄마는 단 한마디의 대꾸도 허용할 기세가 아니었다.

공원에는 작은 매점이 있었다. 그곳에서 호수로 가려면 길을 돌아가야 했다. 그런데 잔디밭에 새로 길을 낸 것 같았다. 하지만 자세히 보니 사람들이 지나다녀서 생긴 길이었다. 그곳에는 풀이 모두 죽고 벌건 흙이 드러나 있었다.

"사람들이 지나다녀서 잔디가 죽었어." 엄마가 말했다.

페르디난트는 믿을 수가 없었다. 그렇다면 선수들이 날고뛰는 축구장에는 왜 늘 잔디가 깔려 있는 것인가?

그러자 엄마가 설명을 해주었다. "근처의 축구 경기장을 생각해봐. 일주일에 한 번만 경기를 하잖아? 그리고 나머지 시간 동안 관리인이 잔디를 돌봐. 그래서 잔디가 원상 복구되는 거야."

페르디난트는 잠시 생각을 해보았다. 집 앞의 잔디도 내가 밟고다니면 망가질까? 하루에 기껏 두세 번 지나갈 텐데?

페르디난트가 묻자 엄마가 대답했다. "그 정도로 망가지지는 않겠지. 하지만 너한테 허용하면 다른 입주자들도 모두 밟고 다니기시작할 거야. 예를 들어 입주자들은 쓰레기를 자주 버리잖아? 그런데 쓰레기봉투를 옮길 때면 무거우니까 이왕이면 짧은 길로 가고싶을 거야."

"그랬다간 잔디가 저런 꼴이 되겠군요." 지금까지 페르디난트는자기 생각이 옳다고 확신하고 있었다. 선수들이 뛰어다녀도 늘 훌륭한 경기장의 잔디를 생각했던 것이다. 하지만 날마다 여러 사람이 밟고 다니면 잔디가 남아나지 않을 것이다. 그건 상상하기 어렵지 않은 일인데도 지금까지 생각하지 못하고 있었다. 그러고 보니일주일 내내 모두가 뛰노는 공터에서는 정말로 잔디가 자라지 않았다.

"이제 알겠니?" 엄마가 말했다. "네 생각에는 웃기는 규칙이 많겠지만 규칙마다 그걸 정한 이유가 있을 거야. 이따금 그 이유를정확히 알 수 없을 뿐이지. 그러니까 규칙은 언제나 지켜야 해. 규칙을 만든 사람도 틀림없이 어떤 생각을 했을 거야."

페르디난트는 건물 관리인이나 벌을 예로 들었던 아빠의 설명보다 엄마의 설명이 더 그럴 듯하게 여겨졌다. 하지만 정말로 규칙마다 타당한 이유가 있는 것일까? 그런 게 없다면 어떻게 되는 것일까?

"그러면 학교 앞 교통표지판은 어떻게 이해해야 해요?" 페르디난트가 엄마에게 물었다.

"그게 무슨 얘기야?" 엄마가 물었다.

페르디난트는 무슨 생각을 한 것인지 얘기했다. 작년 여름방학 때의 일이었다. 페르디난트의 가족은 이탈리아에서 휴가를 보내고 돌아왔다. 길이 멀어서 새벽 3시가 돼서야 시내에 도착했다. 거리는 텅 비어있었다. 차를 타고 오는 동안 사람은 한 명도 볼 수 없었다. 집이 가까워질 무렵 페르디난트가 다니는 학교 앞을 지나게 되었다. 그곳은 학생들이 많이 오가는 곳이어서 자동차 주행속도가 시속 30킬로미터로 제한되어 있었다. 속도 제한 팻말이 곳곳에서 보였다. 하지만 아빠는 시속 50킬로미터 이상으로 차를 몰았다. 페르디난트는 깜짝 놀라 아빠에게 물었다. 아빠는 장거리 운전을 했기 때문에 피곤해서 빨리 집에 가고 싶어 했다. "지금은 새벽이야. 게다가 방학이니까 근처에 학생이 있을 리 없어. 그러니까 제한속도도 지킬 필요가 없어." 그때 페르디난트는 팻말을 무시해도 된다는 아빠의 말을 듣고 놀랐다.

"그런 경우에도 규칙은 지켜야 해요. 비록 그 순간에는 속도를 줄일 이유가 없다고 해도요." 페르디난트가 말했다.

"그건 좀 다른 문제야." 엄마가 말했다. "당시는 상황이 아주 분명했잖아? 그러니까 아빠가 그걸 지킬 필요는 없었던 거야."

페르디난트는 엄마의 말이 앞뒤가 맞지 않는다고 생각했다. "하지만 엄마가 좀 전에 말했잖아요? 이유를 분명히 알 수 없어도 규칙은 언제나 지켜야 한다고? 그렇다면 아빠도 이탈리아에서 돌아올 때 제한 속도를 지켜야 했어요."

"그건 네 아빠에게 직접 물어보렴!" 엄마가 말했다.

페르디난트는 정말로 아빠에게 물었다. 하지만 아빠는 전혀 당황하지 않고 대답했다. "예외 없는 규칙은 없어! 간단한 걸 갖고 뭘 그래?"

페르디난트는 그런 설명에 만족할 수가 없었다. 규칙을 지키냐 마냐는 중요한 문제가 아닌가? 그래서 당장 고트프리트 외삼촌에게 찾아가기로 결심했다.

벌받을 염려가 없고
규칙에 아무 의미가 없다고 생각할 때도
규칙을 지켜야 하나?

페르디난트는 외삼촌 집에 가기 위해 자전거를 가지러 갔다. 물론 잔디를 밟지 않고 길을 돌아서.

"어서 오렴, 페르디난트. 잘 왔다." 문을 열어주며 외삼촌이 말했다. "손이 더러워서 악수는 할 수 없어. 어제 벼룩시장에서 시계를 샀는데 그걸 고치고 있었거든." 페르디난트는 외삼촌이 보여주는 시계를 보고 놀랐다. 우체국에서나 볼 수 있는 커다란 시계였던 것이다. 시계에는 시간 외에 날짜와 달, 요일까지 표시되었다.

"이 시계를 어쩌려고요?" 페르디난트가 외삼촌에게 물었다.

"그냥 마음에 들어서 샀어. 그런데 걸 데가 마땅치 않구나. 하지만 그게 궁금해서 온 건 아닐 테고." 외삼촌이 말했다. "뭘 좀 마시겠니? 너희들이 좋아하는 레드불 같은 음료는 없고 콜라도 있는지 잘 모르겠다. 하지만 레모네이드는 분명히 있어."

외삼촌은 페르디난트 집에서는 구경도 할 수 없는 이상한 음료들만 마셨다. 하지만 페르디난트가 마셔 봐도 맛이 좋았다. 어쩌면 고트프리트 외삼촌이 내주는 것이기 때문인지도 몰랐다. 외삼촌이 페르디난트에게 음료수를 주면서 말했다. "하던 일을 계속하면서 들을 테니 얘기하고 싶은 게 있으면 말해봐."

세계에 법이 없는 것보다는 네가 부당함을 당하는 편이 낫다. 그렇기에 누구나 법에 순응한다.

요한 볼프강 폰 괴테

안톤은 여느 때처럼 반갑게 달려들어 인사했지만 지금은 다시 구석에 앉아 열심히 뼈를 핥고있었다. 페르디난트는 외삼촌에게 모든 이야기를 했다. 건물 관리인에 관한 일과 아빠가 한 얘기와 엄마가 한 얘기도 빼놓지 않았다. 제한속도에 관한 일을 들었을 때 외삼촌은 껄껄 웃었다. 그리고 '예외 없는 규칙 없다.'는 아빠의 설명에 관해 들었을 때는 빙긋 웃으면서 고개를 설레설레 저었다. 페르디난트가 이야기를 마치자 외삼촌은 지그시 바라보다가 물었다. "그러니까 규칙들을 지켜야 하는 일반적 이유가 뭔지 알고 싶은 거냐? 규칙에 아무 의미가 없는 것처럼 생각될 때조차 규칙을 따라야 하는 이유가 뭔지도?"

페르디난트는 고개를 끄덕이고서 레모네이드를 한 모금 마셨다. 맛이 좀 야릇했지만 나쁘지는 않았다.

"너는 매번 나를 감탄하게 하는구나." 외삼촌이 중얼거렸다. "네 아빠 같으면 그런 의문은 전혀 품지 않을 텐데."

페르디난트는 무슨 뜻인지 이해하지 못했지만 외삼촌에게서 자주 볼 수 있는 일이라 묻지 않았다. 이런 순간에는 페르디난트가 물어도 "아, 아무것도 아니야."라는 대답을 들을 게 뻔했다. 그처럼 외삼촌은 페르디난트의 아빠에 관해 분명한 말을 하기를 꺼렸다.

외삼촌은 부엌 개수대에서 손을 씻고 수건으로 물기를 닦았다. 안톤이 고개를 들고 외삼촌을 보았다. 하지만 외삼촌이 멀리 가지 않으리라는 것을 알고는 다시 뼈를 핥는 일에 열중했다. 외삼촌은 서가를 뒤지다가 책 한 권을 들고 왔다.

"소크라테스에 관한 이야기가 도움을 줄 수 있을 것 같구나. 그런데 소크라테스가 누군지 아니?"

페르디난트는 고개를 저었다.

"소크라테스는 고대 그리스의 유명한 철학자야. 철학자란 모든 것을 알려고 하고 어떤 일들의 근본을 캐보는 사람들이지. 지금의 너처럼 말이야."

페르디난트는 무슨 말인지 정확히 이해하지는 못했지만 칭찬하는 말로 받아들이기로 했다.

"소크라테스는 그러니까…… 잠깐 생각 좀 해보자…… 그래, 약 2400년 전에 태어났어. 이 사람은 글로 아무것도 남기지 않았다는 게 특이한 점이야."

"그러면 그 철학자가 무슨 말을 했는지 지금 사람들이 어떻게 알 수 있죠?"페르디난트가 물었다.

"그건 소크라테스의 제자인 크세노폰_{기원전 431년~기원전 350년, 고대 그리스의 군인이자 작가.- 옮긴이}과 플라톤이 그에 관해 많은 것을 기록으로 남겼기 때문이지. 특히 소크라테스만큼 위대한 철학자였던 플라톤이 많은 '대화'를 썼어. '대화'란 소크라테스가 여러 사람과 나눈 대화를 말해. 소크라테스는 이런 대화들에서 끝없이 질문을 하여 사람들의 잘못된 생각을 고쳐주고 진리를 가르쳐주었어. 네가 엄마와 아빠에게 늘 그러듯이 말이야."

이번에도 페르디난트는 외삼촌의 말이 칭찬인지 아닌지 확신이
서지 않았다.

하지만 외삼촌이 말을 계속했기 때문에 물어볼 수가 없었다. "이
대화들은 그때그때 소크라테스가 이야기를 나눈 사람의 이름을 제
목으로 달고 있어. 「크리톤」도 그런 대화 중 하나인데, 오늘은 그에
관해 얘기해 보자. 당시에 어떤 일이 일어났냐면…… 우선 이것부
터 얘기하자. 너도 충분히 이해하겠지만, 자신이 얼마나 잘못된 생
각을 하고 있는지 자신도 모르게 밝혀지는 경험을 하는 건 썩 유쾌
한 경험이 아닐 거야."

"그건 그렇죠." 페르디난트가 말했다. "그건 외삼촌도 마찬가지
일 거예요."

"에…… 그건 물론 그렇지." 외삼촌이 말했다. "아무튼 당시 소크
라테스와 얘기하다가 그런 경험을 한 사람이 많았는데, 그건 소크
라테스에게 좋지 못한 결과를 가져왔어. 그리고 청소년들이 소크
라테스의 영향을 받을까 봐 두려워하는 사람들이 많았지. 그건 당
대의 권력자들에게는 위험천만한 일이었어. 그래서 그들은 소크라
테스를 법정에 끌고 갔지. 죄목은 소크라테스가 국가의 신이 아닌
새로운 신을 섬기려 하며 청소년들에게 나쁜 영향을 준다는 거였
어."

"그건 대단한 범죄도 아니잖아요?" 페르디난트가 말했다.

"오늘날에야 그렇지. 하지만 당시에는 사형선고를 받기에 충분

한 죄였어." 외삼촌이 말했다.

"오, 맙소사! 그래서 어떻게 됐어요?" 페르디난트가 물었다.

"소크라테스는 법정에 가서도 얌전히 있지 않고 특유의 화술로 재판관을 갖고 놀았기 때문에 정말로 사형선고를 받았지. 아무것도 나쁜 짓을 한 게 없는데 감옥에 갇혀 처형만 기다리게 된 거야. 그런데 친구 크리톤이 소크라테스를 찾아와서 도망치라고 설득했어. 크리톤은 간수를 매수하고 탈주로를 알아보는 등 이미 만반의 준비를 해놓았지. 하지만 소크라테스가 도망치지 않겠다고 했어."

"도대체 왜요?" 페르디난트가 물었다.

"소크라테스는 탈주가 도덕적으로 정당하다는 점을 크리톤이 입증할 수 있다면 함께 가겠다고 했어. 소크라테스 말에 따르면, 사형선고는 정상적인 재판에서 결정된 것이기 때문에 도망치는 것은 법질서, 즉 국가의 규칙들을 어기는 거였어. 소크라테스는 그런 규칙들을 지킬 필요가 없다는 것을 크리톤이 입증할 때에만 도망치겠다는 거였지. 이건 오늘 우리가 생각해 볼 문제와 관계가 깊은 얘기야. 그렇지?"

페르디난트는 고개를 끄덕였다.

소크라테스: 그럼 이렇게 생각해 보게, 크리톤. 지금 내가 탈주– 이렇게 부르는 것이 좋지 않다면 달리 뭐라 불러도 상관없지만– 아무튼 탈주하려 할 때, 나라의 법률과 국민의 공동체가 나타나 다음과 같이 말한다고

말일세. '오, 소크라테스. 말해보게. 자네는 무슨 일을 하려는 건가? 자네가 하려는 일은 멋대로 우리 법률과 나라 전체를 파괴하는 것임을 알지 못하는가? 자네는 한 나라에서 한 번 내려진 판결이 아무 효력도 거두지 못하고 개인 마음대로 무효가 되고 파괴될 경우, 그 나라가 쓰러지지 않고 존속할 수 있다고 생각하는가?'

플라톤

"소크라테스는 법과 규칙을 지키는 게 중요하다 생각했지. 크리톤은 소크라테스를 설득할 수 없었어. 소크라테스는 어떤 법률에 복종하지 않으면 종국에는 모든 법률을 무시하게 될 거라고 했어. 그러면 전체 법질서가 무너지고 국가가 붕괴되는 거야. 국민을 보호하는 국가가 무너지면 아무도 원치 않는 혼란이 야기돼. 네 아빠가 예로 든 자전거 도둑과 경찰의 경우를 생각해 보자. 사람들은 단순히 도둑이 잡히기만을 바라는 것이 아니라 법률이 유효하기를 바라는 거야."

페르디난트는 이제 이해가 되기 시작했다. "내가 규칙과 법을 지킬 필요가 없다면 다른 사람들도 마찬가지로 지킬 필요가 없게 된다. 이게 소크라테스의 생각인 거죠?"

"그래 바로 그거야." 외삼촌이 말했다. "마침 주위에 경찰이 없는데 누가 네 자전거를 빼앗아 가려 한다면 너는 뭐라고 말할래?"

"손 치워! 그건 내 자전거야. 네가 빼앗아 갈 수 없어!" 페르디난

168

트는 잠시 생각을 하다 계속해서 말했다. "하지만 평소 사람들이 규칙이나 법을 우습게 본다면 도둑은 이렇게 대답할 거예요. '그래, 물론 그게 법이지. 하지만 아무도 지키지 않는 법을 내가 왜 지켜야 하나?' 그러면 나도 할 말이 없을 거예요. 나 역시 평소에 규칙을 지키지 않으니까요."

"맞았어!" 외삼촌이 말했다. "너는 소크라테스를 아주 잘 이해했어."

"하지만 아직 한 가지는 모르겠어요." 페르디난트가 말했다. "나와 소크라테스 사이에는 차이가 있어요. 소크라테스야 유명한 사람이니까 행동 하나하나가 사람들에게 큰 영향을 주겠지요. 하지만 내가 잔디를 밟고 다닌다고 관심 가질 사람은 없어요."

외삼촌은 잠깐 말문이 막혔다. "물론 네 말이 틀리지는 않다만 원칙은 같은 거야."

"으음…… 그런데 소크라테스는 어떻게 되었나요?"

"소크라테스는 판결에 따라 죽음을 당했어. 심지어 소크라테스 자신이 법 집행에 협조했지. 독미나리즙을 자기 손으로 마셨거든."

"정말요?" 페르디난트가 말했다. "오직 원칙을 지키기 위해서요? 원칙도 중요하지만 어떻게든 사는 게 더 중요한 게 아닐까요? 어떤 게 옳은 건지 잘 모르겠네요."

법보다
더 센 것이
있을까?

- 좋은 법이든 나쁜 법이든 무조건 지켜야 할까?
- 아이를 찾기 위해 유괴범을 고문하는 것은 옳을까, 옳지 않을까?

"내 생각은 전혀 달라요. 내가 야만인의 머리 가죽을 벗기는 것은 죽은 늑대의 귀를 자르거나 곰의 가죽을 벗기는 것과 다름없소. 내겐 분명히 그럴 권리가 있소. 그렇지 않다면 식민 정부가 인디언의 머리 가죽 하나마다 상금을 줄 리가 없지 않겠소?"

"그게 바로 수치스러운 일이지요! 결코 정당한 생각이 아니란 겁니다. 백인들이 그렇듯 인디언 중에도 나쁜 사람이 있지요. 그건 부인하지 않겠습니다. 밍고족에 관해서는 좋은 얘기를 들은 적이 없습니다. 하지만 전쟁이 시작된 지금은 침착하게 그리고 증오하는 감정을 버리고 사태를 관찰하는 게 우리의 의무입니다. 그렇지 않으면 우리는 후손들에게 부끄러울 만한 일을 저지르게 될 테니까요. 그리고 인디언 머리 가죽에 현상금을 주는 것은 수치스러운 일입니다."

"사냥꾼이여, 법과 외무에 관해 너무 많이 얘기하는군요. 정신 좀 차리시오. 우리 식민 정부가 불법적인 법을 만들어낼 수 있다고 생각하는 거요? 법은 절대로 불법적일 수 없어요. 진실은 결코 거짓이 아니듯 말이오! 그리고 인디언 머리 가죽 하나마다 현상금을 주는 것도 법에 따른 거요!"

"해리, 법을 만드는 사람의 생각도 잘못될 수 있어요. 그리고 우리 식민 정부에서 인간의 상식과 어긋나는 법을 제정한다면 나는 그 법에 반대할 의무가 있소. 백인은 물론 백인의 법을 따라야 합니다. 하지만 그 법이 보다 높은 법에 위배되지 않는 한에서만 그런 거요. 그리고 우리는 인디언 나름의 법을 인정해 주어야 합니다. 인디언은 인디언의 법을 따르는 거요. 하지만 얘기는 충분히 나눈 것 같군요. 이제 저 강가의 덤불 속에 숨어 있을 당신 친구나 찾아봅시다."

—『가죽 양말 이야기』(제임스 페니모어 쿠퍼 지음, 국내 미출간)

사다리에 올라가 있는 고트프리트 외삼촌이 말했다. "네가 도와
줘서 정말 고맙구나. 혼자서는 힘들었을 거야." 외삼촌이 천장에
갈고리 나사를 박는 동안 페르디난트는 사다리를 붙들고 있었다.
외삼촌이 매달려는 전등은 바닥에 놓여 있었다.

"구닥다리도 이런 구닥다리는 처음 봤어요." 페르디난트가 전등을
자세히 보면서 말했다. 전등은 페르디난트나 외삼촌의 키보다 더 커
서 천장에 매달면 거의 바닥에 닿을 정도였다. 짙은 은색의 기다란
대에 커다란 전구 14개가 달려서 각기 다른 방향을 가리키는 형태였
다. 전등은 그리 무겁지 않았지만 다루기가 아주 어려웠다. 외삼촌이
전등 다는 것을 도와달라고 부탁했던 것도 그 때문이었을 것이다.

페르디난트는 주위를 둘러보다 이렇게 말했다. "안톤에게도 협
조하는 것을 가르치셔야겠어요." 안톤이 쉬지 않고 주변을 서성거

렸던 것이다. 그 모습을 본 외삼촌이 안톤에게 가만히 앉아 있으라고 말했다. 안톤은 구석에 가서 앉았지만 호기심을 참기 어려워하는 표정이었다. 그리고 두 사람의 재미있는 놀이에 자신만 빠져서 슬퍼하는 것 같았다.

"내키지 않았는데 온 거 아니니?" 외삼촌이 물었다.

"아니, 아니, 절대 그렇지 않아요!" 페르디난트는 얼른 대답했고 거짓말이 아니었다. 내키지 않는데 억지로 온 게 아니었다. 외삼촌이 새로 장만한 물건을 보는 것은 언제나 재미있었다. 그리고 마침 외삼촌에게 묻고 싶은 것도 있었다. "외삼촌이 지난주에 규칙과 법에 관해 설명해 줬잖아요?"

"그랬지. 또 뭐 묻고 싶은 게 있니?" 외삼촌이 물었다.

"요즘 국어 시간에 아주 옛날 작품을 읽고 있어요. 국어 선생님은 케르너란 분인데요, 아마 그 작품만큼 나이가 많을 거예요. 그래서 그런지 지루하기 짝이 없는 구닥다리만 좋아해요. 그리고 틈만 나면 우리들에게 잔소리를 해요. 훌륭한 고전을 읽지 않는 요즘 학생들이 너무 한심하다고요. 수업 시간에 우리는 인물 중 한 사람을 맡아서 읽어요. 그런데 선생님은 우리가 읽는 솜씨가 너무 형편없다고 불만이 대단해요. 하지만 그 작품을 읽고 있으면 졸음만 쏟아져요. 어제도 졸다가 선생님께 들켰지요. 그러자 선생님이 그 작품에 대해 어떻게 생각하느냐고 물었어요."

"수업 시간에 읽는 작품이 뭔데?"

"고대 그리스가 무대인 어떤 희곡이에요. 누군가가 전쟁에서 죽고, 전쟁에 이긴 왕은 그 사람의 시체를 매장하지 못하게 해요. 그런데 죽은 사람의 여동생은 시체가 새 떼에 먹히게 한 왕의 명령이 옳지 않다고 생각했어요. 그건 신의 뜻에도 어긋나는 일이라고 여긴 거죠. 그래서 그 여자는 왕의 명령을 어기고 오빠의 시체를 묻어요. 그러자 왕은 분노해서 그 여자를 처형시키라고 명하죠. 왕의 명령을 어겼기 때문에요."

크레온: 장황히 늘어놓지 말고 간단히 말하라. 너는 그런 짓이 금지됐다는 것을 알았느냐?

안티고네: 알고 있었습니다. 포고된 사실을 어찌 몰랐겠습니까?

크레온: 그런데도 감히 법을 어겼단 말이냐?

안티고네: 그런 포고를 내린 것은 제우스신이 아니었습니다. 하계의 신들과 함께 사는 정의의 여신도 인간에게 그런 법을 내리지는 않았습니다. 죽게 마련인 인간으로 하여금 불문율인 신의 명령들, 영원히 변하지 않는 그 명령들을 무시하게 할 만큼 폐하의 명령이 강력하다는 생각도 들지 않았습니다. 그 불문율들은 어제오늘 생긴 것이 아니고 영원히 살아 있으며, 언제 생긴 것인지 아무도 모르기 때문입니다. 나는 한 인간의 자만심이 무서워서 불문율을 어기고 신들에게 죄를 짓고 싶지는 않았습니다.

소포클레스 | 기원전 496년~기원전 406년, 고대 그리스의 시인

"아, 「안티고네」를 말하는 거구나." 외삼촌이 사다리 아래를 내려다보며 말했다.

"어, 외삼촌도 그 작품을 알아요?" 페르디난트가 놀라서 물었다.

"물론이지. 그건 아주 유명한 작품이야." 외삼촌이 대답했다. "그런데 어떤 일이 있었다고?"

"아, 케르너 선생님이 내 생각을 물어봤어요. 여동생이 왕의 명령을 무시하고 오빠의 시체를 매장한 게 옳은 행동이냐고요."

"그래서?"

"그래서 지난주에 외삼촌에게서 들은 이야기를 했죠. 법을 지키기 위해 죽음을 받아들인 소크라테스와 친구 크리톤에 관해서요. 그러자 케르너 선생님은 기절할 듯한 표정을 짓더니 눈을 크게 뜨고 나를 봤어요. 그리고 그런 것을 어떻게 알았냐고 묻더군요. 그래서 얼마 전에 그에 관해 누군가와 얘기를 나눴다고 했지요. 그러자 선생님 눈이 더 커졌어요. 그러고는 '피사_{경제협력개발기구(OECD) 가입 국가들을 대상으로 한 '국제학업성취도평가'이다. 독일은 이 평가에서 계속 중위권에 머물고 있다.- 옮긴이}는 틀렸어! 피사는 정확하지 않아!'라는 말을 몇 번이고 중얼거렸어요."

고트프리트 외삼촌은 갈고리 나사 박는 일을 마쳤다. 외삼촌은 페르디난트의 얘기가 재미있었는지 혼자 빙그레 웃고 있었다. "그랬구나. 그러면 이제 알고 싶은 것이 뭐니?"

"그 작품에 관해 생각을 해봤는데요, 아무래도 여동생이 옳고 소크라테스는 틀린 것 같아요. 법은 어떤 것이든 무조건 지켜야 한다는 건 말이 되지 않아요. 게다가 작품 속의 그 왕은 별로 마음에 들지 않거든요. 그런 사람이 내린 명령을 지켜야 하다니 참."

좋은 법이든 나쁜 법이든,
법은 무조건 지켜야 하나?
법을 지키는 것에도 한계가 있지 않나?

"그러면 안티고네가 옳았다는 거니?" 외삼촌이 물었다.

"그런 것 같아요." 페르디난트가 말했다.

"내 생각에도 그렇다." 외삼촌이 말했다. "그건 그렇고 그 전등 좀 올려다오."

"뭐라고요?" 페르디난트가 전등을 높이 들면서 말했다. "하지만 얼마 전에 외삼촌이 소크라테스 이야기를 들려준 것은 법을 지켜야 하는 이유를 설명해 주기 위해서였잖아요? 그때는 법을 지키지 않으면 국가가 유지될 수 없다고 했어요." 페르디난트는 화가 나서 목소리를 높였다.

"물론 그때 얘기도 맞아." 외삼촌이 대답했다. "조금만 더 높이 들어! 자, 이제 다 됐다. 고마워. 그런데 그때는 잔디밭으로 다녀도 되느냐가 문제였어. 그리고 지금은 사람이 자기 양심에 따라 행동해도 좋은가 그리고 사람의 존엄성, 비록 죽은 사람일지라도 사람의 존엄성을 무시해도 되는가가 문제야. 그때의 문제와 지금의 문제는 좀 다른 거야."

"나 참, 왜 그렇게 이랬다저랬다 하세요?" 페르디난트가 말했다. "법을 지키는 것이 도덕 규칙이잖아요? 그런데 도덕 규칙이 그때 그때 사정에 따라 타당하기도 하고 타당하지 않기도 하다니요?"

"그런 생각이 들었다면 미안하구나. 그런데 전에 얘기한 것은 일상생활의 경우였어. 그런 경우에는 당연히 규칙을 지켜야지." 외삼촌이 사다리에서 내려오면서 말했다. "하지만 인간의 '어두운 내면'과 연관될 때는 얘기가 좀 달라져. 마침 사다리 위에서 할 일은 이제 끝났구나. 그건 3미터 높이에서 토론할 문제가 아니거든. 어쨌든 네 태도는 아주 바람직하다. 모든 일에서 다시 생각해 보고 또 다른 의문을 품는 것은 참 좋은 태도야. 앞으로는 나도 좀 더 신중하게 얘기하마."

"그러니까 맞는 거예요, 맞지 않는 거예요?"

"뭐가?"

"법과 명령은 무조건 따라야 한다는 것 말이에요."

"네 생각이 맞아. 한계는 있어." 외삼촌이 의자에 앉으며 말했다.

"멋져요! 그렇다면 한계는 어디 있는 거예요?" 페르디난트는 몹시 궁금했지만 우선 의자에 앉았다.

"어디까지가 한계인지 정확히 말하기는 어려워. 좀 전에 내가 인간의 '어두운 내면'이란 말을 했는데, 그건 공연한 말이 아니었어.

우리가 그 '어두운 내면'을 보게 된 것은 오래전의 일이 아니야. 바로 나치 시대였지.1933년부터 1945년까지 나치당의 당수였던 '아돌프 히틀러' 치하의 독일을 일컫는 말이다.- 편집자 나치가 저지른 잔혹한 일들에 대해서는 학교에서 충분히 배웠을 테니까 더 이야기할 필요는 없겠지?"

"예. 그때의 일에 관해서는 아주 자세히 배웠어요."

"그래. 그러면 혹시 '백장미'에 관해서도 들어봤니?"

"아니요."

"'백장미'는 뮌헨대학교의 한 교수와 학생들이 만든 단체의 이름이야. 당시 나치의 만행에 경악한 그들은 반정부 운동을 시작했어. 그들은 사람들에게 저항을 호소하는 것이 가장 의미 있는 일이라 여겼지. 그래서 전단을 만들어 뿌렸어. 특히 뮌헨대학교 본관의 2층으로 올라가 현관 로비에 전단을 뿌린 일은 유명해. 하지만 그때 전단을 뿌린 숄 남매는 현장에서 체포되었어. 백장미에 가입했던 모든 사람들도 체포되었지. 모두들 사형선고를 받았고 곧바로 처형되었어. 요즘도 나는 유리 지붕의 그 로비로 가면 숙연한 기분이 들어. 그 사람들은 분명 영웅이었어. 비록 당시 저항을 호소하는 것은 불법이었지만 말이야. 하지만 당시의 법은 그릇되고 부당한 것이었어. 그러니까 누구에게나 그런 법에 저항할 수 있는 도덕적 권리가 있었다고 할 수 있지."

"당시의 법들은 어떤 것이었는데요?"

"예를 들어 유대인이라는 이유만으로 차별하고 심지어 강제수

용소에 보내는 법, 사상의 자유를 억압하는 법, 나치의 생각에 찬성지 않는 사람들을 핍박하고 심지어 잔혹하게 죽이도록 허용하는 법이었어. 또 적절한 법 없이 총통의 지시만으로 운영되는 부분도 있었어. 당시는 국가 전체가 불의의 체계였고, 그에 대해 저항하는 사람은 소수였어. 숄 남매와 친구들 그리고 쿠르트 후버 교수가 그런 사람들이었지. 이들은 당시의 법보다 더 중요한 원칙을 따라야 한다고 생각했어."

분명한 도덕적 원칙, 법치국가, 인간 사이의 신뢰를 되찾는 것은 불법이 아니라 오히려 합법성의 복원일 것이다. 나는 칸트의 정언적 명령에 따라 나 자신에게 물어보았다. '내 행동의 주관적 준칙이 일반 법칙이 된다면 어떤 일이 일어날 것인가?' 이 물음에는 오직 한 가지 대답만이 가능하다. '그러면 우리의 국가에서, 우리의 정치적 삶에서 질서와 안전, 신뢰가 회복될 것이다.' (……)
통용되는 합법성이 참되지 않고 도덕적이지 못할 경우, 즉 그 합법성이, 공공연한 법 훼손에 저항하지도 못하는 비겁함의 보호막으로 기능할 경우, 그 합법성에는 마지막 한계가 그어진다.

1943년 7월 13일 처형된 쿠르트 후버 교수의

최후 「변론을 위한 비망록」에서

외삼촌은 잠시 숨을 돌리고서 계속 말했다. "그 잔혹의 시대를

겪은 후, 법의 유효성은 간단히 말하기 어려운 문제가 되었어. 말하자면 소크라테스의 이야기도 좀 더 비판적인 안목에서 보게 된 거야. 소크라테스는 무엇보다 법적 안정성을 중요하게 여겼지. 즉 사람들이 법을 믿고 따라야 한다고 생각한 거야. 그래서 소크라테스는 자신을 궁지에 몰아넣은 법 역시 존중했던 게지. 바로 그 법에 의해 국가가 개인의 안전을 보장해 주니까. 하지만 사람들은 국가가 법의 도움으로 불의를 저지를 수도 있다는 것을 알게 되었어. 전혀 예상하지 못한 체험이었지. 그 후로 사람들은 언제 법을 따라야 하고, 언제 따르지 말아야 할지 규칙을 찾아보려 했어."

"그것 참 재미있네요."

"그런데 구스타프 라드브루흐1878년~1949년, 독일의 법철학자.-옮긴이가 제2차 세계대전이 끝난 직후 그런 규칙을 제시했어. 그게 유명한 라드부르흐 공식이지."

정의와 법적 안정성 사이의 갈등은 다음과 같이 해결할 수 있을 것이다. 즉 규정과 권력에 의해 보장된 실정법은 그 내용이 정의롭지 못하고 합목적성이 없다고 할지라도 일단은 우선권을 갖는다. 그러나 정의에 대한 실정 법률의 위반이 참을 수 없는 정도에 이르렀다면, '부정당한 법'인 그 법률은 정의에 자리를 물려주어야 할 것이다. 물론 어떠한 경우에는 법률적 불법이며 어떠한 경우에는 비록 부정당한 내용을 지녔지만 그럼에도 효력을 갖는 법률인지 확연하게 구별하는 것은 불가능하다.

"그 공식이 어떤 거죠?" 페르디난트가 물었다.

"라드브루흐의 생각은 이런 거야. 정의와의 모순이 참을 수 없는 정도가 아니라면, 법은 부당하거나 불합리할 경우에도 유효해. 나치 시대의 법과 정의의 모순은 참을 수 없는 정도에 이른 경우였지."

"법은 부당할 경우에도 유효하다는 말은 참 웃기네요." 페르디난트가 말했다. "'참을 수 없는 정도'란 말도 그렇고요. 도대체 어떤 경우가 '참을 수 없는 정도'죠? 나는 케르너 국어 선생님을 '참을 수가 없어'요. 하지만 선생님은 나를 평가하고 점수를 주죠. 선생님에게는 그럴 수 있는 정당한 권리가 있을 테니까요."

언제나 타당한 규칙이 있나?
언제나 지켜야 하고 절대로 거부할 수 없는 규칙이 있나?

페르디난트는 잠시 생각을 하다가 다시 입을 열었다. "모든 규칙이 그런 건가요. 언제나 타당하지는 않은 건가요? 하지만 언제라도 타당한 무엇이 있어야만 그걸 기준 삼아 다른 것들을 점검할 수 있는 것 아닌가요?"

"그래, 그런 것이 있기는 있어." 외삼촌이 말했다.

"그렇다면 언제나 타당하지는 않은 많은 것들에서 어떻게 언제나 타당한 무엇을 알아낼 수 있죠?" 페르디난트가 물었다.

모든 인간은 태어나면서부터 평등하고, 조물주는 그들에게 몇 가지 양도할 수 없는 권리를 부여하였으며, 그 권리 중에 생명과 자유와 행복추구가 있다는 것은 자명한 진리이다.

미국 독립선언문 | 1776년 7월 4일 작성

"학교 수업에서 많이 다루는 희곡 작품 하나를 예로 들어보자. 프리드리히 뒤렌마트1921년~1990년, 스위스의 극작가로 제2차 세계대전 후 독일어권 연극 부흥에 큰 기여를 했다.- 옮긴이가 쓴 「노부인의 방문」 읽어봤니?"

"아니요. 또 무슨 지루한 책 얘기예요? 외삼촌도 꼭 케르너 선생님 같아요."

"고맙구나! 할아버지 독일어 선생님과 내가 같다니 참 영광이군."

"아니, 아니, 그런 뜻은 아니었어요. 너무 기분 나빠하지 마세요. 그리고 케르너 선생님 시간에는 「노부인의 방문」을 읽지 않았어요. 그러니까 아주 옛날 작품은 아닌가 보네요. 아무튼 그 「노부인의 방문」이 클레르헨 할머니의 방문처럼 지겹지는 않겠지요."

"그래, 클레르헨 할머니는 대하기 참 힘든 분이시지. 내가 어렸을 때부터 그러셨어." 외삼촌이 말했다. "하지만 뒤렌마트 작품에서는 훨씬 더 좋지 않은 일이 일어나. 읽은 지가 오래돼서 기억이

184

좀 가물가물하다만…… 어, 그런데 그 작품에 나오는 노부인 이름도 '클레르'야. 이건 지금까지 전혀 생각지 못했던 점인데."

"어서 줄거리나 말씀해 보세요."

"클레르라는 노부인이 고향으로 돌아왔어. 오래전 클레르는 결혼도 하지 않고 아이를 가졌다는 이유로 고향에서 추방되었지."

"그런 이유로 추방되다니 그게 말이 돼요?" 페르디난트가 말했다.

"예전에는 그랬어. 처녀가 애를 갖는 건 수치스러운 일로 여겨졌거든. 아무튼 클레르는 미국에서 아주 부자가 됐고, 고향 사람들은 여전히 가난에 시달리고 있었어. 그런데 클레르는 예전에 자신을 궁지에 몬 남자를 그 도시 사람들이 죽이면 십 억을 내놓겠다고 했어."

"궁지에 몰았다니요?"

"클레르가 말한 남자의 이름은 일이야. 일은 클레르가 자신의 애를 가졌는데도 결혼하려고 하지 않았어. 심지어 클레르가 가진 애가 자신의 애가 아니라고 주장했고 사람들을 매수해서 거짓 증언도 하게 했지. 당시에는 진짜 아버지가 누구인지 알아내는 게 아주 어려웠어."

"그래서 그 도시 사람들은 어떻게 했나요?" 페르디난트가 물었다.

"어떻게 했을 것 같니?"

"모르겠어요." 페르디난트가 말했다.

"처음에는 화를 내면서 거부했지. 그런 제안을 받아들이는 건 '인권'을 유린하는 짓이기 때문이야. 하지만 얼마쯤 지나자 사람들의 마음은 약해졌어. 사람들은 일이 나쁜 놈이라고 욕하기 시작했어. 그리고 결국은 그를 죽여버렸지."

"죽여버렸다고요? 정말 놀랄 일이네요!"

"너는 그런 짓이 나쁘다고 생각하겠지?" 외삼촌이 말했다. "그런데 왜 그렇게 생각하는 거지?"

"아무리 많은 돈이 생긴다 해도 사람을 죽이면 안 되니까요."

그러자 외삼촌이 말했다. "하지만 내가 언젠가 설명해 준 공리주의 기억나니? 공리주의에 따르면 좀 다르게 생각해 볼 수도 있잖아?"

"한 사람을 죽이는 대가로 시민 전체가 이득을 얻었다는 얘긴가요?" 페르디난트가 물었다.

"그래. 많은 시민이 부자가 됐으니 전체 행복의 양은 증대한 거잖아?" 외삼촌이 말했다.

"아무리 그래도 그건 나빠요." 페르디난트가 말했다. "그렇다면 공리주의는 옳지 않아요."

"그래. 사실 바로 그런 이유에서 많은 철학자들이 공리주의에 반대하는 거야. 최대 다수의 최대 행복이라는 이론은 꽤 그럴 듯하게 보이지만 문제가 있는 거지. 하지만 지금은 「노부인의 방문」에 관해서 좀 더 얘기해 보자. 그러니까 너는 인간이 넘어서면 안 되는 어떤 한계가 있다고 보는 거야. 근거를 정확히 대지는 못하지만 인간이 결코 침해해서는 안 되는 무엇이 있다고 느끼고 있는 게지."

"하지만 그런 짓이 잘못이라는 건 나뿐 아니라 누구나 느낄 거예요." 페르디난트가 말했다.

제1조: 모든 인간은 태어나면서부터 동등히 자유롭고 독립적이며 몇 가지 생득적 권리를 가진다. 인간과 그 후손이 정치적 공동체를 건설할 경우에도 이 권리는 결코 박탈되거나 강탈될 수 없다. 그 권리란 생명과 자유를 누릴 권리, 그리고 재산을 습득하고 소유할 수 있는 권리이다.

미국의 버지니아 권리 선언 | 1776년 6월 12일

"네 말이 맞아." 외삼촌이 말했다. "누구나 곰곰 생각해 보면 어떤 경우에도 침해할 수 없는 기본권이 있다는 생각에 이르게 돼. 그리고 사람에게는 누구나 그런 권리가 있기 때문에 그것을 인권이라고 부르지. 이 권리는 미국 건국 때 처음으로 법에 명기되었어. 바로 삶과 자유를 누릴 권리, 소유의 권리 그리고 행복 추구의 권리이지."

"그것 참 멋지네요. 행복할 권리가 있다는 게 정말로 법으로 정해져 있어요?" 페르디난트가 물었다.

"최소한 추구할 권리는 있다는 거지. 뭐가 진짜 행복인지는 아무도 모르니까. 그런데 시간이 흐르는 동안 사람들은 행복 추구만큼 중요한 것, 아니 그보다 더 중요한 것이 있다는 생각을 하게 되었어. 그건 바로 인간의 존엄이야."

"존엄? 그게 뭔데요?" 페르디난트가 물었다.

인간의 존엄성은 불가침이며, 모든 국가 권력은 이를 존중하고 보호할
의무를 가진다.

그러므로 독일 국민은, 범할 수 없고 양도할 수 없는 인간 권리가 세계
모든 인간 공동체와 평화와 정의의 기초임을 인정한다.

아래와 같은 기본권들은 입법과 집행 권력과 사법을 직접적으로 유효한
법으로서 결합시킨다.

독일 연방공화국 기본법 제1조 | 1949년 5월 23일 제정

"범할 수도 없고 양도할 수도 없는 인간 권리, 즉 인권이 무엇인
가에 대해서는 여러 가지 주장이 있지." 외삼촌이 말했다. "인권은
신이 부여한 것이라는 주장이 있는가 하면 그런 게 아니라는 주장
도 있어. 하지만 가장 중요한 건 이런 거야. 인간은 존재한다는 이
유만으로 가치를 가져. 한 인간은 다른 무엇으로도 대체될 수 없
어. 즉 개개의 인간은 물건처럼 사용될 수 없고 모두 존중받아야
해. 이게 인간 존엄의 근본 원칙이야."

"하지만 그 희곡에 나오는 이들은 인간을 물건 취급했어요." 페
르디난트가 말했다. "돈을 얻기 위해 한 남자를 죽였으니까요. 그
남자는 무언가를 얻을 수 있는 수단에 불과했던 거죠."

네 인격 안의 인간성뿐 아니라 모든 사람의 인격 안의 인간성까지 결코
단지 수단으로 사용하지 말고, 언제나 동시에 목적으로 사용하도록 그

188

렇게 행위하라.

이마누엘 칸트

"맞아. 그 사람들이 좀 더 깊이 생각했다면 그런 짓을 해서는 안 된다는 것을, 설령 많은 이득이 생긴다 해도 그래서는 안 된다는 것을 깨달았을 거야."

"인권이란 기본권이 그처럼 중요하다면, 왜 전 세계 사람들이 인권을 존중해야 한다는 세계법 같은 것을 만들지 않나요?" 페르디난트가 물었다.

"사실 그런 세계법이 있기는 있어. 제2차 세계대전이 끝나고 나서, 그러니까 그 모든 잔혹함을 경험하고 나서 사람들은 국제연합에서 인권 선언을 채택했어. 미국 뉴욕에 있는 국제연합 건물에서 말이야. 하지만 모두가 그 선언을 준수하지 않는 게 문제이지."

인류 가족 모두의 존엄성과 양도할 수 없는 권리를 인정하는 것이 세계의 자유, 정의, 평화의 기초다. 인권을 무시하고 경멸하는 만행이 과연 어떤 결과를 초래했던가를 기억해 보라. 인류의 양심을 분노케 했던 야만적인 일들이 일어나지 않았던가?

그러므로 오늘날 보통 사람들이 바라는 지고지순의 염원은 '이제 제발 모든 인간이 언론의 자유, 신념의 자유, 공포와 결핍으로부터의 자유를 누릴 수 있는 세상이 왔으면 좋겠다'는 것이리라.

(……)

유엔총회는 이제 모든 개인과 조직이 이 선언을 항상 마음속 깊이 간직하면서, 지속적인 국내적 국제적 조치를 통해 회원국 국민들의 보편적 자유와 권리 신장을 위해 노력하도록, 모든 인류가 '다 함께 달성해야 할 하나의 공통 기준'으로서 '세계인권선언'을 선포한다.

1948년 12월 10일 채택된 세계인권선언

"너무 안타까워요. 어째서 모두들 그 선언을 따르지 않는 거죠? 그 선언대로만 한다면 모든 문제가 해결될 텐데."

"모든 문제라고까지는 말할 수 없어. 온 세계 사람이 그 선언을 따른다 해도 해결되지 않는 문제가 있어."

"예를 들면요?"

"예를 들어, 서로 다른 기본권이 상충되고 동시에 실현될 수는 없는 경우가 생기지."

외삼촌은 잠시 숨을 돌리고 이야기를 계속했다. "그런 상황은 우리 일상생활에서도 쉽게 일어나. 가령 네가 친구와 함께 등산을 하는데, 둘 다 배가 고파. 그런데 너만 빵을 하나 갖고 있어. 네가 그 빵을 먹으면 친구는 굶주려야 하지. 하지만 친구에게 그것을 주면 네가 굶어야 해."

"그러면 반씩 나눠 먹죠, 뭐." 페르디난트가 말했다.

무엇이 옳은지 알 수 없는 상황들이 존재하는가?

"그래, 빵인 경우에는 그럴 수 있겠구나. 그러면 너희 둘 다 목이 마른데, 콜라가 한 캔밖에 없다고 가정하자."

"둘이 함께 마시면 되잖아요?"

"그래, 그래. 그렇다면 다른 예를 생각해 보자. 너희 둘이 영화를 보러 갔는데 관람권이 한 장만 남고 매진되었다고 말이야."

"그렇다면 영화 보는 건 관두고 둘이 다른 것을 하죠, 뭐." 페르디난트는 외삼촌의 말문을 막는 것이 재미있었다. 하지만 농담할 상황이 아니라는 것은 잘 알고 있었다.

"그런 식으로 대답하는 것은 그만둬. 지금 원칙에 관해 얘기하는 것인 줄 알면서 그러니?"

"예, 알았어요."

배가 난파해서 표류하게 된 두 사람이 거의 소진해서 더 이상 헤엄치기조차 어렵게 되었다. 그때 바다에 떠도는 판자 하나가 눈에 띄었다. 하지만 판자는 한 사람밖에 지탱할 수 없었다. 표류하는 두 사람은 이제 어떤 태도를 취해야 하나? 두 사람이 모두 판자에 매달린다면 아무도 살아남지 못할 것이다. 그럴 경우에는 자신이 살기 위해 다른 사람을 밀쳐버려도 괜찮은가? 아니면 그런 사람은 살인죄로 처벌을 받아야 하나?

"그다지 좋은 예가 떠오르지 않는구나. 고전적인 예는 배가 난파
해서 표류하게 된 두 사람의 경우야. 그들이 살 수 있는 길은 하나
밖에 없어. 둘 중 한 사람이 살려고 하면 다른 한 사람은 죽을 수밖
에 없지. 그런 경우에는 어떻게 행동해야 옳을까?"

안티고네: 신들의 어떤 법을 내가 어겼다는 것입니까? 불행한 내가 신
들에게 무엇을 더 기대해야 할까요? 누구에게 도움을 청해야 할까요?
경건한 행동을 한 이유로 불경한 자라는 말을 듣게 되었으니 말입니다!
그런 게 신들의 뜻이라면, 나는 죄를 지어 고통을 받는 것이라 인정하겠
어요. 하지만 저들이 죄 지은 것이라면, 저들은 내게 저지른 부당한 짓
보다 더 큰 고통을 받지 않기를!

소포클레스

"어떻게 해야 할지 알 수 없는 그런 상황이 정말로 있어. 그런 상
황을 '딜레마'라고 부르지. 안티고네와 백장미단의 사람들 역시 그
런 딜레마에 처했던 거야. 하지만 그 사람들은 도덕적인 방식으로
딜레마를 해결했지. 다른 모든 계율보다 더 중요한 하나의 계율이
있다는 것을 알았던 거야. 「노부인의 방문」에 나오는 시민들도 그
것을 알았어야 했어. 네가 말했듯이 돈을 벌려고 사람을 죽이는 것

은 옳지 않아."

"물론이죠!" 페르디난트는 자신 있게 말할 수 있어서 기분이 좋았다. "다행히도 현실에서는 그런 난감한 상황에 처하는 일이 거의 없어요. 어쨌든 그렇게 자주는 아니에요."

"나는 너처럼 확신해서 말할 수가 없구나. 너도 그 사건을 알고 있을 거야." 외삼촌이 말했다.

"어떤 사건이요?"

"어린애를 유괴한 남자가 경찰에 잡혔지. 그런데 유괴범은 아이를 어디에 숨겼는지 자백하지 않았어. 그러자 경찰관은 자백하지 않으면 고문하겠다고 위협했어." 2002년 9월 독일 프랑크푸르트에서 한 은행가의 아들인 야콥 폰 메츨러(당시 11세)가 납치됐다. 아이를 납치한 28세의 법학생 마그누스 개프갠은 아이를 질식사시킨 후 아이의 사망을 숨긴 채 몸값으로 1백만 유로를 받았다. 며칠 후 경찰은 개프갠을 체포했으나 범인이 허위 자백으로 일관하자 고문 위협을 했다. 그제야 개프갠은 아이를 숨긴 위치를 고백했고, 급파된 경찰은 아이의 시체를 발견했다. 납치범 개프갠은 2003년 7월 살인죄로 종신형을 선고받았다. 그러나 그해 검찰은 개프갠에게 고문 위협을 한 프랑크푸르트의 두 경찰관을 기소했다. 이 사건은 독일 사회에서 인권침해 논쟁을 불러일으켰고 여론의 큰 관심사가 되었다. 고문 위협은 통상 6개월에서 최고 5년의 징역형에 해당되나, 프랑크푸르트 지방법원은 2004년 12월 20일 기소된 두 경찰관의 행동은 명백한 인권침해 행위라고 규정하면서도 벌금형 및 집행유예라는 가벼운 선고를 내렸다.-옮긴이

"아, 그 사건이요. 그런데 너무 늦었지요?"

"그래, 범인이 유괴된 아이를 숨긴 곳은 자백했지만 아이는 이미 죽었어. 범인은 유죄 선고를 받았지. 그렇지만 한 가지 문제가 제

기됐어. 그런 경우는 경찰이 범인을 고문하거나 고문 위협을 해도 괜찮은 것인가라는 문제였지."

"글쎄요, 아이를 유괴해서 죽인 범죄자에겐 그래도 괜찮은 것 아닐까요?" 페르디난트가 말했다. "아이를 구하기 위해서라면 뭐든 시도해야 해요."

그러자 외삼촌이 말했다. "좋은 목적을 위해서라면 어떤 수단을 써도 상관없다는 거니? 내 개인적인 생각을 말한다면, 나는 경찰의 행동이 옳지 않다고 본단다."

"하지만 유괴범을 가만 앉혀두고 아이가 죽게 내버려둘 수는 없어요. 유괴범을 좀 심하게 다루면 아이를 구할 수 있는데 말이에요."

"물론 그래. 참 난감한 상황이겠지." 외삼촌이 말했다. "경찰의 태도를 옹호하는 측의 논리와 비난하는 측의 논리 모두 정당한 면이 있어. 하지만 내 생각에 궁극적으로 중요한 것은 이런 거야. 고문은 인간의 존엄성을 해쳐. 그리고 인간의 존엄성은 가장 가치 있는 거야. 따라서 어떤 경우이든 고문은 정당화될 수 없어."

"아이를 유괴해서 죽인 사람도 말인가요?"

"그런 사람에게도 존엄성은 있어. 어쨌든 사람이기 때문이야. 인간의 존엄성이란 그런 거야. 누구에게나 존엄성이 있고 아무도 그것을 해쳐서는 안 돼. 범죄자도 예외가 될 수는 없어. 인간 존엄성의 이런 원칙들을 위해 사람들은 오랫동안 투쟁했어. 이 원칙들은 우리 인간들에게 가장 가치 있는 거야. 내 말이 좀 지나치게 들리겠지만,

사람 목숨이 문제되는 상황일지라도 인권을 희생시켜서는 안 돼."

"학교에서 그에 관해 토론했는데 외삼촌의 주장과는 다른 생각이 대부분이었어요. 우리 집에서도 그랬고요. 거의 모든 사람이 경찰의 행동을 옹호했어요. 저도 같은 생각이고요. 아무리 인간의 존엄성이 중요해도 이건 경우가 달라요."

"네 생각은 이해한다." 외삼촌이 말했다. "나도 아이를 구하려고 했던 경찰관의 행동을 쉽게 비난할 마음은 없어. 하지만 아무리 그래도 인간의 존엄성을 무시해서는 안 된다고 생각해. 이건 해결책을 찾기 어려운 진짜 딜레마의 경우일 거야." 외삼촌은 정말로 난감해하는 표정이었다.

"가장 중요한 것은, 간단하게 생각할 수 없는 일이 참 많다는 것을 네가 알게 되었다는 점이야. 간단한 해결책에 만족하지 않도록 늘 조심하렴. 그리고 모든 것을 다 안다는 식의 태도를 보이는 사람도 조심해야 해. 그런 태도야말로 가장 좋지 못한 거야. 대다수의 사람들은 그저 자신이 아는 것만 말하는 거니까. 하지만 자세히 알고 보면 그런 사람들의 생각과 다른 경우가 많아. 언제나 네 스스로 생각할 수 있어야 해. 말이 났으니 말인데, 바로 그런 교훈을 「안티고네」에서도 읽을 수 있어. 크레온은 오직 자신만이 옳고 자신의 명령이 틀릴 수 없다고 생각해. 그런데 안티고네의 약혼자이기도 한 아들 하이몬이 찾아오지. 하이몬은, 두 편 모두 틀리거나 두 편 모두 옳은 상황도 있다고 아버지에게 말해. 선과 악이 칼로 자르듯 분명하게 구분되지 않는 상황도 있다는 거였지."

하이몬: 아버지, 신들은 인간에게 이성을 심어주었습니다. 이성은 인간
이 가진 것 중 최고의 것이요. 저는 아버지 말씀이 옳지 않다 말할 수
없고 그렇게 말할 수 있기를 바라지도 않습니다. 하지만 다른 사람도 올
바른 생각을 할 수 있는 것입니다. (……) 그러니 아버지가 옳다 여기는
것만 옳고 다른 것은 틀리다고 생각지 마십시오! 자기만이 현명하고 말
과 정신에 있어 자기만 한 사람이 없다고 생각하는 사람은 알고 보면 공
허한 생각을 하는 것이요. 현명한 사람일지라도 자만하지 않고 더 많
은 것을 배우는 것은 부끄러운 일이 아닙니다.

소포클레스

페르디난트는 잠시 생각을 해보았다. 아직 궁금한 것이 하나 있
었다. "그런데 안티고네는 어떻게 되었어요?"
"그건 수업 시간에 알게 될 거야." 외삼촌이 말했다.
"물론 그렇지만 아직 거기까지 읽지 않았고 케르너 선생님은 늘
진도가 느려요. 그리고 수업 시간에는 졸음만 오지만 외삼촌이 얘
기해 주면 아주 재미있어요."
"듣기 좋은 말이구나." 고트프리트 외삼촌이 말했다. "그래, 얘기
해 주마. 「안티고네」는 결국 비극적으로 끝나. 현명한 예언자가 나
타나서 경고를 하자, 크레온은 안티고네에게 내린 판결을 취소하

려고 했어. 하지만 안티고네는 이미 스스로 목숨을 끊은 후였지. 그리고 안티고네의 약혼자이자 크레온의 아들인 하이몬도 자결해. 게다가 크레온의 아내도 아들의 죽음 소식을 듣고 자살을 택하지. 종국에는 크레온만 남게 돼. 신들의 법, 달리 말해 기본권을 무시했기 때문에 크레온은 사랑하는 모든 것을 잃게 된 거지. 자신이 모든 것을 정확히 안다고 생각했기 때문이야."

"모든 게 너무 가혹하네요."페르디난트는 숙연한 표정으로 말했다.

"하지만 좀 묘한 기분도 들어요."잠시 후에 페르디난트가 말했다.

"뭐가?"외삼촌이 물었다.

"나는 영웅을 다른 모습으로 상상했어요. 늘 영화 주인공들을 떠올렸지요. 그런데 전혀 영웅으로 보이지 않는 사람들이 진짜 영웅의 행동을 했어요. 그 사람들은 인간의 기본권을 위해 싸웠고 경우에 따라서는 죽음도 서슴지 않았지요. 영웅이 되려면 근육을 키워야 하는 게 아니라 성격이 강직해져야 하나 봐요."

08 그 사람들에겐 푼돈이야!

약간
속이는 것도
안 되는
것일까?

- 별로 큰 액수가 아니라면 보험금을 타기 위해
  거짓말을 해도 좋은 것일까?
- 가게 주인이 실수로 거스름돈을 더 줄 경우
  사실대로 말해야 할까?

트라우고트가 외쳤다. "무슨 소리야! 기회를 노리다가 그놈이 훔쳐 간 돈을 다시 슬쩍하면 되잖아!"

교수가 말했다. "멍청하기는! 우리들이 다시 돈을 훔치면 우리도 똑같이 도둑이 된단 말이야!"

트라우고트가 소리쳤다. "웃기지 마! 도둑맞은 물건을 다시 찾아오는 건데 도둑이 되다니!"

교수가 박박 우겨댔다. "아냐. 그렇게 하면 넌 분명히 도둑이야."

트라우고트가 중얼거렸다. "별 멍청한 소리를 다 듣겠네."

에밀이 옆에서 끼어들었다. "그건 교수 말이 맞아. 딴 사람이 가진 걸 몰래 가져오면 도둑이지. 그 사람 물건이든 내 걸 훔쳐간 거든 마찬가지야."

교수가 말했다. "그래. 이제 아무 짝에도 소용없는 얘기는 그만하자. 행동을 개시할 준비는 되어 있어. 하지만 아직 악당을 어떻게 공격해야 할지는 모르겠어. 그래도 차근차근 좋은 생각을 해낼 거야. 어떻게 해서든지 돈을 돌려주도록 만들겠어. 훔치다니 바보 같은 짓이지."

꼬마 딘스탁이 말했다. "난 모르겠어. 생각해 봐. 자기가 자기 걸 훔칠 수는 없어! 아무리 딴 사람의 호주머니에 들어가 있어도 내 건 내 거잖아!"

교수가 강의하듯이 설명했다. "물론 이해하기는 힘들겠지만 분명히 차이가 있어. 윤리적으로는 네 말이 옳아. 그렇지만 재판을 하면 네가 유죄야. 어른들도 많이들 모르고 있지. 하지만 확실히 그렇다고."

트라우고트는 어깨를 으쓱했다. "난 아무래도 상관없어."

　　　—『에밀과 탐정들』(에리히 캐스트너 지음, 장영은 옮김, 시공주니어)

08

"오늘은 학교에서 곧장 축구 연습을 하러 갈 거예요. 점심 때 기다리지 마세요. 늦게 올 거니까요."

"저녁 식사 때까지는 돌아올 거니?"

"네! 다녀오겠습니다!"

페리드난트는 현관문을 닫았다. 7시 45분이니까 수업 시작까지 15분밖에 남지 않았다. 페르디난트는 계단을 뛰어내려서 건물 입구까지 달려갔다. 자전거는 바로 집 앞에 세워져 있을 것이다. 어제 페르디난트는 친구 마이크와 함께 자전거를 집 앞에 세워두었던 것이다. 페르디난트는 문을 열고 나가기도 전에 자전거 열쇠를 꺼내 들고 있었다. 학교에 늦으면 곤란했기 때문에 일분일초가 아까웠던 것이다. 그런데 자전거가 어디로 갔을까? 페르디난트는 잠시 생각을 해보았다. '어디 세워두었더라? 맞아, 입구 왼쪽에 세워두었지.' 건물 오른편에는 3층에 사는 뮐러네 자전거 보관대가 있어서 그 반대편에 세워두었던 것이다. 뮐러네 자전거 보관대에는 두 아이를 함께 태울 수 있는 커다란 자전거가 있었다. 하지만 페르디난트의 자전거는 보이지 않았다. '놓아둔 장소를 잘못 기억하는 걸까? 아니야. 이 장소가 맞는데? 분명히 여기야.' 이제 상황은 분명해졌다. 누가 훔쳐간 것이다!

페르디난트는 몹시 화가 나고 절망스러워서 나오는 눈물을 억지로 참았다. 자전거는 새것이나 다름없었다. 게다가 아주 비싸고 좋은 산악자전거였다. 이미 8시가 다 되었지만, 그런 것은 이제 아무래도 좋았다. 페르디난트는 다시 집으로 올라갔다.

"무슨 일이야?" 엄마가 페르디난트를 보며 물었다. "지금쯤 학교에 가있어야 하잖아?"

"어떻게 가요? 자전거가 없어졌는데요!"

"그게 무슨 말이야?"

"나 참, 없어졌다니까요. 누가 훔쳐갔나 봐요."

"훔쳐가? 자전거 바퀴에 자물쇠를 잠가두지 않았어?" 엄마가 물었다.

"물론 잠가두었어요."

"자전거 보관대에?"

"아니요. 그냥 집 앞에 세워뒀어요." 페르디난트는 기어들어 가는 목소리로 대답했다.

"엄마가 몇 번이나 말했니? 자전거를 그냥 집 앞에 세워두지 말랬잖아? 그러니까 도둑이나 맞지."

"아이참!" 정말 엄마다웠다. 자전거가 없어졌는데 야단만 치고 있으니. "이제 학교에 어떻게 가죠?"

"일단 아빠 자전거를 타고 가렴. 오늘 점심 때 엄마랑 함께 찾아보자. 지금 당장은 어떻게 해야 좋을지 모르겠구나."

"경찰서에 신고해야 찾을 수 있을 거예요." 페르디난트가 말했다.

"그건 이따가 생각해 보자." 엄마가 말했다.

페르디난트는 아빠 자전거를 타고 학교로 갔다. 자전거를 도둑맞은 것으로 충분하지 않았는지 페르디난트는 케르너 선생님에게서 지각했다고 야단을 들었다. 그리고 오전 내내 자전거 생각밖에 할 수 없었다. 그 자전거를 사려고 페르디난트는 오랫동안 저축을 했다. 물론 엄마와 아빠가 생일 선물로 돈을 조금 보태주었고, 고트프리트 외삼촌도 꽤 많은 돈을 주었다. 그런 도움이 없었다면 자전거는 영영 살 수 없었을 것이다. 점심 때 페르디난트는 엄마와 함께 경찰서에 가서 도난 신고를 했다. 담당 경찰관은 그렇게 비싼 자전거를 찾기는 거의 불가능할 것이라고 말했다. 페르디난트는 절망스러운 기분이었다.

"너무 실망할 것 없어." 페르디난트가 회사로 전화를 걸자 아빠가 말했다. "자전거도 도난 보험에 포함되어 있으니까 새 자전거

살 돈을 받을 수 있을 거야. 엄마한테 당장 보험회사에 전화를 하라고 해."

페르디난트는 기뻐 어쩔 줄 몰랐다. 하지만 기쁨은 오래 가지 않았다. 엄마가 보험회사에 전화를 걸었지만 자전거는 밤새 길가에 방치되지 않고 보관대에 잠가두었을 때만 보상받을 수 있다는 얘기를 들었던 것이다. 페르디난트는 다시금 발밑이 꺼지는 느낌이었다.

"뻔뻔스러운 놈들!" 저녁에 돌아와 자초지종을 들은 아빠가 벌컥 화를 냈다. "보험회사란 곳은 늘 그렇다니까. 보험료는 꼬박꼬박 내는데, 막상 무슨 일이 생기면 돈은 한 푼도 못 받아. 그런 경우에는 보험금을 받을 수 없다는 항목이 계약서 어딘가에 깨알같이 쓰여 있거든. 보험회사 녀석들은 아주 빈틈없이 규약을 정해 놓았어. 그런 규약에 따르면, 도난 보험금은 절대 도둑맞지 않을 곳에 물건을 보관했는데도 도둑맞았을 때만 받을 수 있어. 그러니 보험회사에서 돈을 지불할 일은 거의 안 생기지. 하지만 보험료는 매년 오르고, 거대한 보험회사 건물들이 여기저기 세워져. 그것도 언제나 제일 비싼 땅에."

그러자 엄마가 아빠의 말을 끊고 이야기했다. "보험회사 직원도, 우리가 자전거를 바깥에 세워놓았다고 적을 필요는 없다고 말해줬어. 그런 것은 항상 다르게 적어야 한다던가? 어쨌든 직원이 우리에게 보험금 신청서를 보내줬고, 우리는 경찰서에도 다녀왔어."

"그래? 그럼 다 잘됐군." 아빠가 말했다. "또 이런저런 구실을 댈까 봐 좀 흥분했어. 하지만 직원이 그렇게 말했다면야. 서민들 사정을 좀 아는 친구인가 보군. 아무튼 이런 때 도움을 받지 못하면 뭐하러 보험에 들겠어. 그나저나 신청서 작성을 아주 잘해야 해."

페르디난트는 어리둥절한 기분이 들었다. 새 자전거는 당연히 받고 싶었지만, 이건 누군가를 속이는 짓이었기 때문이다. 그런 짓을 하면 감옥에 갈 수도 있을 것 같았다. 게다가 그런 거짓말은 어쩔 수 없는 상황에서 해야만 하는 거짓말이 아니었다.

돈을 받기 위해 누군가를 속이는 것은
어떤 경우이든 사기인가?

"도대체 뭐가 거짓말이라는 거야?" 아빠가 말했다. "보험회사가 너무 까다롭게 구니까 어쩔 수 없이 좀 다르게 말하는 거잖아? 넌 자전거를 다시 갖고 싶은 거냐, 아닌 거냐?"

"물론 갖고 싶어요." 페르디난트는 말했다.

"거봐." 아빠가 말했다. "아빠가 보험을 들지 않았으면 그렇게 빨리 새 자전거를 살 수 없었을 거야. 도덕은 좀 여유 있는 사람이나 생각할 수 있는 거야. 보험에 관한 한, 서민들은 너무 도덕을 따지지 않아도 돼. 게다가 우리가 좀 거짓말을 한다고 해서 직접 손해 보는 사람도 없는데 뭐."

그것은 아빠 말이 맞았다. 그리고 페르디난트는 무조건 새 자전거를 받고 싶었다. 하지만 여전히 석연치 않은 점들이 있었다. 페르디난트는 고트프리트 외삼촌과 얘기를 해보는 게 좋겠다고 생각했다. 외삼촌도 자전거를 살 때 도움을 주었으니 이 일에 관해 알 필요가 있었고, '어떻게 행동해야 하나?'라는 물음이 생기면 외삼촌이 늘 좋은 대답을 찾게 해주었기 때문이다.

외삼촌을 찾아간 페르디난트는 마이크와 함께 집에 왔는데 다음날 자전거가 사라졌고 엄마가 야단을 쳤다는 이야기를 했다.

그 이야기를 들은 외삼촌이 말했다. "그것 참 안됐구나. 네 엄마 말이 맞아. 그런 비싼 자전거는 바깥에 그냥 세워두면 안 돼. 하지만 이제 와서 그걸 따지는 건 소용없는 짓이고, 다음부터는 더 조심해야겠지. 앞으로 그런 실수를 하지 않으면 자전거를 도둑맞는 일은 없을 거야. 그리고 네 엄마가 야단을 친 것에는 잘못이 없어. 다만 때를 가려서 야단을 치는 게 더 나았겠지."

페르디난트는 외삼촌의 말을 듣고 기분이 풀렸다. 큰 실수를 저지르자마자 엄마에게 야단을 맞았기 때문에 마음이 상해 있었던 것이다.

"그건 그렇고 이제 어떻게 할 거니?" 외삼촌이 물었다. "자전거도 보험에 들어 있었니? 네 아빠는 조심성이 많아 이런저런 보험에도 많이 든 것 같았는데?"

"예, 보험에 들어 있기는 해요."

"그런데?"

페르디난트는 보험회사 직원에게서 들은 말과 보험 규약 그리고 아빠의 의견에 관해서 자세히 이야기했다. 하지만 외삼촌은 모든 이야기를 듣고 나서도 아무 말을 하지 않았다.

"어때요?"

"뭐가?"

"보험회사 직원과 아빠 생각대로 하면 되는 거예요, 안 되는 거예요?"

"네 생각에는 어떤데?"

"저는 정말 모르겠어요. 그러니까 외삼촌이 어서 말해보세요." 페르디난트가 말했다.

"정말로 내 생각을 알고 싶니?" 외삼촌은 별로 내켜 하지 않는 표정이었다. "그래, 알았다. 나는 절대로 그래서는 안 된다고 생각해. 절대로!"

"절대로요?"

"절대로!"

"왜 안 되는 거죠?" 페르디난트가 물었다. "외삼촌이 언젠가 말한 '황금률'에 관해 다시 생각해 봤어요. 외삼촌은 그게 아주 중요한 거라고 생각하잖아요? '남이 네게 행하면 싫은 일을 남에게 행하지 말라.' 그런데 여기서 황금률은 아무 도움이 안 돼요. 나는 보험회사가 아니에요. 그리고 만약 내가 보험회사라면 그런 바보 같은 규칙들을 꼬치꼬치 따지는 일은 절대 하지 않을 거예요."

"황금률이 가진 의미는 우선 이런 거야. 다른 사람의 입장에서 생각하라는 것. 따라서 너는 네가 보험회사라고 생각해야만 해. 최소한 그곳의 경영자라고 생각해야지. 그런 입장이 된다면 너도 그 규칙들을 지키려고 할 거야."

"어째서요?" 페르디난트가 물었다. "아빠가 그러는데, 보험회사 사람들은 보험금을 지불할 필요가 없게 조건들을 만들어놨대요. 그런 게 보험이라면 이득은 늘 보험회사만 보는 거잖아요?"

"물론 그래서는 안 되지. 하지만 보험에 가입한다는 것은 특정한 위험에 대비해서 안전을 사두는 것을 뜻해. 그 위험에 비례해서 가격이 정해지는 거고."

"무슨 말인지 모르겠어요." 페르디난트가 말했다.

"그래. 그렇다면 이런 것을 생각해 보렴. 네가 자전거를 자물쇠로 잠그지 않고 길가에 세워두면 얼마 동안이나 거기 있을까?"

"그야 난 모르죠."

"일 년 동안 그렇게 세워 놓으면 없어질까?"

"100퍼센트 당연하죠!" 페르디난트가 말했다.

"그래. 그러면 이제 이런 걸 생각해 보자. 보험회사는 이윤을 얻어야 해. 최소한 손해를 봐서는 안 되지. 그런데 네가 자물쇠로 잠그지 않고 거리에 세워둬서 자전거가 일 년만에 분실되었다고 하

자. 그런데도 보험회사가 도난 보험금을 지불해야 한다면, 네가 내는 일 년치 보험료는 최소한 자전거 가격만큼 되어야 해. 만약 매달 하나씩 잃어버린다면 한 달치 보험료가 네 자전거 가격만큼은 되어야 하고, 날마다 잃어버린다면 하루치 보험료가 네 자전거 가격만큼 되어야 하지."

"그래서요?" 페르디난트는 여전히 잘 이해가 되지 않았다.

"보험 회사는 네 자전거가 100퍼센트 도난당하거나 아주 쉽게 도난당할 수 있는 상황에서 도난당한 거라면 보험금을 지급하지 않겠다고 확정해 놓아야 해. 그렇게 하지 않으면 너무 비용이 많이 들어서 더 이상 보험 회사를 운영하기 어려울 테니까. 그리고 자전거를 밤새 길가에 세워두었던 것도 그런 상황에 속해. 아주 쉽게 훔쳐갈 수 있는 상황이니까. 그건 네가 이미 확인한 거지." 외삼촌이 말했다.

"예. 그런데 도난당할 수 있는 모든 상황이 예외가 된다면 보험은 뭐하러 있는 거죠?"

"'도난당할 수 있는 장소에 자전거가 놓여 있었을 때는 보험금이 지급되지 않는다.'는 글귀가 계약서에 있다면, 그건 보험이라고도 할 수 없겠지. 하지만 실제의 보험계약을 보면 그렇지는 않아. 그리고 보험 규약들은 법적으로 검증된 거야. 정말로 한쪽에만 유리하게 정해지면 법적으로 효력이 없거나 아예 허가를 받지 못해. 그렇지만 이건 생각해 보렴. 너희 집에는 자전거가 4대 있어. 너희 가족이 평균 10년에 1대 꼴로 뜰에서 자전거를 도난당한다고 하자. 그럴 경우 보험회사는 10년 동안 겨우 자전거 4대의 보험료를 받으면서 자전거 1대 값의 보험금을 지불하는 셈이 돼. 그렇게 되면 보험회사는 이윤을 얻지 못해. 물론 아직은 아무도 보험금을 타려고 거짓 신고를 하지 않았지만."

"후유······." 페르디난트가 말했다. "뭐가 옳은 건지 따져보려면 그 모든 걸 알고 있어야겠군요. 너무 힘들어요. 우리 아빠도 그 모든 걸 알까요?"

"그거야 나는 모르지." 외삼촌이 말했다. "하지만 모든 것을 알면서도 차근차근 생각하지 않는 경우도 많아. 한 번쯤은 괜찮다고 생각하는 경우도 있고."

"바로 그거예요! 아빠도 말했어요. 대기업에게 그깟 자전거 값은 푼돈에 불과하다고요. 그 말이 맞아요!"

"그래, 어떤 의미에서는 그 말이 맞아. 보험회사는 매년 수십 억 유로를 보험금으로 지불하는데, 자전거는······."

"1449유로."

"그래, 1449유로 우리 돈으로 약 200만 원.- 옮긴이는 큰 돈이 아니지. 하지만 그건 정당한 논거가 될 수 없어."

"어째서요?" 페르디난트가 물었다.

"칸트의 말에 따르면······ 너 칸트 알지?"

"예. 말 어렵게 하기로는 세계 챔피언인 사람."

"그래, 바로 그 사람이야." 고트프리트 외삼촌이 웃으면서 말했다. "칸트의 말에 따르면, 사람의 행동은 결과가 아니라 애초의 의도에 의해서 평가되어야 해."

세상 안에서뿐만 아니라 세상 밖에서조차도 제한 없이 선하다고 여길 수 있는 것은 오직 선한 의지뿐이라고 생각할 수밖에 없다.

이마누엘 칸트

"저는 그렇게 생각하지 않아요." 페르디난트가 못마땅하다는 투로 말했다. "제 생각은 정반대예요."

"어째서 그렇게 생각하지?" 외삼촌이 물었다.

"사람들은 어떤 일을 망치거나 실수를 하고 나서 꼭 이렇게 말하잖아요? '좋은 뜻으로 그런 거였는데…….' 하지만 결과로 보면 그런 말이 무슨 소용 있어요?"

'뜻은 좋았다.'는 '좋다.'의 반대이다.

베르톨트 브레히트 | 1898년~1956년, 독일의 극작가이자 시인

"아주 영리한 생각이야." 외삼촌이 고개를 끄덕이며 말했다. "네가 칸트에게 한 방 먹였구나. 하지만 그렇게 간단하게 생각할 수는 없는 문제야. 어떤 일의 성공 여부를 우리가 결정할 수 없을 때가

많기 때문이야. 종종 자신의 뜻과 달리 일을 그르치게 되지. 그리고 보험과 연관된 지금의 문제에서는 칸트의 유명한 말이 맞아. 바로 '정언명법' 말이야."

"'정언명법'에 관해서는 외삼촌이 전에도 얘기했어요. 하지만 아직도 그게 무슨 뜻인지 모르겠어요. '정언'이라는 게 도대체 무슨 뜻이에요?"

"칸트가 이 명법, 이 명령에 '정언'이란 수식어를 붙인 것은 그것이 언제나 타당해야 하기 때문이야. 특정한 경우에만 타당한 것이 아니라."

"그렇다면 그 명법은 무엇을 명하고 있죠?"

"칸트는 정언명법을 여러 가지 방식으로 표현했어. 하지만 핵심은 이런 거야. 우리가 어떤 행위를 하건, 그 행위의 바탕이 되는 규칙 내지 원칙은 다른 모든 사람들에게도 타당할 수 있는 것이어야 한다는 것. 즉 어떤 행위를 할 때 우리가 그 근거로 생각하는 규칙 내지 원칙, 칸트의 용어로 '준칙'이 다른 모든 사람들에게도 타당한 보편적 법칙이 될 수 있는지를 늘 생각하라는 거야. 만약 그렇게 되기 어렵거나 불가능하다면, 그 행위도 그릇되다는 거야."

칸트의 정언명법

네가 동시에 보편적 법칙으로 삼으려고 할 수 있는 그런 준칙에 따라서만 행위하라.

마치 네 행위의 준칙이 보편적인 자연법칙이 되어야 할 것처럼 그렇게 행위하라.

네 인격 안의 인간성뿐 아니라 모든 사람의 인격 안의 인간성까지 결코 단지 수단으로 사용하지 말고, 언제나 동시에 목적으로 사용하도록 그렇게 행위하라.

의지가 그것의 준칙에 의해 스스로를 동시에 보편적으로 입법적인 것으로서 간주될 수 있게끔 오로지 그렇게 행위하라.

너의 의지의 준칙이 언제나 동시에 보편적 입법의 원칙으로서 타당할 수 있도록 그렇게 행위하라.

따라서 이성적 존재 각자는, 마치 자신이 자기의 준칙에 의해 언제나 목적의 보편적 나라에서 입법적인 구성원인 것처럼 행위해야 한다.

"아직도 잘 모르겠어요."

"칸트 스스로 여러 가지 예를 들었지. 하지만 지금은 도둑맞은 네 자전거를 예로 삼는 게 제일 좋겠다. 너는 사실대로 보고하면 보험회사에서 보험금을 지급하지 않을 테니까 거짓말을 좀 하면 어떨까 생각하고 있어. 그렇지?"

"그래요."

"그렇다면 그런 생각의 바탕을 이루는 원칙은 어떤 걸까? 아마 이런 걸 거야. '보험회사가 정확한 사정을 알고 보험금을 주지 않을 경우에는 언제나 사실과 다른 주장을 하여 보험금을 타내자.' 그렇지?"

"그래요."

"그럼 이제 이 원칙이 보편적 법칙이 될 수 있을지 생각해 보자. 대략 이런 법칙을 만들 수 있겠지. '보험 규약에 따르면 예외 경우이기 때문에 보험회사가 보험금을 지급할 리 없는 경우에는 누구든 거짓 보고를 하여 돈을 타내라.' 그렇지?"

"그래요."

"그런데도 너는 사실과 다른 주장을 하려 하고 그래도 괜찮다고 생각할 거니? 그러면 안 돼! 그렇지?"

"그래요. 어, 어……. 잘 모르겠어요."

"그런 게 법칙이 된다면, 이 세상에 보험회사는 없게 될 거야."

"왜요?"

"보험료가 어떻게 매겨지는지 좀 전에 들었지?"

"예."

"가령 아무도 자전거를 자물쇠로 잠그지 않는다면 도난은 끝없이 일어날 거야. 그런데 누구나 보험회사에는 자전거를 뒤뜰 보관대에 자물쇠로 잠가 놓았다고 말하는 거야. 그래야 돈을 받으니까. 그렇게 되면 보험회사는 끝도 없이 자전거 값을 지불해야 해. 극단적인 경우에는 날마다 지하철역까지 자전거를 타고 가서 버리고 가는 사람도 생기겠지. 그렇게 되면 자전거 도난 보험은 폐지될 수밖에 없어. 아니면 보험회사가 날마다 새 자전거 값을 지급할 수 있는 가격으로 보험료를 받아야 하거나. 이제 알겠어?"

"예. 좀 복잡하긴 하지만 알겠어요." 페르디난트가 대답했다.

"그런데 보험회사에 그런 짓을 해서는 안 되는 이유로 두 가지 더 간단한 것들을 생각해 볼 수 있어." 외삼촌이 말했다.

"어떤 이유들인데요?" 페르디난트가 물었다.

"첫째로, 그건 거짓말이야. 서류상의 거짓말도 거짓말이니까."

"하지만 어떤 사람이 아니라 그냥 회사에 거짓말을 하는 거잖아요?" 페르디난트가 반박했다.

"나는 그런 게 왜 거짓말이 아닌지 모르겠구나. 또 그럴 경우에는 어느 담당 직원에게 거짓말을 하게 될 수밖에 없어. 둘째로, 그런 짓은 진짜 사기이고 처벌받을 만한 거야. 발각되면 법정에 끌려가는 거지. 법적으로 처벌받을 만한 짓이 도덕적으로 올바른 경우는 지극히 드물어."

"알겠어요. 그러면 거짓말이나 처벌받을 만한 짓을 하지 않고서 내 이익을 위해 행동한 경우는요?" 페르디난트가 물었다.

"구체적으로 뭘 말하고 싶은 거냐?"

"지난주에 어떤 일이 있었는데, 제 행동이 올바른 것이었는지 잘 알 수가 없어서요."

"오 저런." 외삼촌이 말했다.

"왜요?" 페르디난트는 어리둥절했다.

"공식이라 부를 만한 게 하나 있지. '내 행동이 올바른 것이었는지 의심이 들면 대개는 잘못을 저지른 거다.' 하지만 이 공식이 언제나 맞는 것은 아니야. 우선 어떤 일이 있었는지 들어보자꾸나."

"슈퍼마켓에서 5유로 지폐를 냈는데 계산대의 누나가 20유로를 받은 것으로 착각하고 거스름돈을 주었어요."

거스름돈을 더 받은 경우에는 사실대로 말해야 하나?

"처음부터 알았니?" 고트프리트 외삼촌이 물었다.

"돈을 받는 순간에는 몰랐어요." 페르디난트가 대답했다. "하지만 곧 알았지요. 나는 콜라 하나를 사고 덤으로 15유로를 받은 셈이었어요."

"그래서 사실대로 말했니?"

"아니요. 그래서 내가 옳게 행동했는지 모르겠다는 거예요."

"기분이 찜찜하다는 거로구나."

"예. 하지만 마이크가 그러는데, 그런 건 말할 필요가 없대요. 걔네 엄마 아빠에게서 들은 얘기래요. 그런 경우는 점원의 실수니까

법적으로 전혀 문제될 게 없다고요."

"그래." 외삼촌이 말했다. "그런데 왜 기분이 찜찜하다는 거지?"

"아무래도 뭔가 잘못된 것 같아서요. 원래 내 것이 아닌 돈이 나한테 왔으니까요. 이런 경우는 어떻게 생각해야 해요? 나는 거짓말을 하지 않았고 처벌받을 일도 하지 않았어요."

"후유……." 이번에는 외삼촌이 말했다. "간단한 문제는 아니야."

"외삼촌도 모르겠어요?" 페르디난트가 물었다.

"아니. 어떤 행동이 옳은지는 안다고 생각해. 다만 칸트의 이론으로 내 생각의 정당함을 입증하기가 쉽지 않아서 그래." 외삼촌이 대답했다.

그러자 페르디난트가 말했다. "나 참. 꼭 칸트 얘기를 해야 해요? 칸트도 전지전능한 신이 아니에요. 그냥 사람이었다고요. 아주 똑똑한 사람이었겠지만 신은 아니었어요. 칸트도 잘못 생각할 수가 있는 거예요. 어쩔 수 없는 거짓말의 경우가 그랬잖아요? 진실만을 말해야 하기 때문에 친구가 살해되도록 놔둔다는 것은 옳지 않아요."

"아주 훌륭해! 참 놀랍구나. 네 말은 전적으로 옳아." 고트프리트 외삼촌이 감탄한 표정으로 말했다. "그건 그렇고, 이 경우에는 황금률을 생각하면 어떻게 행동해야 할지 분명히 알 수가 있어."

"점원 누나의 입장이 되어 생각해 보라는 건가요?"

"그래, 바로 그거야." 외삼촌이 말했다.

"음, 점원 누나는 자신이 그런 실수를 하면 상대방이 알려주기를 바랄 거예요."

"아주 훌륭해." 고트프리트 외삼촌이 고개를 끄덕이며 말했다. "정반대의 상황이 되어도 마찬가지일 거야."

"정반대의 상황이라뇨? 나는 점원이 아니고 물건을 사는 사람인데요?"

"물건을 사는 사람이 실수할 수도 있잖아?" 외삼촌이 말했다. "내가 5유로를 낸다면서 실수로 20유로를 낸 경우를 생각해 봐."

"그런 일은 일어나지 않아요. 두 지폐의 모양이 다른걸요?" 페르디난트는 단호히 고개를 저었다.

"다른 나라로 휴가를 가서 그럴 수도 있지." 외삼촌이 말했다.

"하지만 다른 나라에서도 유로를 쓰잖아요? 나는 두 지폐를 구별할 줄 알아요."

"너는 가끔 못 알아들은 척하면서 억지를 부린다니까." 외삼촌은 약간 화가 난 것 같았다. "그렇다면 미국에 갔다고 하자. 달러 지폐들은 서로 아주 비슷해. 미국에는 간 적이 없어 말할 수 없다는 얘기는 하지 마. 네가 미국에 놀러갔는데 실수로 너무 많은 돈을 냈다고 하자. 그때 점원이 모른 척하지 않고 알려준다면 너는 분명 기뻐할 거야."

"예, 그래요."

"그리고 황금률과 관련해서 알아둘 게 하나 더 있어. 네가 돈을 너무 많이 주었을 경우 누구든 알려줄 거라고 믿을 수 있다면, 최소한 그런 기대를 할 수 있다면 사는 게 훨씬 더 편하고 좋아질 거야."

"내가 받은 돈은 점원 누나의 돈이 아니지만, 그건 그래요." 페르디난트가 말했다.

"네가 받은 돈은 그 점원의 돈이라고도 할 수 있어. 그런 일이 생기면 대개는 계산대의 점원이 모자란 돈을 채워야 하니까."

"정말요? 그건 몰랐어요."

페르디난트가 말했다.

"만약 점원의 돈이 아니라면?"

"그때는 당연히 괜찮죠!"

"어째서?"

외삼촌이 물었다.

"점원 누나에게는 그 돈이 크겠지만, 슈퍼마켓 주인이야 그 정도는 괜찮겠죠."

페르디난트가 말했다.

그러자 외삼촌이 말했다.

"그 말이 틀린 것은 아니다만, 그래도 그런 돈을 받는 것은 나빠. 물론 가난한 사람일수록 그런 손실을 입으면 타격이 커. 하지만 중요한 것은 원칙이야. 그리고 원칙은 누구 돈이건 상관없이 적용되어야 해."

"나 참!"

페르디난트가 말했다.

"자전거는 도둑맞았지, 우연히 생긴 돈은 돌려줘야 하지. 도덕적으로 살아야 할지 말아야 할지 나도 잘 모르겠어요."

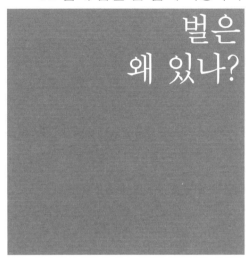

벌은
왜 있나?

- 잘못한 친구들 때문에 단체 기합을 받는 것은 정당할까?

- 죄 지은 사람에게 벌을 주는 것은 보복과 무엇이 다를까?

저녁 늦게 아침나절의 흥분이 어느 정도 가라앉자 로텐마이어는 사건의 경위를 철저히 조사할 작정으로 세바스티안과 티네테를 서재로 불렀다. 하이디가 어저께 바깥에 나갔다가 모든 소동을 준비해서 일으켰다는 것이 드러났다. 로텐마이어는 너무 화가 나서 얼굴이 하얘졌다. 처음에는 어떻게 감정을 표현해야 할지 말이 다 생각나지 않았다. 로텐마이어는 세바스티안과 티네테한테 물러가라고 손짓한 다음, 클라라 곁에 서있는 하이디한테 몸을 돌렸다. 하지만 하이디는 자기가 무슨 잘못을 저질렀는지도 몰랐다.

로텐마이어가 엄격한 어조로 시작했다.

"아델하이트, 네가 뜨끔해할 벌이 딱 하나 있다. 넌 야만인이야. 어디 보자. 도롱뇽과 쥐들이 득실대는 저 밑 컴컴한 지하실에 있으면 좀 얌전해져서 다시는 그런 엉뚱한 짓을 생각해 내지 않을지 두고보자고."

하이디는 의아하게 생각하며 잠자코 판결을 들었다. 으스스한 지하실에 가본 적이 없었기 때문이다. 할아버지가 '지하실'이라고 부르는 곳에는 완성된 치즈와 신선한 우유가 있었다. 그곳은 불쾌하기보다는 오히려 자꾸자꾸 가고 싶은 곳이었다. 쥐와 도롱뇽은 한 번도 본 적이 없었다.

하지만 클라라가 비명을 질렀다.

"아니요, 아니요, 로텐마이어 아주머니. 아빠가 오실 때까지 기다려야 해요. 곧 오신다고 편지하셨단 말이에요. 제가 다 말할 거예요. 아빠가 하이디를 어떻게 해야 할지 말씀하실 거예요."

　　　　　　　　　　—『하이디』(요한나 슈피리 지음, 한미희 옮김, 비룡소)

09

학교에서 돌아온 페르디난트는 볼이 잔뜩 부풀어 있었다. 어찌나 화가 났는지 가방을 내려놓자마자 이렇게 소리쳤다. "세상에 어떻게 이런 일이 있을 수 있어!"

"별일도 아닐 텐데 세상까지 들먹이며 소란 좀 떨지 마!" 누나인 피아가 핀잔을 주었다.

페르디난트는 정말 약이 올랐다. "뭘 안다고 훈계야! 누나가 아무 잘못도 안 했는데 스키장에 못 가게 하면 좋겠어?"

두 아이의 다툼을 막으려고 엄마가 얼른 끼어들었다. "스키장에 못 가게 했다니? 학교에서 이미 결정한 일인데 뭘 그래?"

"글쎄 말이에요." 피아가 말했다.

"'글쎄 말이에요', '글쎄 말이에요.' 정말 얄미워 죽겠어." 페르디난트는 못마땅한 표정으로 누나를 쏘아보았다. 마음 같아서는 한

대 쥐어박고 싶었다. "어제까지야 그랬지요. 하지만 오늘 교장선생님이 우리 반은 스키장에 못 간다는 결정을 내렸어요."

"도대체 왜?" 엄마가 물었다. "얘기하기 싫어? 얘기를 해야 엄마도 알 거 아냐?"

"아이고, 우리 아가! 너무 화가 나서 말도 하기 싫어? 까꿍!" 피아는 페르디난트를 약 올리는 방법을 잘 알고 있었다.

페르디난트는 속이 끓어 말도 제대로 할 수 없었다. "이 멍청아! 입 닥쳐!"

"페르디난트, 당장 그만둬! 누나에게 또 그렇게 말하면 용돈 안 줄 거야! 너희 둘 다 방에 가 있어." 엄마가 엄한 목소리로 말했다.

"왜 나 갖고만 그래요!" 페르디난트는 너무 기가 막혔다. 집에까지 와서 억울하게 야단을 맞다니. 먼저 싸움을 건 것은 누나였다. 다만 누나는 험한 말을 쓰지 않고 교묘하게 약을 올릴 줄 아는 것뿐이다. 하지만 학교에서 일어난 일에 비하면 그 정도는 아무것도 아니었다.

오늘 페르디난트의 학급은 자율 학습을 했다. 한 시간 내내 자율 학습을 한 것은 아니었고 영어 선생님이 갑자기 교장선생님께 불려 간 것이었다. 영어 선생님은 학생들에게 영어 비디오를 마저 보라고 일렀다. 하지만 선생님이 나간 후 몇몇 아이들은 MTV를 보자고 했고 몇몇 아이들은 영어 비디오를 계속 보고 싶어 했다. 또 다른 아이들은 스포츠 방송을 보려 했고, 공상과학 외화 「스타트

렉」을 보자는 애들도 있었다. 결국 아이들 사이에서 채널 쟁탈전이 벌어졌고, 누군가 비디오테이프리코더의 버튼 몇 개를 망가뜨렸다. 교실로 돌아온 영어 선생님은 기계가 망가진 것을 알고서 누구 짓이냐고 물었다. 아무도 나서지 않자 영어 선생님은 교장선생님을 모셔왔지만 교장선생님도 범인을 밝혀낼 수 없었다. 그러자 교장선생님은 학급 전체가 스키장에 못 간다는 결정을 내렸다.

"공정하지 않아요! 말도 안 되는 결정이에요!" 저녁 식사 때 페르디난트는 학교에서 일어난 일을 얘기한 후 그렇게 말했다. "나는 아무 짓도 하지 않았는데 스키장에 갈 수 없게 됐어요. 어떻게 이럴 수가 있죠?"

아무 잘못을 저지르지 않은 사람에게
벌을 주어도 괜찮은 것인가?

저녁 식사에는 고트프리트 외삼촌도 와 있었다. 오늘은 외삼촌이 좋아하는 타펠슈피츠 쇠고기나 송아지 고기와 여러 야채를 끓인 것에 타르타르소스나 사과 등을 갈아서 얹어 먹는 요리.- 옮긴이가 있었다. 엄마는 그런 요리를 하면 대개 외삼촌도 불렀던 것이다. 페르디난트는 고기를 푹 삶은 이 요리를 별로 좋아하지 않았고 어른들은 왜 그런 이상한 요리만 좋아하는지 도통 이해할 수가 없었다. 특히 외삼촌이 그런 음식을 좋아했다. 페르디난트는 고기 가장자리의 징그러운 비계를 잘라내고 먹었다. 비계만 떼면 고기는 기름기가 거의 없어 먹기 괜찮았다. 아빠는 매번 페르디난트가 떼어낸 비계를 대신 먹으며 이렇게 말했다. "이 녀석아, 이게 제일 맛있는 거야." 하지만 페르디난트는 비계를 먹는 모습만 봐도 속이 울렁거렸다. 그리고 외삼촌도 비계를 떼고 먹는 것으로 보아 아빠 말이 꼭 맞는 것 같지는 않았다.

아빠가 페르디난트의 얘기를 듣고 나서 말했다. "그래, 그런 것을 두고 '함께 잡힌 놈 함께 처형하기'라고 말하지. 어쨌거나 너희들은 모두가 그 일에 관여한 셈이야. 그러니까 모두 함께 책임을 져야 해."

그러자 엄마가 말했다. "그런 설명으로는 좀 부족해. 왜 아무 짓도 하지 않은 사람까지 벌을 받는 것인지 제대로 설명해 줘야지."

"간단한 일이니까 간단히 설명한 거지, 뭐." 아빠가 말했다. "그러면 더 복잡하게 설명하기 좋아하는 처남이 얘기해 보든가."

'좀 복잡하더라도 더 납득할 만한 설명을 들을 수 있으면 좋겠어.' 페르디난트는 생각했다. 외삼촌은 아무 말도 하지 않았지만 이런 종류의 문제에서는 외삼촌이 올바른 답을 아는 경우가 많았다. 물론 아빠는 그렇게 생각하는 것 같지 않았다. 하지만 지금 아빠에게 그런 말을 하는 것은 현명한 태도가 아니었다. 그래서 페르디난트는 이렇게 말했다. "'함께 잡힌 놈 함께 처형하기'란 격언은 왠지 중세 시대를 연상시켜요. 중세의 처형이요. 우리 교장선생님이 우리를 고문하지 않은 게 다행이네요. 「심슨 가족」미국의 인기 텔레비

전 만화.- 옮긴이에서도 교장 스키 심슨 가족의 아이들 버트와 리사가 다니는 스프링필드 초
등학교의 교장.- 옮긴이와 빨간 머리 그라운드스키퍼 윌리스프링필드 초등학교의 무
서운 관리인.- 옮긴이가 가끔 무서운 짓을 하잖아요?"

그러자 피아 누나가 말했다. "우리 페르디난트 선생께서 또 엉뚱
한 상상력을 발휘하시는군. 네 가정 통신문에 쓰여 있는 말 기억
안 나? 엉뚱한 상상력을 좀 자제할 필요가 있다는 말?"

"내 생각에는 상상력을 억눌러야 한다는 발상 자체가 중세적이
야. 상상력이 풍부한 건 좋은 거고 오히려 장려해야 해." 외삼촌이
말했다.

"교육 전문가 나셨군." 아빠가 약간 빈정거리는 투로 말했다. 아
빠는 외삼촌이 아이들 교육에 관해 얘기하면 이맛살부터 찌푸렸다.
언젠가는 외삼촌이 없는 자리에서 이런 말도 했다. "결혼하지 않고
아이도 갖지 않고 계속 사귀는 여자 친구도 없는 건 다 좋아. 하지
만 교육에 관해 아는 척 하는 건……. 안톤을 키우다 보니 교육에
관심이 생겼나 보지? 안톤은 처남에게 자식이나 다름없으니까."

"고트프리트 말에도 일리는 있어." 엄마는 그렇게 말하고서 다시
화제를 바꾸었다. "그건 그렇고 벌에 관한 우리 얘기가 아직 끝나
지 않았어. 내 생각에는 페르디난트가 옳아. 아무 잘못도 하지 않
은 사람에게 벌을 주는 것은 정당하지 않다는 거야. 하지만 학교
측 입장도 이해는 가. 학생들의 잘못을 방임할 수야 없겠지. 벌을
주지 않고 그냥 두면 그런 일이 되풀이될 테니까. 종내에는 학내

질서가 유지되지 않을 거야. 그나저나 비디오 수리 비용은 누가 부담하지?"

"그건 아직 결정되지 않았어요." 페르디난트가 말했다. "교장선생님께서 학부모 회의를 소집하겠대요."

"내 아들은 아무 잘못도 하지 않았으니까 돈을 내지 않을 테야. 그리고 혹시 내 아들이 잘못했다면 나한테 그 증거를 제시해야 해." 아빠는 페르디난트를 뚫어지게 쳐다보며 말했다.

"그렇다면 벌도 마찬가지잖아? 벌도 잘못을 저지른 사람한테만 줘야지. 당신 논리에는 일관성이 없어." 엄마가 아빠에게 말했다.

"내 얘기에 무슨 모순이 있다고 그래?" 아빠가 항변했다. "나는 어떤 잘못이 있었으니까 누군가 벌을 받는 게 당연하다고 생각해. 누군가 의도적으로 기계를 망가뜨렸으니까 그냥 넘어가서는 안 된다는 거야. 그러니 잘못 없는 애들 몇 명이 함께 벌을 받는 게 나아. 교실에 있었던 애들 중에서 전혀 상관이 없다고 말할 수 있는 애들은 없어. 그렇지 않아?"

그러자 엄마가 말했다. "그렇다면 만약 누군가가 감옥에 가야 하는 중한 잘못을 저질렀을 때는 어떻게 되는 거지? 그때는 진범이 누군지 밝혀내야 할 거야. 물론 스키장에 못 가게 하겠다는 학교의 결정은 이해해. 좀 문제가 있긴 하지만."

페르디난트는 엄마와 아빠가 학교의 방침을 옹호하는 것 같아 실망스러웠다. "정말 좋아서 죽을 지경이에요. 따뜻한 집에서 쫓겨나 추운 스키장에서 덜덜 떨 필요가 없게 됐으니. 차라리 잘된 일이지요, 뭐."

엄마가 말했다. "이런 말은 너무 뻔한 잔소리 같아 듣기 싫겠지만, 학교 선생님들은 교육적으로 뭐가 중요한지를 생각해야 해. 너희 반 애들을 스키장에 못 가게 한 것은 너희들에게 어떤 교훈을 주기 위해서야. 안타깝게도 잘못이 없는 애들까지 당하게 됐고, 또 좀 심한 벌이라는 생각이 들기는 하지만 말이야."

"좀 심하다는 점은 엄마도 인정하는 거죠?" 페르디난트는 한숨을 쉬며 말했다.

고트프리트 외삼촌이 다시 입을 열었다. "아무리 그래도 그런 벌은 잘못된 거야. 올바른 벌이라면 무고한 사람들에게 피해를 주지 말아야 해. 그런 벌은 죄 있는 사람을 확실히 잡으려고 산탄총을 쏘는 것과 같아. 그런 일을 막기 위해서, 피고에게 잘못이 있는지 없는지 의심스러울 때는 피고에게 유리하게 판단하라는 원칙이 있어.

의심스러울 때는 피고에게 유리하게.

로마의 법 원리

단적으로 말해, 이 원칙은 무고한 사람을 감옥에 보내느니 차라리 범죄자를 자유롭게 풀어주는 편이 낫다는 거야. 무고하게 감옥에 갇힌 사람의 입장을 생각해 본다면, 이 원칙의 타당성을 알 수 있어. 그런 억울함은 정말 견디기 어려울 테니까."

"성경에 나오는 얘기도 그와 비슷한 게 아닐까?" 엄마가 말했다. "신은 죄악의 도시 소돔에 정직한 사람이 몇 명이라도 있다면 그 도시를 구해주려고 했어. 신은 올바르게 사는 사람들까지 벌주고 싶지는 않았던 거야."

그 사람들은 걸음을 옮겨 소돔 쪽으로 갔다. 그러나 아브라함은 그냥 야훼 앞에 서있었다. 아브라함이 다가서서 물었다. "당신께서는 죄 없는 사람을 죄인과 함께 기어이 쓸어버리시렵니까? 저 도시 안에 죄 없는 사람이 오십 명이 있다면 그래도 그곳을 쓸어버리시렵니까? 죄 없는 사람 오십 명을 보시고 용서해 주시지 않으시렵니까? 죄 없는 사람을 어찌 죄인과 똑같이 보시고 함께 죽이시려고 하십니까? 온 세상을 다스리시는 이라면 공정하셔야 할 줄 압니다." 야훼께서 대답하셨다. "소돔성에 죄 없는 사람이 오십 명만 있으면, 그 죄 없는 사람을 보아서라도 다 용서해 줄 수 있다."

구약성서 「창세기」 18장 22-26절

"맞아요! 우리 반 모두에게 벌을 준 건 정말 잘못된 거예요!" 페르디난트가 소리쳤다.

"나 원, 아이들이 모두 감옥에 가게 된 건 아니잖아?" 아빠가 못마땅한 듯 말했다.

"예, 매형 말도 맞아요." 고트프리트 외삼촌이 말했다. "누나 말도 맞고요. 스키장에 못 가게 하는 것은 감옥에 보내는 것과 정도가 다르죠. 하지만 좀 심한 것도 사실이에요. 교육적인 의미가 있는 건지는 더 얘기해 봐야 하겠고요. 하지만 나는 무고한 사람까지 피해를 받게 하는 벌은 올바른 벌이 아니라고 생각해요."

"벌은 도대체 왜 있는 거예요? 벌을 주는데도 그렇게 복잡한 문제가 많다면 벌을 안 주는 게 낫지 않을까요?" 페르디난트는 궁금했다.

벌은 도대체 왜 있나?

아빠가 말했다. "뭔가 잘못을 저지른 사람은 누구든 벌을 받을 수 있어. 불의를 저지른 사람은 벌을 받는 게 마땅해. 그렇게 해서 속죄를 하는 거야. 그런데도 끔찍한 범죄는 좀체 끊이지를 않아. 사람을 죽이고도 벌을 받지 않는다는 건 말도 안 돼. 범죄를 저지른 사람에게는 피해자와 똑같은 고통을 주어야 한다는 생각이 들 때도 있어. 그래야 자신이 어떤 일을 저질렀는지 깨닫게 될 테니까."

그러나 살인을 한 사람은 죽어야 한다. 이 경우 정의의 실현을 위해 다른 대안은 없다.
모든 구성원들의 합의 아래 시민사회를 해체하기로 했다 해도 (예를 들어, 어떤 섬의 주민들이 전 세계로 흩어져 살기로 했다 해도), 감옥에 갇혀 있는 마지막 살인자는 그전에 처형되어야 한다. 이는 누구든 자신의 행위에 합당한 대가를 받게 하고, 그런 형벌을 고집하지 않은 사람들에게 살인죄의 책임이 돌아가지 않게 하기 위해서이다.

이마누엘 칸트

남의 목숨을 끊은 자는 반드시 사형에 처해야 한다. 짐승의 목숨을 끊은 자는 산 짐승으로 보상하여야 한다. 누구든지 같은 동족에게 상처를 입힌 자에게는 같은 상처를 입혀주어라. 사지를 꺾은 것은 사지를 꺾는 것으로, 눈은 눈으로, 이는 이로, 이렇게 남에게 상처를 입힌 만큼 자신도 상처를 입어야 한다. 남의 짐승을 죽인 자는 물어주어야 하고, 살인한 자는 사형에 처해야 한다.

구약성서 「레위기」 24장 17~21절

고트프리트 외삼촌이 말했다. "예, 그건 아주 오래된 원칙인데, '동태 복수의 원칙'이라고 불러요. 범죄자에게는 그가 저지른 것과 똑같은 벌을 주어야 한다는 거죠. '눈에는 눈, 이에는 이' 말이에요. 벌의 정도가 죄의 무거움과 가벼움에 비례한다는 점에서 장점도 있는 원리예요."

"죄질에 따라 벌의 경중이 결정된다는 점에서야 정당하지. 하지만 그 원리에 따른다면, 살인죄를 처벌하기 위해 사형 제도를 부활시켜야 해……." 독일은 나치 집권 시절의 만행을 회개하는 의미에서 1949년 사형 제도를 폐지

했다.- 옮긴이**엄마가 말했다.**

"그래도 비디오테이프리코더를 고장 낸 우리 반 녀석들에게는 그것만 고치라고 할 수 있지 않을까요?" 페르디난트가 말했다.

"하지만 그런다고 해서 비디오가 완전하게 고쳐지지는 않아. 살인자를 처형한다고 해서 죽은 사람이 살아나지도 않고. 그런 형벌은 보복의 의미가 너무 강한 게 아닐까?" 엄마가 말했다.

"당신은 억울하게 벌 받는 사람들만 생각하니까 자꾸 엉뚱한 발상을 하는 것 같아. 죄 지은 사람에게 벌을 주는 것인데, 그게 왜 보복이야? 게다가 죄 지은 사람은 벌을 받음으로써 속죄하는 것이기도 해." 아빠가 말했다.

"벌을 받으면서 정말로 속죄한다면 바람직한 거겠죠." 외삼촌이 말했다. "하지만 범죄자가 정말로 후회하는지 아닌지는 아무도 정확히 알 수 없어요. 그리고 보복이란 관점과 좀 연관이 있는 얘기인데, 형벌은 범법 행위에 의해 훼손된 법을 회복시키는 것이라고 보는 이론도 있어요."

범죄는 법의 부정이다. 그러므로 형벌은 이러한 부정의 지양, 즉 형벌이 없다면 횡행할 범죄의 지양이며, 따라서 법의 복구이다.
범죄의 지양은, 개념상 그것이 훼손에 대한 훼손인 점에서 보복이다.
게오르크 빌헬름 프리드리히 헤겔 | 1770년~1831년, 독일의 철학자

엄마가 말했다. "잘 모르겠지만, 벌이란 건 상당히 종교적인 문제인 것 같아. 나는 신앙인과 죄라는 관점에서 생각하면 벌에 관해 더 잘 이해할 수 있을 것 같거든. 즉 죄를 지은 사람은 하느님께 어떤 폐를 끼친 거야. 그리고 그런 사람은 당연히 모든 것을 다시 좋게 만들고 싶어 할 거야. 물론 종교와 법은 좀 다른 문제이지……."

"당신 생각은 범죄자에게 벌을 주면 안 된다는 거야?" 아빠가 물었다.

"물론 벌은 있어야지." 엄마가 대답했다. "하지만 나쁜 짓을 방지하는 것을 더 중요하게 생각해야 해. 즉 벌은 무엇보다 겁먹고 물러서게 하는 기능을 해야 해."

외삼촌이 고개를 끄덕이며 말했다. "맞아, 그건 참 중요해. 형벌이 없다고 해서 모든 사람이 범죄자가 되지는 않겠지만 범죄의 유혹은 더 커질 거야. 자전거를 사려고 열심히 일하는 것보다는 자물쇠도 없이 길가에 세워진 자전거를 훔치는 게 더 간단하게 생각되겠지. 하지만 자전거를 훔치면 감옥에 갈 수 있다는 걸 알기 때문에 열심히 일하는 게 더 나은 방법이라고 여기는 거야."

인간의 욕구 능력은 욕망이나 행동에 의해 범행으로 이끌어진다는 점에서, 모든 범죄의 심리적 발생 근거는 감성에 있다. 어떤 범행을 유발하는, 충족되지 않는 충동에 따르는 불쾌감보다 그 범행에 주어지는 재앙이 반드시 더 가혹하다는 것을 누구나 안다면, 그러한 감성적 충동은 지양될 수 있다.

파울 요한 안젤름 포이어바흐 | 1775년~1833년, 독일의 형법학자

외삼촌은 이야기를 계속했다. "벌의 이런 기능은 또 다른 기능과
도 연관돼. 법을 지키는 사람은 법을 어기는 사람이 벌을 받아야만
편한 마음으로 살 수 있어. 시내에서 시속 50킬로미터를 지키며 달
리는 사람이 계속 다른 차에 추월당한다면 바보가 된 기분일 거야.
하지만 방금 시속 70킬로미터로 추월한 사람이 감시 카메라에 찍
히는 모습을 보면 기분이 나아지지. 그건 다른 사람들이 잘못되는
게 좋아서가 아니야. 규정을 지키는 게 바보 같은 짓이라고 생각되
지 않기 때문이지. 이처럼 형벌은 사회 전체적으로 범죄를 막는 기
능을 해. 이런 기능을 범죄의 일반 예방이라고 불러."

지금까지 가만히 듣고 있던 피아도 토론에 참여했다. "벌을 주는
것에 그치지 말고 범죄자가 같은 짓을 되풀이하지 않게 하는 게 중
요해요. 전에 텔레비전에서 어떤 다큐멘터리를 봤어요. 아주 잘생
기고 호감이 가는 청년에 관한 거였어요. 그 사람이 어떤 잘못을
저지르고 감옥에 갔지요. 그러면서 일자리를 잃고 여자 친구도 떠
났어요. 감옥에 가있는 동안 집세도 못 냈으니 월세 계약도 끝났고
요. 감옥에서 나왔을 때 그 사람에겐 아무도 없었고 아무것도 없었
어요. 그래서 결국 다시 범죄를 저질렀어요."

"나 참. 모든 게 사회의 책임이란 그 얘기는 식상하지도 않냐?"
아빠가 말했다.

"나는 피아의 말이 아주 옳다고 생각해요." 고트프리트 외삼촌이
말했다. "형벌은 어떤 사람이 다시 범죄를 저지르는 것을 막아야
해요. 한편으로는 그 사람을 가두어 둠으로써 그런 기능을 하죠.
다른 사람들이 그 사람의 범행에서 안전하게 되니까요. 그리고 벌
을 받는 사람은 두려움을 느끼게 되고 같은 짓을 되풀이하지 않는
게 낫다고 생각하게 되는 거예요. 하지만 그런 사람을 사회에서 자
꾸 배제시키는 것이 만능은 아니에요. 그럴수록 범죄를 저지를 가
능성이 더 커지고, 범죄 횟수가 늘어감에 따라 가둬두는 시간도 늘
어날 테니까요. 그건 세금 지출이 많아지는 일일뿐 아니라 우리가
바라는 일도 아니에요. 범죄자도 인간이라는 것을 잊지 말아야 한
다는 거예요. 누구든 벌을 받고 나면 다시 정상적인 삶을 살 수 있
는 기회를 주어야 해요. 사회로 돌려보내 재사회화 과정을 거치게
해야 해죠. 그게 보복보다 중요해요."

> 플라톤이 말했듯이, 현명한 사람은 위반 때문에 벌을 주는 것이 아니라
> 위반을 막기 위해 벌을 준다.
> 　　　　　　　루키우스 안나에우스 세네카 ｜ 기원전 4년~기원후 65년, 고대 로마의 철학자.

그러자 아빠가 반박했다. "하지만 지금 우리는 성숙한 어른에 관

해 얘기하고 있어. 자기 자신에게 책임이 있는 어른들 말이야. 성년이 지난 사람들에게 이렇게 해라, 저렇게 해라 교육을 시킨다는 건 좀 우습군. 그리고 누구든 벌 받을 일만 빼고는 뭐든 할 수 있는 거야."

"예. 그런 입장에서, 전체 예방 이론은 개를 길들이는 것과 같다고 비판한 사람도 있어요."

그러나 위협의 정당성은 어떠한가? 위협은 인간을 자유로운 자로서 전제하지 않는 것이며 불쾌한 일을 당할 수 있다는 생각을 하게 하여 강제하는 것이다. 그러나 법과 정의는 자유와 의지에 자리 잡고 있어야 하지 위협과 짝을 맺는 부자유에 자리 잡고 있어서는 안 된다. 그런 방식으로 형벌에 근거를 부여하는 것은 개에게 지팡이를 휘두르는 것에 견줄 수 있으며, 이때 인간은 명예와 자유에 따라 취급되는 것이 아니라 개처럼 취급되는 것이다.

게오르크 빌헬름 프리드리히 헤겔

"그런데 고트프리트, 묘하게도 너는 모든 사람의 말이 다 옳다고 하는구나. 오늘 저녁 누가 말하든 너는 동의를 표시하고 있어. 네 자신의 의견은 없는 거니?" 엄마가 물었다.

그 말을 듣고 고트프리트 외삼촌은 아주 당황한 표정을 지었다. "물론 있지. 하지만 내가 꼭 어떤 편을 들어야 하나? 대체적으로는 피아의 생각에 가까워. 하지만 그렇다고 해서 다른 사람들의 생각이 틀리다고 보는 것은 아니야. 사실 나는 세 가지 입장이 모두 중요하다고 생각해. 그리고 세 가지 입장은 서로 배타적인 것도 아니야. 다만 우리는 이 세 가지 입장에 따라 다른 결론이 나올 때 어느 걸 택할 것인지 생각해야 해."

"그게 무슨 말이에요?" 페르디난트가 물었다.

"좀도둑의 경우를 예로 들어보자. 겁먹게 하는 것만이 중요하다면 좀도둑에게 사형선고라도 내릴 수 있어. 하지만 현대사회에서는 좀도둑질이 아주 중한 범죄가 아니야. 죄는 죄지만 아주 큰 죄는 아니라는 거야. 따라서 죄의 관점에서 보면 너무 심한 벌을 주는 것은 옳지 않아."

"그러면 다른 사람에게 아주 못할 짓을 한 성범죄자의 경우는요?" 피아가 물었다. "그런 사람은 감옥 밖으로 절대 나오지 못하게 해야 한다는 사람도 있어요. 다시는 그런 짓을 저지르지 못하게 말이에요."

"그래, 그건 참 어려운 문제야. 어떤 끔찍한 일을 저지른 사람에겐 당연히 벌을 주어야지. 하지만 형기가 끝나면 어떻게 해야 하지?" 외삼촌이 말했다.

"그래, 그때는 어떻게 해야 하지? 난 자네 생각이 정말 궁금해!" 아빠가 말했다.

"형기를 마친 후에는 더 이상 징벌할 수 없어요. 그때는 그 사람이 아직도 위험한지 아닌지를 판가름하는 게 중요하죠."

"그걸 어떻게 알아낼 수 있을까요?" 페르디난트가 물었다.

"그 점이 정말 중요하겠지. 그건 오직 전문가들에게만 맡길 수 있는 일이야. 그런 사람들의 정신을 조사하고 진단을 내릴 수 있는 전문가들 말이야. 물론 어떤 진단이든 100퍼센트 확실할 수는 없겠지. 하지만 더 나은 방법이 있을지는 모르겠어. 그리고 그저 의심이 간다는 이유만으로 사람을 영원히 가둬둔다면, 그건 정말 잘못된 일이야. 아까 한 얘기지만, 사람은, 그가 무슨 일을 저질렀던 간에, 어디까지나 사람이고 사람으로 대우받아야 해. 그러므로 그런 검사를 하는 사람들은 아주 신중해야 해. 나도 더 나은 해결책이 있으면 좋겠어. 하지만 더 좋은 건 생각나지 않아."

아빠가 말했다. "자네는 너무 복잡하게 생각하는 거 아니야?"

외삼촌이 대답했다. "어쩌면요. 하지만 꼭 그런 것은 아닐 거예요. 부동의 관점을 취한다고 해서 모든 게 더 간단해지는 것은 아니라고 생각해요. 어렵겠지만, 모든 경우마다 생각을 다시 하고 깊이 하는 것이 중요하다고 봐요. 삶은 간단명료한 게 아니잖아요? 우리는 흑백영화 속에서 살고 있지 않아요. 여러 색깔이 있고 색깔의 뉘앙스도 참 다양하죠. 우린 그것들을 구별하려고 애써야 해요."

"그래. 그건 틀린 말은 아니야. 삶은 그렇게 단순하지 않지." 아빠가 말했다.

모두들 숙연한 표정이었다. 잠시 후 고트프리트 외삼촌이 다시 입을 열었다.

"하지만 우리가 합의할 수 있는 게 한 가지 있어. 이제 후식을 먹자는 거!"

그것은 토론보다 훨씬 더 마음에 드는 일이었다. 페르디난트도 당연히 그랬지만 아직 한 가지 더 확인할 것이 있었다. "스키장 가는 건 어떻게 되는 거예요? 우리 반은 끝내 못 가는 거예요?"

엄마는 페르디난트를 실망시키고 싶지 않았다. "좀 기다려 보렴. 학부모 모임이 열리면 우리가 교장선생님과 얘기를 나누고 다른 해결책을 찾아볼게. 오늘 우리가 확인했듯이, 죄에 비해 벌이 너무 무거워서는 안 되지. 소수 때문에 전체가 벌을 받아서도 안 되고. 자, 이제 후식이나 먹자꾸나."

페르디난트는 안심이 되었다. 타펠슈피츠를 저녁으로 먹은 날이면 그렇듯 버찌 크뇌델^{재료를 갈거나 으깨서 경단처럼 동그랗게 뭉친 다음 끓여 익힌 음식.- 옮긴이}이 후식으로 나왔다. 페르디난트와 외삼촌이 특히 좋아하는 음식이었다.

"감옥에 보내는 것보다 더 좋은 벌이 있어요." 페르디난트가 버찌 크뇌델을 한 스푼 떠먹은 후 빙긋이 웃으며 말했다. "죄를 지은 사람은 절대로 버찌 크뇌델을 못 먹게 하는 거예요. 평생토록 말이에요. 아주 나쁜 죄를 지은 사람에게는 살구 크뇌델도 못 먹게 하고요. 그러면 아무도 죄를 짓지 않을 거예요."

왜
모든 사람이
똑같이
가질 수 없나?

- 아무리 노력해도 안 되는 축구 선수보다 타고난 재능을 가진 선수가 대우받는 것은 정당한가?
- 자동차를 살 돈으로 가난한 사람을 돕는 게 더 옳은가?
- 부자 부모에게서 태어나 부자로 사는 것은 정당한가?

삐삐는 블럼스터룬드 씨네 헛간 앞에 짐마차를 세웠다. "돈은 안 주셔도 돼요. 전 이런 일을 하는 게 즐거우니까요. 물론 하늘로 소풍 보내드린 것도 공짜예요." 삐삐는 그 집을 나섰다. 블럼스터룬드 씨는 삐삐의 뒷모습을 한참 동안 지켜보고 서있었다.

아이들이 삐삐가 돌아오는 것을 보고 소리쳤다. "'삐삐 만세!'를 세 번 외치자." 선생님도 무척 기뻐하며 삐삐를 칭찬해 주었다. "잘했다, 삐삐. 동물한테도 잘해줘야지. 사람들한테는 물론이고."

삐삐는 말 위에 올라타서 만족스러운 얼굴로 말했다. "아무래도 블럼스터룬드 아저씨한테 너무 잘해준 것 같아요. 공짜로 하늘로 날려 보내주었잖아요!"

선생님이 말했다. "우리가 여기 온 이유도 바로 그거야. 다른 사람들한테 친절을 베풀기 위해서이지."

삐삐는 말 등에서 물구나무를 선 채 다리를 흔들며 말했다. "애계계, 그럼 다른 사람들은 여기 뭐 하러 왔지?"

—『꼬마 백만장자 삐삐』

(아스트리드 린드그렌 지음, 햇살과나무꾼 옮김, 시공주니어)

"뭘 어떻게 했다고?" 아빠는 약간 놀란 표정으로 페르디난트를 보았다.

"가족들을 대신해서 제가 텔레비전 프로그램 잡지의 정기 구독을 신청했다고요." 페르디난트가 말했다. "어차피 매주 사는 잡지 잖아요? 우리가 사는 걸 잊어버리면 아빠는 화를 내고요. 아빠는 영화를 즐겨 보시니까요."

"그래. 하지만 아빠도 다 생각이 있어서 정기 구독을 하지 않은 거야."

"하지만 좋은 목적을 위해서 정기 구독을 신청한 거예요." 페르 디난트가 덧붙였다.

"좋은 목적이라니?" 아빠는 무슨 말인지 이해할 수 없었다.

그러자 페르디난트가 말했다. "오늘 낮에 어떤 사람이 집에 찾아왔어요. 감옥에서 나온 지 얼마 안 된 사람이었어요. 그 사람은 이제 자립해야 하는데 정기 구독자를 많이 모으지 못하면 먹고살기가 힘들다고 했어요. 그러면서 어차피 매주 프로그램 잡지를 살 테니까 차라리 정기 구독을 하라고 권하더군요. 가격 할인을 받을 수 있고 어려운 사람도 도울 수 있는 일이라고요."

"그래서 네가 정기 구독을 신청했다는 거야?" 아빠는 정말로 화가 난 것 같았다. "기가 막혀서. 다행히도 너는 아직 미성년자라 그 신청은 법적으로 효력이 없어. 정부에서 성년 나이를 낮추지 않은 건 정말 잘한 일이야. 선거 연령을 낮추자는 사람들이 있지만 난 찬성하지 않아. 네 또래 애들이 선거를 하게 되면 텔레비전 연예오락당 같은 데나 찍을 테니까."

"취소하다니 그건 너무해요. 어려운 사람들을 돕고 살아야 하는 것 아닌가요?" 페르디난트가 말했다.

"물론 그건 좋은 일이지. 하지만 집에 찾아오는 모든 전과자를 도울 수는 없어. 우리가 어떻게 모든 사람을 도울 수 있겠니?" 아빠가 대답했다.

"하지만 아빠도 전에 성금을 냈잖아요? 드레스덴에 홍수가 났을 때요."

"그랬지. 그때는 아주 많은 이재민이 생겼어. 집이 물에 잠겨 길바닥에 나앉게 됐으니 아주 딱한 일이었잖아?"

"그때 나는 더 어려운 사람들에게 돈을 기부하자고 했어. 굶주리는 사람들에게 말이야." 곁에 있던 엄마가 말했다.

내가 도울 수 있는 사람은 누구든 도와야 하나?

"나는 제3세계 의료사업에 돈을 내자고 했어요." 피아도 대화에 끼어들었다. "우리가 몇 푼씩만 내도 그곳 사람들의 생명을 구하거나 실명을 막을 수 있어요."

그러자 아빠가 소리쳤다. "맙소사! 꼭 돈으로 도와야 하나? 차라리 나한테 목록을 제시하지그래. 우리 돈을 어디 어디로 보내야 할지 말이야! 대신에 너희들은 불편하게 살 각오를 해야 해."

"맞아요. 정말 그래야 하는 것 아니에요? 고트프리트 외삼촌이 그러는데, 우리는 가능한 한 많은 사람에게 가능한 한 많은 이익이 생기게 노력해야 한대요. 그걸 공리주의라고 해요."

그러자 아빠가 몹시 흥분해서 말했다. "처남 때문에 미치겠어! 그러면 우리 가족은 다 굶자고! 가진 걸 모두 제3세계에 보내면 훨씬 더 유용하게 쓰일 테니까 말이야! 별 헛소리를 다 듣겠군!"

"그러면 할 수 있는 게 아무것도 없으니까 신경 쓸 일도 없겠군요." 피아가 말했다.

"나 참, 물론 어려운 사람들에게 도움은 줘야겠지. 다만 그건 정치가들이 생각해야 할 일이라는 거야. 개인이 대체 뭘 할 수 있겠니? 가진 것을 다 팔아서 자선단체에 기부라도 할까? 그러면 너희 외삼촌에게 먼저 하라고 하렴. 너희 외삼촌은 어려움 없이 잘 사니까. 너희들은 아직 어려서 그런 허튼 생각이나 하는 거야." 아빠가 말했다.

"하지만 개인도 힘을 모으면 뭔가 할 수 있어요." 피아가 대꾸했다.

"쓸데없는 소리. 그런 걸 두고 철없는 사회 낭만주의라고 하지." 아빠가 말했다.

페르디난트는 아빠가 나이를 들먹이며 어리다고 무시했기 때문에 무척 화가 났다. 이 문제에 관해서는 누구든 자신을 진지하게 대해주는 사람과 얘기하고 싶었다. 고트프리트 외삼촌과는 얘기를 더 잘할 수 있을 것 같았다. 그리고 피아도 외삼촌의 생각을 알고 싶었다.

"안됐다만, 아빠 얘기가 많은 점에서 옳구나." 두 아이의 얘기를 듣고 나서 외삼촌이 말했다.

하지만 페르디난트는 아직 아빠에 대한 화가 풀리지 않아서 외삼촌에게 따지고 들었다. "어째서 아빠가 옳다는 거예요?"

"우선 정기 구독에 관해 얘기해 보자. 그 외판원들은 많은 경우 이야기를 지어내서 사람들의 마음을 움직이는 거야."

"그 사람이 거짓말을 했다는 거예요? 그럴 리 없어요."

"물론 그 사람의 말이 사실일 수도 있어. 거짓말인지 아닌지는 우리가 알 수 없지. 그래서 어려운 사람을 돕고 싶을 때는 정직한 구호 기관에 돈을 기부하는 게 더 나은 방법이야." 외삼촌이 말했다.

"그런가요?" 페르디난트가 말했다.

"그러면 어려운 사람을 돕는 일은 정치가에게 맡기면 된다는 얘기는요?" 피아가 물었다.

"부분적으로는 맞는 말이야" 외삼촌이 대답했다.

"'부분적'이라니요?"

"개인이 모든 것을 할 수는 없고, 많은 것은 정부 기관에 맡겨야 해."

"그렇다면 개인은 가만히 앉아 구경만 하라고요? 그러고도 마음이 편할 수 있을까요?" 피아가 물었다.

외삼촌이 대답했다. "가만히 앉아 구경만 할 수야 없겠지. 우리가 할 수 있는 일은 두 가지 측면에서 생각해 볼 수 있을 거야. 첫째로, 우리는 정치적 의사 표현을 통해 무언가를 할 수 있어."

"선거권이 있어야 그럴 수 있죠." 페르디난트가 말했다.

"물론 그래. 아무튼 우리가 정치에 영향을 주는 것이 한 가지 방법이야. 하지만 이런 일은 꼭 선거나 투표를 통해서만 할 수 있는 일이 아니야. 우리는 어떤 단체 활동에 참여해서 자신이 가치 있게 여기는 목표를 추구할 수 있어. 그건 열여덟 살 이하의 청소년들도 할 수 있는 일이지."

"두 번째 측면은 어떤 거예요?" 피아가 물었다.

"사실 우리는 다른 사람을 직접 도울 의무도 있다고 생각해."

"그 생각을 뒷받침할 만한 확실한 근거가 있을까요? 아빠도 고개를 끄덕일 수밖에 없는 근거요." 페르디난트가 물었다. 페르디난트는 아빠와 다시 논쟁할 준비를 단단히 하는 것 같았다.

"성경에서도 그런 구절을 찾아볼 수 있어." 외삼촌이 대답했다.

예수께서는 "네가 완전한 사람이 되려거든 가서 너의 재산을 다 팔아 가난한 사람들에게 나누어 주어라. 그러면 하늘에서 보화를 얻게 될 것이다. 그러니 내가 시키는 대로 하고 나서 나를 따라 오너라." 하셨다. 그러나 그 젊은이는 재산이 많았기 때문에 이 말씀을 듣고 풀이 죽어 떠나갔다. 예수께서는 제자들에게 이렇게 말씀하셨다. "나는 분명히 말한다. 부자는 하늘나라에 들어가기가 어렵다. 거듭 말하지만 부자가 하느님 나라에 들어가는 것보다는 낙타가 바늘귀로 빠져나가는 것이 더 쉬울 것이다."

신약성서 「마태복음」 19장 21~24절

피아는 그런 얘기는 듣고 싶지 않았다. "맙소사, 또 성경 타령이야! 고트프리트 외삼촌의 성경 시간이 되었습니다."

그러자 외삼촌이 말했다. "너도 알다시피, 나는 신앙심이 깊은 사람이 아니야. 그렇지만 잊지 말아야 할 게 있어. 성경은 유대인과 기독교인들의 경전에 불과한 게 아니야. 성경은 수천 년 동안의 지혜로운 사상이 집적된 책이라고도 할 수 있어. 이미 말했듯, 나는 일요일마다 교회에 나가는 사람이 아니야. 하지만 요즘 많은 사람들이 동양의 격언이나 경전에 대해서는 찬탄을 아끼지 않으면서 성경은 기독교인들이나 읽는 책으로 여기는 것을 보면 좀 화가 나. 심지어 우리나라 성인들이 한 얘기는 다 헛소리로 취급하는 사람들도 있어. 하지만 사실 기독교는 이 측면에서 아주 강한 설득력을 지니고 있어."

"'이 측면'이라니요?" 페르디난트가 물었다.

"이웃 사랑이라는 측면. 이른바 '사랑의 두 계명'은 신약성서에서 가장 핵심적인 내용은 아닐지라도 아주 중요한 내용이야. 예수는 이웃을 자기 자신처럼 사랑하라고 말했어. 여기서 이웃은 모든 인간을 뜻하는 거야. 따라서 적대적인 관계에 있는 사람들도 포함되는 거고, 그런 사람도 도움이 필요할 때는 도와야 하는 거야. 물론 이에 대해서는 여러 가지 의견이 있을 수 있어. 하지만 이 사상이 위대하다는 것에는 변함이 없어."

예수께서 이렇게 대답하셨다. "'네 마음을 다하고 목숨을 다하고 뜻을 다하여 주님이신 너희 하느님을 사랑하라.' 이것이 가장 크고 첫째가는 계명이고, '네 이웃을 네 몸같이 사랑하라.'라는 둘째 계명도 이에 못지 않게 중요하다. 이 두 계명이 모든 율법과 예언서의 골자이다."

신약성서 「마태복음」 22장 37~40절

"아무리 그래도 그건 어떤 신이 말한 것에 불과해요. 그러니까 그 신을 믿는 사람들에게나 중요한 거예요." 피아는 자신의 생각을 굽히지 않았다.

"내 생각에는 모든 사람과 관계 있는 내용이다만…… 너한테는 어느 '세계적인' 철학자의 말을 들려주는 게 낫겠구나."

"그래요. 어떤 철학자가 그런 말을 했죠?" 피아가 말했다.

"쇼펜하우어. 이 철학자는 '동정의 윤리'를 주장했어. 쇼펜하우어에 따르면 인간의 모든 행위는 세 가지 근본적 힘에 기인해. 하나는 이기주의이고, 다른 하나는 악이며, 세 번째는 동정이야. 그리고 동정에서 비롯된 행위가 바로 선한 행위야."

나의 참된 내적 본질은, 나의 자의식에서 오직 내게만 스스로를 알리는 것과 꼭 마찬가지로 모든 생명 있는 것 속에서 직접적으로 존재한다. 고대 인도 경전의 '탓트밤아시', 즉 '그것은 바로 너다.'라는 문구는 이런 인식을 표현하는 것으로, 이 인식은 동정심에서 표출되고 모든 참된 덕, 즉 사심 없는 덕의 근거가 되며, 이 인식의 실제적 표현은 모든 선한 행위이다.

아르투어 쇼펜하우어

그러자 피아가 말했다. "올바른 주장인 것 같아요. 단정 지어 말하기는 어렵지만, 내가 누군가를 도울 때 내 마음을 움직이는 것은

255

동정이에요. 물론 그것뿐이라고 말하기 어려울 때도 있지만요."

"그리고 쇼펜하우어는 아무에게도 해를 주지 말고 남을 도우라는 윤리적 원리를 제시했어. 첫 번째 측면은 이기주의를 경계하는 것이고, 두 번째 측면은 이웃에 대한 사랑이야. 이 원리는 사실 기독교에 뿌리를 두고 있어. 물론 고대 동양의 종교에서도 남을 도우라는 것의 의미 중 하나는 순전히 이기주의자가 되는 것을 막는 정의야. 다른 하나는 이웃에 대한 사랑인데, 이는 다시금 그 뿌리를 무엇보다도 기독교에 두고 있어. 물론 기독교만이 아니라 고대 동양의 종교에도 이타의 의무가 있고 이슬람교에서도 자선은 신앙인의 다섯 가지 근본 의무 중의 하나이기는 해."

아무도 해치지 마라. 오히려 네가 할 수 있는 한, 모든 이를 도와라!

아르투어 쇼펜하우어

"그런데 어느 정도로 남을 도와야 해요?" 페르디난트가 물었다. "아빠는 그런 주장에 따르면 재산을 다 팔아 자선 단체에 기증해야 할 거라고 말했어요. 그리고 외삼촌이 잘사니까 외삼촌이 먼저 그러라고요."

남을 돕는 데도 한계가 있나?
아니면 언제나 모든 사람을 도와야 하나?

"아빠가 그랬어?" 고트프리트 외삼촌은 썩 기분 좋은 표정이 아니었다.

페르디난트는 진지한 표정으로 이야기를 계속했다. "하지만 외삼촌이 언젠가 얘기한 공리주의에 따르면 그런 일도 일어나야 해요. 새 자동차를 살 돈으로 아프리카의 어느 마을 전체를 굶주림에서 구할 수 있다면, 후자에 돈을 쓰는 게 더 가치 있는 거예요."

"가끔 너희들이 무척 존경스럽다니까." 외삼촌은 감동받은 목소리로 말했다. "하지만 그런 측면에서 공리주의가 비난받기도 해. 공리주의는 현실에서는 실현될 수 없는 환상이라는 거야. 어느 누가 가족이나 가까운 사람을 돌보는 대신 온 인류에게 신경을 쓰겠냐는 게지. 사실 그런 문제가 있어. 하지만 어떤 윤리 이론이나 철학 이론이든 약점이 있는 거니까."

"그렇다면 우리는 대체 뭘 믿고 어떤 태도를 취해야 하는 거예요?"

"글쎄다. 나도 모르겠구나. 정말로 모든 문제를 해결할 수 있는 방법이 있는지는. 그렇지만 나는 철학자 아리스토텔레스의 '중용'이 바람직한 거라고 생각해."

"중용은 '황금률'을 말하는 거예요?" 피아가 물었다.

"아니, 황금률과는 다른 거야. 지금 말하는 건 아리스토텔레스의 '중용설'이야."

"그게 뭔데요?" 페르디난트가 물었다.

"중용설은 아리스토텔레스의 덕 이론에 나오는 얘기야. 아리스토텔레스에 따르면 올바른 행위는 덕이 있는 행위야. 덕은 타고나는 게 아니라 습득되는 거지. 지적인 덕 내지 지혜는 학습을 통해 얻을 수 있어. 그에 비해 관대함, 사려 깊음, 용감함과 같은 윤리적 덕은 습관을 통해 얻는 거야. '윤리'를 뜻하는 독일어 '에틱'도 습관을 뜻하는 그리스어 '에토스'에서 유래했지.

따라서 덕에는 두 종류가 있다. 지적인 덕과 도덕적인 덕이 그것이다. 지적인 덕은 대체로 교육에 의하여 생겨나고 성숙된다. 그렇기 때문에 지적인 덕을 쌓는 데는 경험과 시간이 필요하다. 그에 비해 도덕적인 덕은 습관에서 생긴다. '도덕적, 윤리적'이란 뜻의 '에티케'란 말이 습관을 뜻하는 '에토스'란 말에서 유래한 것도 이런 이유에서이다. (……)
그러므로 도덕적인 덕들은 우리 속의 본성에서 생기는 것도 아니요, 본성에 반하여 생기는 것도 아니다. 오히려 우리는 본성적으로 그것들을 받아들이게 되어 있고, 또 습관에 의해서 그것들을 완성시키는 것이다.
아리스토텔레스

"그런데 그런 덕이 중용과 무슨 관계가 있어요?" 피아가 물었다.
"아리스토텔레스에 따르면, 올바른 것은 언제나 두 극단 사이의 중간이야. '어느 방향으로도 치우치지 말 것!' 이것이 아리스토텔레스의 신조였지."

외삼촌은 이야기를 계속했다. "아리스토텔레스가 든 예에 따르면, 용기는 비겁과 만용 사이의 중용이고, 정의는 불의를 행하는 것과 불의를 당하는 것 사이의 중용이야."

"그러면 남을 돕는 것에서 중용은 뭐예요?"페르디난트는 그 점이 궁금했다.

"우리가 생각해야 할 것은 어느 쪽이든 극단은 잘못이라는 거야. 그렇다고 아무 입장도 취하지 말라는 것은 아니야. 오히려 입장을 분명히 취하는 게 올바른 태도이고 또 그럴 수밖에 없지. 다만 어떤 극단으로 입장을 취하는 것은 바람직하지 않다는 거야. 도움에 관해서 보자면, 아리스토텔레스는 인색함과 방탕함의 중용으로 관대함을 얘기했어. 내 생각에 관대함은 남을 도와야 하지만 전 재산을 자선단체에 기부해서도 안 된다는 뜻이야."

그러자 페르디난트가 말했다. "아하, 그러니까 '구두쇠가 짱'이란 거군요."

"아니, 그런 뜻이 아니야. 그리고 나는 그런 말을 싫어해!"고트프리트 외삼촌이 말했다.

"나 참, 왜 그러세요? 외삼촌이 그렇게 고루한 줄은 몰랐어요." 페르디난트가 말했다.

"그게 왜 고루하다는 거냐?"

"우리 국어 선생님은 '짱'이란 말만 들으면 펄펄 뛰거든요."

"그렇다면 안심하렴. '짱'이란 말은 괜찮아. 나는 인색한 것을 짱이라 부르는 게 마땅치 않다는 거야."

"하지만 절약은 해야 해요." 피아가 말했다.

그러므로 덕이란 중용에 근거를 둔 행위 선택의 태도이다. 이때의 중용은 우리와 관계 있는 중용으로, 이 중용은 이성에 의해 규정되고 또 실천적 지혜를 가진 사람이 중용 있는 태도를 선택할 때 따르는 원리에 의해서 결정된다. 그런데 중용은 두 가지 악덕, 즉 과도함과 부족함 사이에 있다. 두 가지 악덕은 정념과 행위에서 적당한 것에 미치지 못하거나 넘어서는 반면에, 덕은 중용을 발견하고 선택한다. 따라서 덕은 그 본질이나 그 본질을 밝히는 정의에 따르면 중용이지만, 최선이나 완전성이라는 관점에서는 정점을 뜻한다.

아리스토텔레스

"그야 물론이지. 다만 탐욕은 절약보다 훨씬 지나친 것이고, 또 파격가가 아닌 물건을 사지 않으려는 태도 역시 바람직하지 않다는 거야. 요즘은 정상 가격으로 물건을 사려는 사람이 없어. 더구나 살 만큼 사는 사람들이 더 심해. 지난주에는 속옷 가격으로 양복을 판다는 광고가 신문에 나왔더라. 게다가 정각 몇 시에 물건을 사면 10퍼센트 더 깎아 준다는 광고였지. 그건 노동자들이 흘린 땀을 무시하는 거야. 그렇게 되면 전체 직물 산업만 흔들리는 게 아니야. 세계 어딘가에 고되게 일하면서 형편없는 임금을 받는 사람들이 있다는 얘기이기도 하지. 하지만 이에 관해 얘기하면 길어질 테니 이쯤해서 그만두기로 하자.”

“가난한 사람과 부유한 사람의 구별이 있다는 것 자체가 잘못된 것은 아닌가요?” 이제 피아가 물었다.

“어떻게 해서 그런 생각을 하게 됐니?” 외삼촌이 물었다.

“예를 들어, 우리 반의 어떤 애들은 집이 부자라서 뭐든 가질 수 있는데, 다른 애들은 전혀 그렇지 못해요. 그리고 빈민가의 애들을 보면 아주 어렵게 살아요. 뭔가 잘못됐다는 생각이 들어요.”

어떤 사람이 다른 사람보다 더 부유한 것은 잘못인가?

그러자 페르디난트가 말했다. “그게 뭐가 나빠? 가령 나는 잔디를 깎고 자동차도 닦으면서 오랫동안 돈을 모아 자전거를 샀어. 일도 하지 않고 저축도 하지 않는 애들은 당연히 그런 것을 살 수 없지.”

“너무 뽐내지 마. 엄마 아빠와 외삼촌이 보태줬잖아? 네가 번 돈이 아니란 말이야. 그런 돈을 줄 수 있는 부모나 외삼촌이 없는 애들도 많아.”

“다투지 말렴.” 외삼촌이 말했다. “페르디난트는 일도 했고 도움도 받았지. 그건 정의의 원리와 관련해서 아주 좋은 예가 될 수 있어. 다시 말해 빈부 차는 정의와 관련해서 해결하기가 참 어려운 문제라는 거야. 무척 중요한 문제이기도 하고.”

261

글라우콘: 선생님께선 이것들 중 어디에 정의를 포함시키십니까?

소크라테스: 내 생각으로, 정의는 가장 훌륭한 것에 속하네. 즉 그 자체 때문만이 아니라 그것에서 생기는 결과 때문에도, 장차 행복해지고자 하는 모든 사람이 좋아할 수밖에 없는 그런 것에 속한다는 것이네.

플라톤

"뭐가 어려워요? 누구나 마땅히 가질 수 있는 것만 가지면 되죠." 페르디난트가 말했다.

"그래, 현명한 생각이야." 외삼촌이 말했다. "플라톤도 로마의 법학자 울피안에게 그런 말을 했지. '각자가 자신에게 속하는 것만을.' 그런데 각자에게 마땅히 속하는 것과 그렇지 않은 것을 어떻게 구별하지? 그것은 아주 어렵고 복잡한 문제야. 결국 확정적인 해결책은 없어."

"외삼촌의 생각이 어떤 건지나 어서 말해주세요." 피아가 말했다.

"그럼 다시 아리스토텔레스로 돌아가자."

"아하, 정의는 중용에 있다?" 피아가 장난기 있게 말했다.

"그래. 하지만 아리스토텔레스의 얘기는 그게 다가 아니야. 아리스토텔레스는 다시 정의의 종류를 구분했어. 정의에는 분배적 정의와 교정적 정의가 있지. 분배적 정의는 재화의 분배와 관련된 정의이고, 교정적 정의는 균형에서 벗어난 정의에 다시 균형을 찾아

262

주는 거야. 교정적 정의의 문제는 사업, 그러니까 교환과 판매에서 주로 나타나지만 도둑질 등에서도 제기될 수 있어."

특수한 정의와 그에 상응하는 올바름 가운데서 한 종류는 명예나 금전, 그 밖에 공동체의 성원에게 배분될 수 있는 것들의 분배와 관련된 것이며(이런 것들은 한 사람이 다른 사람과 불균등하게 취득할 수도 있고 균등하게 취득할 수도 있다.), 다른 한 종류는 상호 교섭을 시정하는 것이다. 두 번째 것은 다시 두 종류로 나누어진다. 즉 상호 교섭에는 자발적인 것과 비자발적인 것이 있다.

아리스토텔레스

"그런 구분을 왜 해야 하죠?" 페르디난트가 물었다.

"아리스토텔레스에 따르면, 이 두 가지 정의는 그 기준이 서로 달라. 분배의 정의에 따르면 모두가 똑같이 가져서는 안 되고 각자 기여한 것에 비례해서 가져야 해. 그래서 아리스토텔레스는 분배의 정의를 '기하학적 정의'라고 불렀어.

공공 소유물의 분배와 관련된 정의는 언제나 위에서 언급한 비례를 따른다. 예를 들어 공공의 재화를 분배하는 경우에는 당사자들이 거기에 기여한 것에 비례해서 분배가 이뤄진다.

수학자들은 이런 비례를 기하학적 비례라 부른다. 이 비례에서는 전체

263

와 전체의 비가 분자 항끼리의 비 혹은 분모 항끼리의 비와 같다. 이 비례는 연속 비례가 아니다. 사람과 물건이 함께 단일한 항을 이룰 수는 없기 때문이다.

아리스토텔레스

하지만 어떤 것을 균형 있게 만들려고 할 때는 달라. 그때는 그런 비례에 의해 존재하게 된 불균등의 상황에서 균형을 이뤄내는 게 중요한 거야. 이것을 '산술적 정의'라고 불러."

그런데 사람들 사이의 교섭에서도 정의는 일종의 균등이고 부정의는 일종의 불균등이지만, 이때의 비례는 앞서 언급된 기하학적 비례가 아니라 산술적 비례이다. 그럴 것이 선한 사람이 악한 사람에게서 강탈을 하건 그 반대이건, 둘 사이에는 차이가 없기 때문이다 (……)
그러므로 교정적 정의는 이득과 손실 사이의 중간의 것일 수밖에 없다.

아리스토텔레스

"아유, 너무 복잡하네요." 페르디난트가 말했다. "산술이니 기하이니, 내가 정말 싫어하는 과목이에요. 그런 것을 알아야 정의로울 수 있으리라고는 전혀 생각하지 못했어요."
"그런 것을 알아야 정의의 문제를 올바로 생각할 수 있어. 분배는 정말 어려운 문제거든. 이 어려운 문제를 아리스토텔레스는 기하학의 도움으로 해결하려 한 거야. 분배의 경우에도 각자에게 마땅히 돌아가는 것을 가져야 한다는 거지. 그런데 분배의 문제에서는 일반적으로 인정되는 두 가지 근본 원칙이 있어."

"그게 뭔데요?"피아가 물었다.

"우선 자유와 기본권은 누구에게나 동등하게 분배되어야 해. 그래서 이런 권리를 '인권' 또는 불가침의 권리라 부르는 거야. 그리고 경제적 사안이나 사회적 사안에서도, 차별의 이유가 없다면 누구나 똑같이 누려야 해. 여기서 이런 물음이 생기지. 차별의 이유로는 어떤 것들이 있을 수 있나?"

"경제적, 사회적 사안에서의 분배란 게 대체 뭐예요?"페르디난트가 물었다.

"궁극적으로는 소득이나 소유가 문제되는 거야. 간단히 말해서, 각자에게 얼마나 큰 케이크 조각이 돌아가느냐는 문제이지. 여기서 케이크 조각은 재화를 뜻해. 차별의 이유로 인정되는 것들로는 필요, 업적, 기득권이 있어. 하지만 예전에는 장자권도 인정되었지. 첫째 아이에게는 더 많은 권리를 부여했던 거야."

"첫째 아이라는 이유로 더 많은 것을 가질 수 있다니 말도 안 돼요. 그랬다간 나는 완전히 손해야……."

"쳇, 그래서 말이 안 된다는 거군."피아가 말했다.

"그런데 예전에 장자권이 인정되었을 때도 여자는 대개 배제되었어."

"그럴 수가!" 피아가 소리쳤다. 그에 반해 페르디난트는 싱글싱글 웃기만 했다.

케이크 하나를 여러 명의 아이들에게 나눠줄 때는 다양한 이유에서 불평등한 분배라는 불만이 생길 수 있다. 한 아이는 자신이 남보다 더 배가 고프다고 말할 수 있다. 이것은 이른바 필요의 논증이다. 다른 아이는 엄마가 자신에게 케이크 절반을 주겠다고 약속했노라고 말할 수 있다. 이것은 기득권의 논증이다. 세 번째 아이는 자신이 엄마를 도왔다고 말할 수 있다. 이것은 좁은 의미에서의 공로(즉 업적)의 논증이다. 네 번째 아이는 자신이 가장 나이 많은 자식이기 때문에 더 큰 조각을 받아야 한다고 말할 수 있다. 이 주장은 가장 나이 많다는 것에 이미 더 큰 가치가 주어진다는 논증에 근거한다. 모든 이유들이 그때그때 상황에 따라 중요한 이유들이 될 수 있다.

에른스트 투겐트하트 | 1930년~2023년, 독일의 철학자

"지금 너희들의 태도에서도 알 수 있듯이, 흔히 우리가 유일하게 문제 삼는 것은 자신의 이익이야. 하지만 한 가지는 분명하단다. 한 사람이 다른 사람보다 더 가치가 있고 그런 이유로 더 많은 것을 가질 수 있다는 주장은 절대 성립할 수 없다는 것."

"맞아요. 그리고 내 생각에는 필요가 가장 중요한 기준이 되어야 해요. 누구나 필요한 걸 가져야 한다는 거예요." 피아가 말했다.

그러자 페르디난트가 말했다. "내 생각에 그건 틀려. 누구나 자신이 한 일에 따라서 보수를 받아야 해. 내가 아르바이트를 한 것처럼 말이야. 그렇지 않으면 뭐야? 나는 죽어라 일해서 자전거를 샀는데, 다른 사람들은 필요해서 자전거를 받는다고? 그러면 나는 돌아버릴 거야. 그럴 거라면 뭐 하러 일을 하겠어?"

능력에 따라 일하고 필요에 따라 가져간다.

카를 마르크스 │ 1818년~1883년, 독일의 경제학자

"방금 너희들은 공산주의의 주요 문제를 얘기했어. 마르크스는 공산주의사회의 높은 단계를 이상적 공산주의사회라 불렀는데, 그 사회에서는 누구나 일할 수 있는 만큼 일하고, 원하는 만큼 가지게 될 거라고 말했어. 그래도 사회가 굴러간다는 거였지."

"괜찮은 얘기군요." 피아가 말했다.

"네 아빠한테는 그런 말 하지 않는 게 좋을 게다." 외삼촌이 말했다. "딸이 공산주의 옹호자란 얘기를 들으면 네 아빠는 돌아버릴 거야. 물론 내 생각에도 마르크스의 주장은 매혹적이야. 하지만 여기에는 문제가 있어."

"무슨 문제요?"

"그건 실현되기 어려운 사상이야. 보수 우파들이 늘 내뱉던 말을 이제 내 입으로 하는 게 싫다만, 이미 전 세계 공산주의국가들의

붕괴가 입증해 주었지. 그건 멋진 얘기일 뿐이라는 걸 말이야. 유감스러운 일이라고 할 수 있겠지. 하지만 자본주의…… 이 말은 부정적인 뉘앙스가 풍기니까 시장경제라고 표현하자. 시장경제에는 장점이 있어. 누구나 더 큰 케이크 조각을 받기 위해 더 노력한다는 게 그 장점이야. 그리고 이건 모두를 위해서도 좋은 결과를 가져오지. 즉 서로 나눌 수 있는 케이크의 크기가 점점 더 커진다는 거야."

"하지만 그때 불공정한 일이 생길 수도 있는 거잖아요?" 피아가 물었다.

"당연히 생길 수 있지. 그래서 주의해야 해." 외삼촌이 말했다. "첫째로, 케이크를 얻기에 더 좋은 위치와 그렇지 못한 위치가 있어. 따라서 더 큰 케이크 조각을 얻기에 유리한 위치에 도달할 수 있는 기회가 모두에게 동등하게 주어져야 해. 현대 철학자 중에서 이 문제에 관한 가장 중요한 사상을 전개한 사람은 존 롤스야. 이 사람이 쓴 책 중에 『정의론』이란 게 있는데, 여기서 그는 정의란 무엇보다 공정함에서 존재한다고 주장했어. 그에 따르면, 원칙적으로는 모든 사람이 가능한 한 똑같은 만큼을 소유해야 해. 어떤 사람이 더 많은 것을 소유해도 되는 것은, 그렇게 해서 모두가, 즉 가난한 사람들도 더 많은 것을 가질 수 있을 때뿐이야."

공정함으로서의 정의

제1원칙: 각자는 모든 사람의 유사한 자유의 체계와 양립할 수 있는, 평등한 기본적 자유의 가장 광범위한 체계에 대하여 평등한 권리를 갖는다.

제2원칙: 사회적, 경제적 불평등은 두 가지 조건을 만족시키도록, 즉 (a)모든 사람에게 이익이 되리라는 것이 합당하게 기대되고, (b)모든 사람에게 개방된 직책과 직위가 결부되게끔 편성되어야 한다.

존 롤스 ∣ 1921년~2002년, 미국의 철학자

"한 사람이 많이 가짐으로써 모두가 더 많이 갖게 된다니요? 어떻게 그럴 수가 있어요?" 페르디난트는 이해할 수 없었다.

"예를 들어 뭔가 성취한 사람은 남들에게 더 노력하도록 자극을 줄 수 있어. 또 그 사람이 뭔가를 이뤄서 더 많은 게 생겼다면 케이크는 더 커진 것이고 각자가 받는 조각도 약간 더 커질 수 있겠지. 물론 그 사람이 훨씬 더 큰 조각을 얻겠지만. 그리고 또 그런 위치에 닿을 수 있는 기회가 모두에게 평등하게 주어져야 해."

"좀 복잡하게 들리지만 나쁜 얘기 같지는 않네요." 페르디난트가 말했다. "한데 그런 원칙에 따르면 모든 문제가 해결될 수 있을까요?"

"유감스럽게도 그렇지는 않아. 롤스의 생각이 옳은지에 대해서도 의견이 분분해. 아직 명확하지 않은 문제들이 있다는 거야."

"맙소사. 정말 끝이 없군요." 페르디난트는 한숨을 내쉬었다. "아직 명확하지 않은 문제는 또 어떤 거예요?"

"예를 들어, 더 많은 것을 이룬 사람이 꼭 더 많이 가져가야 하냐는 문제."

"그건 당연하죠. 예를 들어, 베컴은 정말 뛰어난 축구선수예요. 그러니까 아주 많은 돈을 받아도 되는 거예요. 다른 선수들보다 훨씬 더 잘 하니까." 페르디난트가 말했다.

"피아, 너는 어떻게 생각하니? 베컴의 부인을 예로 들어보자. 그 여자 이름이……."

"빅토리아. 영국 그룹 '스파이스 걸즈'의 멤버였는데, 별명은 포쉬 스파이스였어요." 피아가 말했다.

"그래, 그 여자. 그 여자도 베컴만큼 많은 돈을 버는 게 옳다고 생각하니?"

"아니요. 그 여자는 실력도 없는걸요? 하지만 예를 들어 마돈나는 대단하니까 백만장자라도 괜찮아요."

"당연히 그렇게 생각할 수 있어. 틀린 건 아니야. 하지만 정반대로 생각해 볼 수도 있어." 외삼촌이 말했다.

"정반대라니요? 능력이 뛰어나다는 이유로 아무것도 못 받거나 아주 조금 받는다는 말이에요?" 페르디난트가 물었다.

"말하자면 그래. 베컴이 그처럼 훌륭한 선수가 될 수 있었던 것은 타고난 재능이 있었기 때문이야."

"하지만 훈련도 아주 열심히 하죠."

"그래. 하지만 베컴만큼 뛰어나지 못한 선수들도 훈련은 열심히 해. 가령 나는 베컴보다 두 배 더 열심히 훈련해도 동네 축구밖에 못할 거야. 물론 축구 선수가 될 생각은 전혀 없다만. 그런데 훌륭한 선수가 되고 싶어 무진 애를 썼는데도 성공하지 못한 사람은 많아. 베컴이 그런 사람들보다 더 큰 걸 이룬 까닭은 뭘까? 재능이 있었던 거야. 재능은 노력을 통해 얻은 것이기보다 하늘이 내려준 거야. 그래서 성공했지. 한데 그랬으면 됐지, 왜 돈까지 많이 벌어야 하지?"

"나 참, 별 엉뚱한 얘기를 다 듣겠네요." 페르디난트가 말했다.

"내 생각을 솔직히 얘기한 거야. 그리고 우리는 그런 생각도 해 봐야 해."

"내가 보기엔 꽤 괜찮은 생각이에요. 그런데 그건 사회적 명사들에게만 해당되는 얘기인가요?" 피아가 물었다.

"아니. 원칙상 모든 사람에게 해당되는 얘기야. 각자가 무엇을 받는가는 우리 사회 내의 수요와 공급에 따라 결정돼. 그래서 사람들이 많은 관심을 갖는 분야에서 재능이 있는 사람은 더 많은 것을 받는 거지. 이런 것을 없애려 한다는 건 경쟁 일반을 폐지하고 계획경제를 도입한다는 것을 뜻해. 어떤 중앙 기구에서 일정한 기준에 따라 노동과 급료를 정하는 계획경제 말이야. 그런 체제는 제대로 기능하지 못해. 게다가 그런 것은 자유에 대한 지나친 간섭이라고 생각해."

"그렇기 때문에 모든 것을 그냥 둘 수밖에 없다는 거예요? 어떤 사람들은 행운이 따라 더 많은 것을 이루고 돈도 더 많이 벌고, 어떤 사람들은 부잣집에서 태어나 잘살고, 또 어떤 사람들은 불행하게 살도록 말이에요?"

피아가 물었다.

"방금 말했듯이, 나는 계획경제나 사유재산의 폐지는 잘못된 것이라고 생각해. 하지만 조세를 통해서 일정한 균형은 만들어낼 수 있어. 많이 버는 사람은 세금도 많이 내게 하는 거지. 하지만 세금을 무턱대고 높일 수는 없어. 그랬다간 애써 일할 필요가 없다고 생각하게 될 테니까. 이 경우에도 아리스토텔레스의 중용을 생각하며 적절한 선을 찾아야겠지."

"외삼촌은 세금 내기를 좋아해요?" 페르디난트가 단도직입적으로 그렇게 물었다.

"글쎄다. 그건……."

외삼촌은 잠시 말을 잇지 못했다.

"좋다고까지는 말할 수 없지. 매달 돈이 빠져나가는 게 즐겁지는 않으니까. 덜 낼수록 좋지. 하지만 원칙적으로 볼 때 세금을 내는 것은 의미 있는 일이라고 생각해.

우선 내가 세금을 내는 대가로 거리가 청소되고 그 밖에도 많은 이로운 일이 생기지. 하지만 그것만이 아니야. 내가 세금을 내기 때문에 중요한 사회적 과제가 해결될 수 있는 거야. 사람들 사이의 빈부 차가 크면 사회가 불안해질 수밖에 없어. 결국 좀 더 평등한 분배가 이뤄지는 것은 부자들에게도 좋은 거야. 아무도 완전히 배제되지 않을 때만 사회 전체가 안정되는 거니까."

올바르게 사는 자는 조금도 불안하지 않다. 반면에 그릇되게 사는 자는 크나큰 불안에 시달린다.

에피쿠로스

그러자 피아가 말했다.

"따지고 보면 결국 개인의 이익을 위한 거군요. 자신이 안전하게 살기 위해 남도 생각하는 거니까. 모두를 위한 관점이란 건 없나요? 그런 방식으로는 빈부 문제가 해결될 수 없을 것 같아서 그래요."

고트프리트 외삼촌이 대답했다.

"네 말이 맞아. 안타까운 일이지. 사실 방금 얘기한 방식에 의해 많은 문제가 해결될 수 있기는 해. 하지만 네가 말한 것처럼 여전히 미진한 구석이 남지. 그건 우리가 영향을 미치기 어려운 많은 문제들이 섞여 있기 때문이야. 자신과 자신의 가족부터 생각한다는 건 어쩔 수 없는 인간 본성이야.

아무튼 너희들이 두 가지 점만은 잊지 말았으면 한다. 현대 사상가 중 이 문제에서 가장 큰 업적을 남긴 사람은 존 롤스라고 했지.

그런데 롤스의 얘기는 어디까지나 이론일 뿐이야. 아주 탁월한 이론이기는 하지만 만병통치약은 아니라는 거야. 완전히 다른 관점을 가진 사상가들도 많이 있어. 그러니까 너희들은 여러 가지를 참조하면서 스스로 생각하고 자신의 생각을 가다듬는 일을 게을리하면 안 돼."

"두 번째는 뭐예요?"

피아가 물었다.

외삼촌이 대답했다.

"정의가 유일한 도덕적 가치는 아니라는 점. 정의는 아주 높은 가치이지만 유일한 가치는 아니야. 당연히 우리는 어려움 속에 허덕이는 사람들을 수수방관해서는 안 돼. 하지만 어떤 사람의 개인적 성과가 모든 사람에게 이로움을 가져온다면 그 역시 가치 있는 것이라는 점을 인정해야 해. 결국 윤리학이 추구하는 것은 추상적 이념의 실현이 아니라 모든 사람에게 좋은 삶이니까."

"그런데 베컴이 훌륭한 경기를 보여주면 삶이 더 좋아져요. 그러니까 베컴은 많은 돈을 받아도 되는 거예요."

페르디난트가 말했다.

그러자 피아도 한마디 했다.

"하지만 빅토리아는 제발 노래를 부르지 않으면 좋겠어. 돈이야 많든 적든 상관없고. 그런 사람이 데이비드 베컴까지 남편으로 맞다니. 베컴이 나 같은 여자를 좋아하지 않는 건 불의야."

왜
환경을
생각해야
하나?

- 환경을 보호하려면 친환경 유기농 식품만 먹어야 하나?
- 인간을 위해 동식물을 희생하는 것은 항상 옳은 일일까?
- 환경을 보호하기 위해서는 자동차도 타면 안 될까?

물론 로냐도, 마티스와 로비스가 마티스 요새 너머에 있는 것들에 대해 이야기하는 것을 들은 적은 있었다. 마티스와 로비스는 강에 대해 이야기를 했다. 하지만 로냐는 마티스산 저 깊숙한 곳에서 거센 물살이 흘러나오는지 보고 나서야 강을 이해할 수 있었다. 마티스와 로비스는 숲에 대해서도 이야기했다. 숲도 그랬다. 바스락거리는 나무들로 빡빡한 숲이 얼마나 어둡고 신비스러운지 눈으로 직접 보고 나서야 숲을 이해할 수 있었다. 로냐는 살며시 웃었다. 산과 강이 거기 있어서였다. 로냐는 믿을 수가 없었다. 커다란 나무들과 넓은 강들이 바로 거기에 있으니, 진짜 웃을 만한 일이 아닌가!

로냐는 길을 따라서 곧장 울창한 숲으로 들어가 웅덩이에 다다랐다. 마티스는 웅덩이 너머로 더 나아가서는 절대로 안 된다고 했다. 웅덩이는 짙은 소나무들 사이 어두운 곳에 자리 잡고 있었다. 수련들만이 물위에 떠서 하얗게 빛을 발했다. 로냐는 그것들이 수련인지 알지 못했지만, 한참 동안 수련들을 바라보다가 살며시 웃었다. 수련이 거기 있어서였다.

　　—『산적의 딸 로냐』(아스트리드 린드그렌 지음, 이진영 옮김, 시공주니어)

11

페르디난트는 외삼촌의 차 안에 앉아 있었다. "외삼촌의 자동차 이름은 왜 '지미'예요? 외삼촌이 지어준 이름이에요? 나는 여자들만 자기 차에 이름을 붙이는 줄 알았는데."

"여자들만 그렇다는 편견은 버려. 너는 내가 여성적이라 생각하나 본데? 그렇게 생각해 주니 기쁘구나. 하지만 그 이름은 자동차 회사에서 붙인 거야. 이 자동차의 모델명이란 거야."

"멋진 모델명이에요." 자동차를 좋아하는 페르디난트가 말했다. 외삼촌의 차는 커다란 미제 자동차였다. 좌석은 두 개뿐이지만, 뒤에는 지붕 달린 화물칸이 있었다. 화물칸은 소형 자동차 한 대를 실을 수 있을 만큼 넓었다. 외삼촌이 외출할 때는 안톤이 그곳의 주인이 됐다. 하지만 안톤 혼자 쓸 수 있는 것은 아니었다. 외삼촌이 화물칸에 잡다한 물건을 싣고 다녔기 때문이다. 벼룩시장에서 구입한 낡은 전등이나 의자, 진기한 물건들을 실은 적도 있었지만, 대개는 가까운 쓰레기 처리장에 갖다 버릴 이 빠진 유리컵이나 금속 제품, 폐지 등이었다. 하지만 외삼촌이 쓰레기 처리장에 들리는 것을 매번 잊어버려서 화물칸에는 물건이 자꾸만 쌓여 갔다. 페르디난트는 지미의 화물칸 유리창을 자동으로 여닫을 수 있는 게 무엇보다 신기했다. 운전석에서는 버튼을 눌러 여닫았고, 바깥에서는 열쇠를 돌려 움직일 수 있었다.

페르디난트와 외삼촌은 산으로 놀러 가는 중이었다. 날씨가 화창해서 안톤을 데리고 야외에 나갔다 오기로 한 것이다. 외삼촌이 학교로 차를 몰고 왔기 때문에 페르디난트는 신이 났다. 엔진 소리가 묘한 멋진 자동차에 올라타는 페르디난트의 모습을 보고 친구들이 아주 부러워했다.

"8실린더 엔진이라 그런 소리가 들리는 거야. 이른바 빅 블록 모터지." 외삼촌이 말했다.

"전체 실린더의 용량은 얼마예요?" 페르디난트가 물었다.

"5.6리터. 210마력이야." 외삼촌은 그렇게 대답하면서 버튼을 눌러 화물칸 유리창을 닫았다. 차를 천천히 몰고 있는데 안톤이 자꾸만 차 밖으로 고개를 내밀었기 때문이다.

"와, 멋져요!" 페르디난트가 감탄해서 말했다.

"그런데 연료 소비량은 얼마나 돼요?"

"에, 그건, 그러니까……." 삼촌은 얼른 대답하지 않았다.

"왜 그러세요? 어서 말해보세요! 100킬로미터당 15리터겠죠?"

"어…… 그래." 외삼촌이 말했다. "여름에, 교외에서는. 그리고 기름을 아껴서 몰면 그렇지."

"예? 그러면 평소에는 연료가 더 많이 든다는 거예요? 겨울에 시내에서 운전할 때는 어느 정도나 되는데요?"

"나도 계산해 보지 않아서 몰라. 하지만 이런 차를 몰면 즐겁잖아? 즐겁게 살려면 돈이 좀 들 수밖에 없어."

그 점은 페르디난트도 인정했다. 하지만 아직 석연치 않은 점이 남았다. "그러면 환경은요? 이런 자동차를 몰고 다녀도 아무 문제가 없는 건가요? 이 차에 최소한 배기가스 정화 장치는 있어요?"

"물론이지." 외삼촌이 말했다. "이 차의 생산 연도 때문에 묻는 거니? 미국에서는 독일보다 먼저 정화 장치 착용을 의무화했어. 그래서 이 자동차는 1987년에 생산된 것이지만 그 장치가 붙어 있는 거야."

"하지만 기름을 너무 많이 소모하는 것 아닌가요? 환경도 생각해야 하지 않나요? 우리 생물 선생님이 늘 그런 말씀을 하시거든요. 그래서 선생님은 더 이상 차를 몰고 다니지 않으세요."

왜 살아가는 동안
환경도 생각해야 하나?

그러자 외삼촌이 말했다. "그래, 당연히 그래야지. 네 말이 맞아.

나도 그런 생각을 했기 때문에 가급적 차를 몰고 다니지 않아. 좀 먼 곳에 갈 때는 기차를 타지. 그러니까 엄격히 따지면 내가 다른 사람들보다 기름을 많이 소비하면서 사는 건 아니야."

"그렇군요. 어쨌거나 지미를 자주 몰 수 없다는 것은 참 안된 일이에요. 그런데 늘 환경을 생각해야 하죠? '녹색 황금률'이나 '자연 공리주의', '정언적 환경 명법' 같은 거라도 있나요? 아니면 제4계명과 제5계명 사이에 제4.5계명 같은 거라도 있나요? 이를테면 '네 어머니 자연을 존경하고 풀 한 포기라도 꺾지 마라.'는 계명."

"희한한 명칭들도 잘 지어내는구나. 그래도 꽤 마음에 드는 명칭들이다. 사실 내용적으로 보면 그런 것들이 있어. 최소한 비슷한 것들이. 지난 몇 년 동안 환경 윤리학이 윤리학의 고유한 분야가 됐거든. 하지만 언제나 그런 것은 아니었어. 예를 들어, 고대 철학자들은 자연을 인간에게 복속된 것으로 생각했어."

식물은 동물을 위해 존재하며, 동물은 인간을 위해 존재한다. 가축은 인간에게 유용하며 식품으로도 쓰인다. 야생동물은 (어쨌든 개중 다수는) 인간에게 고기를 제공하고, 의복이나 갖가지 도구처럼 인간이 사는 데 필요한 많은 것을 만드는 데 쓰인다. 그처럼 자연은 쓸모없는 것을 산출하지 않으므로, 자연이 인간을 위해 동물을 탄생시켰다는 것은 부인할 수 없는 진리이다.

아리스토텔레스

"왜 최근 들어 상황이 달라진 거예요?" 페르디난트가 물었다.

"지난 몇 십 년 동안 여러 가지 환경문제가 발생하면서 자연에 대한 의식이 달라진 거야. 그전에는 사람들이 자연에 대해 신경도 쓰지 않았어. 물론 일찌감치 이 문제를 의식한 사람들도 있었지. 그중 한 사람이 특히 중요해."

"그게 누군데요."

"아프리카의 오고우에강으로 간 알베르트 슈바이처^{1875년~1965년, 프랑스의 의사.- 옮긴이}야. 이 사람에 관해서는 이미 들어봤겠지?"

"예. 원시림의 박사 말이군요. 그 사람은 거기서 밤마다 오르간을 연주했다죠? 내가 잘 시간이면 아빠가 이렇게 말하곤 해요. '밤이 늦었어요, 슈바이처 박사님.'"

"그래, 그 사람이야. 알베르트 슈바이처는 1915년 증기선을 타고 아프리카의 오고우에강으로 갔어. 거기서 생활하면서 '생명에 대한 경외'의 원칙을 생각해 냈지. 그건 생명은 어떤 종류이건 성스럽다는 원칙이야. 인간이건 동물이건 식물이건 말이야."

참된 철학은 의식에 주어진 가장 직접적이고 가장 포괄적인 사실에서 출발한다. 그 사실은 다음과 같은 것이다. '나는 살고자 하는 생명 한가운데서 삶을 원하는 생명이다.' (……) 생명을 유지하고 촉진하는 것은 선하며, 생명을 망치고 제거하는 것은 악하다. (……) 인간은 그가 도울 수 있는 모든 생명을 도와야 한다는 의무에 순종하고 생명 있는 것을 해치려 하지 않을 때에만 참으로 윤리적이다. 참으로 윤리적인 인간은, 이 런저런 생명이 어느 정도나 헌신적 보살핌을 받을 가치가 있는지 묻지 않으며, 그 생명에게 얼마나 감각 능력이 있는지도 묻지 않는다. 참으로 윤리적인 인간은 생명을 그 자체로 성스럽게 여긴다.

알베르트 슈바이처

"그건 너무 광범위하네요." 페르디난트가 말했다.

"그래. 슈바이처도 그 점을 알고 있었어. 의사였던 그는 박테리 아에 감염된 인간을 치료하려면 박테리아를 죽여야 한다는 문제에 봉착했지."

"박테리아는 당연히 죽여야죠. 그렇지 않으면 인간이 죽으니까요. 박테리아를 해치지 않겠다고 인간이 죽게 내버려둘 수는 없어요."

"맞아." 외삼촌이 말했다. "누구라도 그렇게 생각할 거야. 슈바이 처도 마찬가지였고. 이런 생각은 생명을 중심에 두기 때문에 '생명 중심주의'라고 불러. 동물들에 관해서는 옛날 사람들도 많은 생각 을 했지. 칸트도 동물을 보호해야 한다고 말했어. 하지만 그는 이 성을 가장 중요한 것으로 여겼고 동물에게는 이성이 없다고 봤지. 그래서 동물을 위해 동물을 보호해야 하는 것은 아니라고 말했어."

그러나 동물은 자신을 의식하지 못하기에 그저 수단으로만 존재하는 반면 에 인간은 목적이므로 (……) 우리는 동물에 대해 직접적으로 의무를 갖지 않으며, 동물에 대한 의무는 인간에 대한 간접적 의무이다. 왜냐하면 동물을 잔혹하게 대하는 사람은 인간에게도 잔혹하기 때문이다.

이마누엘 칸트

"동물을 위해 동물을 보호할 필요는 없다는 게 무슨 뜻이에요?"

"동물에게 잔혹한 짓을 하지 못하게 하는 것은 인간을 위해서라는 게지. 동물에게 잔혹한 사람은 이성적 존재인 인간에게도 잔혹하기 마련이므로 그런 짓을 막아야 한다는 거야. 즉 칸트 사상의 중심에는 이성적 존재인 인간이 있어. 그래서 이런 사상을 '인간중심주의'라고 부르지."

"그건 너무해요."

"다른 사람들도 그런 말을 했어. 예를 들어 영국 철학자 제러미 벤담은 고통을 느낄 수 있는지 여부가 중요하다고 했어. 고통을 느낄 수 있는 생명체는 무엇이든 보호되어야 한다는 거지. 이 이론을 '감각 중심주의'라고 불러."

우리가 물어야 하는 것은, 그들이 생각할 수 있는가가 아니고 그들이 말할 수 있는가도 아니며 그들이 고통을 느낄 수 있는가이다.

제러미 벤담

"왜 꼭 무슨 '주의'라는 말을 붙여 복잡한 이름을 만드는 거죠?

그런 이름만 들어서는 아무것도 이해할 수가 없어요. 외삼촌이 설명해 주면 이해가 가지만요. 어쨌든 안톤을 보고 있으면 내 말을 모두 알아듣는다는 생각이 들 때가 있어요. 사람들보다 더 잘 이해한다는 느낌도 들고요." 페르디난트가 말했다.

"나도 그래. 안톤은 참 착한 동물이지. 그런데 현대 철학자 중에 그와 비슷한 생각을 한 사람이 있어. 피터 싱어1946년~, 오스트레일리아의 철학자.- 옮긴이야. 싱어는 하나의 생명체가 고통이나 행복, 기쁨을 느낄 수 있는가가 결정적으로 중요한 문제라고 봤어. 생명체가 그런 것을 느낄 수 있다면 인간보다 덜 보호받아야 할 이유가 전혀 없다는 거지. 싱어는 이것을 인종주의와 비교해서 설명했어. 인종주의자들은 예를 들어 피부색이 다르다는 이유로 더 적은 권리를 부여하려 하지. 싱어에 따르면, 인간 이외의 생명체를 차별하는 태도는 인종주의와 유사한 '인간 종족 주의'야. 상당히 도발적인 명칭이지. 오늘날 일종의 인종주의자라는 말을 듣고 좋아할 사람은 없을 테니까."

> 만약 어떤 존재가 고통을 받는다면, 이 고통을 고려하지 말아야 할 도덕적 이유란 있을 수 없다. (……) 인종주의자들은 자기 인종과 다른 인종 사이에 이익 충돌이 생기면 자기네 이익을 더 중요시함으로써 평등의 원칙을 위반한다. (……) 인간 종족 주의자들은 돼지나 쥐의 고통이 인간의 고통만큼이나 나쁜 것이라는 점을 인정하지 않는다.

"나 참. 명칭 한번 어렵네요. 좀 간단하게 표현하면 안 되나요?"

"물론 이런 개념들을 사용하지 않고도 설명은 할 수 있어. 하지만 전문적인 토론을 할 때는 이런 개념들이 필요해. 그리고 윤리학 토론에서는 싱어의 견해가 자주 다뤄지고 있어. 싱어는 동물들의 가치를 더 높여주기를 원해. 그리고 그는 동물과 인간을 더 이상 구분하지 않아. 이제는 아무것도 느낄 줄 모르게 된 인간에게 어째서 더 많은 권리를 줘야 하냐는 말도 하지."

"어떻게 생각해야 할지 잘 모르겠어요. 그래도 사람은 사람인데." 페르디난트가 말했다.

"그래. 바로 그게 문제야. 그처럼 단순하지가 않아."

"정말이에요! 이건 정말 쉽지 않은 문제예요."

"생각해 볼 게 한 가지 더 있어." 외삼촌이 말했다.

"뭔데요?"

"책임."

"무엇에 대한 책임 말예요?"

"지구와 인류에 대한 책임."

"그건 또 무슨 말이에요? 내가 이 지구와 인류 전체에 대해 책임을 느껴야 한다는 거예요?" 페르디난트가 물었다.

"어떤 의미에서는 누구에게나 그런 책임이 있어. 한스 요나스

1903년~1993년, 독일의 철학자.- 옮긴이란 사람이 쓴『책임의 원칙』이라는 책
이 있지. 아까 네가 '정언적 환경 명법'이란 말을 했지? 바로 그런
사상을 요나스가 말하고 있어." 외삼촌이 말했다.
 "신난다! 정말 그런 게 있어요?"

 새로운 유형의 인간 행위에 적합하고 새로운 유형의 행위 주체에 걸맞
 은 명법은 대략 다음과 같은 것일 수 있다. '너의 행위의 효과가 지상에
 서 진정한 인간적 삶의 지속과 조화될 수 있도록 행위하라.' 이를 부정
 적 형태로 표현하면 다음과 같다. '너의 행위의 효과가 인간 생명의 미
 래적 가능성에 대해 파괴적이지 않도록 행위하라.' 이는 다음과 같이 간
 단하게 서술될 수 있다. '지상에서 인류의 무한한 존속을 가능하게 하
 는 조건들을 위협하지 마라.' 이를 다시 긍정적 형태로 전환하면 다음과
 같다. '미래의 인간 불가침성을 너의 의욕의 동반 대상으로서 현재의
 선택에 포함시켜라.'

 한스 요나스

 "요나스가 주로 다룬 것은 기술 발전이 세계에 미치는 영향이야.
이 철학자는 우리가 인간의 삶 전체를 위협하지 않는 것만을 행해
야 한다고 말했어."
 "별로 새로운 얘기도 아니네요. 하지만 요즘은 세계를 파괴할 만
한 무기 따위를 만들려는 사람이 없어요. 그게 나쁜 짓이라는 건

누구나 아니까요."

"그렇지도 않아. 원자폭탄을 생각해 보렴. 세계를 파괴할 수 있는 그런 무기는 지금도 세계 곳곳에 있어. 그런데 요나스의 특별한 점은 그가 '원거리 윤리학'을 생각했다는 점이야. 공간적으로나 시간적으로나."

"원거리 윤리학? 시간적으로나 공간적으로나? 그게 무슨 말이에요?"

"요나스에 따르면 예전에는, 예를 들어 칸트의 정언명법에서는 한 개인이 지금 행하는 것만을 염두에 두었어. 하지만 요나스는 그것만으로는 부족하다고 생각해. 인간의 행위들이 지구 전체에 그리고 인류 전체에 어떤 영향을 미칠지 생각해야 한다는 거야. 그리고 지금만이 아니라 미래에 어떤 영향을 미칠지도 생각해야 한다는 게지."

"그러니까 지금 내가 하는 일이 백 년 후 어떤 위험을 가져올지도 생각하라는 거군요. 그렇게까지 생각해야 할 문제들이 있어요?"

"물론이지! 오존층에 뚫린 구멍을 생각해 봐. 오랫동안 사람들은 그런 문제가 있다는 것조차 알지 못했고 또 오랫동안 그 이유를 알아내지 못했어. 이제는 스프레이의 충전 가스나 냉장고 냉각제가 그 주범임을 알고 있지. 하지만 그런 물질은 이미 대기 중에 널리 퍼졌고 빠른 시간 내에 제거할 수 없게 되었어. 또 지구온난화도 생각해 보렴. 이제는 잘 알려져 있지만 그건 대기 중의 이산화탄소 때문이야. 최근 수십 년 동안 우리 인간이 만들어 내는 이산화탄소의 양이 아주 많아졌지. 그래서 요즘 사람들은 앞으로 몇 십년 동안 이 때문에 어떤 문제가 발생할지 연구하고 있어."

"아유, 그럼 앞으로는 친환경 옷과 샌들만 신고 다녀야 할지도 모르겠네요. 그렇게 되는 건 싫은데. 아니면 친환경 유기농 식품만 먹어야 하거나. 하지만 그런 것을 먹는 게 바람직한 것이기는 하죠?"

환경을 보호하려면
친환경 유기농 식품만 먹어야 하나?

"그런 생각은 어떻게 하게 됐니?" 외삼촌이 물었다.

"내 친구 마르크네 집에서는 유기농 식품만 먹어요. 그리고 얼마 전 엄마와 아빠도 그에 관해 서로 얘기를 했고요."

"그래? 어떤 일이 있었는데?" 외삼촌이 물었다.

"몇 주 전 아빠가 장을 봐 왔어요. 무슨 전자 제품이 아니라 고기와 야채 같은 식료품을 사온 거예요. 엄마는 놀라서 눈이 휘둥그레졌죠. 아빠가 식료품을 사온 것은 처음 있는 일이었으니까요. 그래서 엄마가 어쩐 일이냐고 물었어요."

"아빠가 뭐라 대답하디?"

"아빠는 텔레비전과 신문을 보고 뭔가 알게 됐다고 했어요. 평소 엄마가 건강에 나쁜 식품들만 산다는 걸요."

"엄마가 화를 냈겠구나."

"물론이죠. 엄마가 말했어요. '내가 몸에 나쁜 것만 산다고? 그럼 앞으로는 당신이 장을 봐. 이왕이면 요리와 청소도 하지 그래? 나는 물론이고 청소하는 마리아 아줌마도 제대로 하는 게 없을 테니까.'"

"그래서 어떻게 됐니?"

"그러자 아빠가 말했지요. '이건 다 우리 가족 모두를 위해서야. 그래서 친환경 유기농 식품점에서 장을 본 거야.' 엄마는 마음이 조금 누그러져서 아빠가 사 온 물건들을 들여다봤어요. 하지만 가격표를 보고는 뒤로 까무러칠 뻔했죠. '유기농 식품들이 비싸다는 얘기는 들었지만 이건 너무해. 보통 식료품보다 두 배나 비싸. 이런 것만 사서 쓰면 생활비가 지금보다 몇 배는 들 거야. 환경보호나 동물 보호에는 찬성하지만 이건 좀 심해. 이런 데서 파는 햄은 도살한 돼지가 아니라 죽을 때까지 쓰다듬고 어루만진 돼지들로 만드나 보지? 그런 건 다 좋지만, 이미 성경에도 나와 있잖아? 이세상은 인간의 지배 아래 있어야 하는 거라고.' 엄마는 이렇게 말했어요."

하느님께서는 그들에게 복을 내려주시며 말씀하셨다. "자식을 낳고 번성하여 온 땅에 퍼져서 땅을 정복하여라. 바다의 고기와 공중의 새와 땅위를 돌아다니는 모든 짐승을 부려라!"

구약성서 「창세기」 1장 28절

"그러자 아빠가 뭐라던?"

"아빠는, 환경도 환경이지만 우리 가족이 독극물을 먹지 않고 사는 게 중요하다고 말했어요. 그래서 앞으로는 유기농 식품만 먹어야 한다고요."

"그때부터 너희 집에서는 유기농 식품만 먹니?"

"아뇨. 아빠는 한두 번 더 그런 것들을 사왔어요. 하지만 돈이 너무 많이 들었죠. 게다가 한 번은 아빠가 사과를 사왔는데, 죄다 벌레 먹은 거였어요. 아빠는 아주 흥분해서 말했죠. '유기농도 좋지만 최소한 성한 사과를 팔아야 할 거 아니야!'"

"그러면 너는 어떻게 생각하니? 우리가 친환경 유기농 식품을 먹어야 한다고 생각하니?" 외삼촌이 물었다.

"어느 정도는 그래야 한다고 생각해요. 하지만 유기농 사과보다는 보통 사과가 더 맛있어요. 그리고 유기농 재료로 만든 음식도 맛이 좀 이상해요. 마르크의 엄마는 유기농 재료만 써서 요리를 하는데, 그걸 먹으면 자꾸 목이 메어요. 그리고 케이크는 전혀 달지 않아요. 유기농 재료로 만든 음식은 왜 모두 맛이 그런지 모르겠어요."

"나도 왜 그런지 모르겠더라." 외삼촌이 말했다.

"외삼촌도 친환경 유기농 식품점에서 장을 봐요?" 페르디난트가 물었다.

"응. 100퍼센트는 아니지만 가급적 거기서 장을 보려고 하는 편이야."

"하지만 외삼촌이 만든 케이크는 아주 맛있어요. 전에 먹은 자두 케이크도 그랬어요. 마르크네 엄마가 만든 것처럼 이상하지 않았어요. 왜 그럴까요?"

"마르크의 엄마는 통밀을 쓰고 꿀로만 단맛을 냈을 거야. 나는 통상적인 방식으로 케이크를 만들어. 재료만 유기농 식품점에서 사는 거지."

"그래도 건강에 좋은가요?"

"그다지 좋지는 않을 거야. 하얀 밀가루보다는 통밀을 먹는 게 건강에 더 좋으니까. 그리고 나는 몸에 좋지 않은 설탕도 사용해."

"왜요?" 페르디난트가 물었다.

"나는 백 살 넘게 살겠다는 생각은 별로 하지 않아. 그보다는 우리가 먹는 식품이 제대로 생산되는 게 더 중요하다고 생각해."

"'제대로 생산된다'는 게 무슨 뜻이에요?"

"남유럽의 온실에서 재배되는 채소들은 제대로 생산된 식품이 아니야. 흙이 아니라 인공 배양토에서 재배되고 온도 등의 조건도 인위적으로 조절되는 경우가 많지. 그런 채소는 생김새나 맛으로도 구별할 수 있어. 예를 들어, 그렇게 재배한 토마토는 제 맛이 안

나고 사과처럼 단단해. 그런 토마토가 이탈리아나 스페인에서 차에 실릴 때는 아직 시퍼런 경우도 많지. 운송 도중 시들지 않게 그런 상태에서 수확하는 거야. 또 레토르트 식품이라 불리는 완제품들도 좋은 게 아니야. 어떤 재료를 썼는지 알 수 없을 뿐 아니라 값도 무척 비싸니까."

"그러니까 외삼촌은 맛이 더 좋기 때문에 제대로 생산된 식료품을 사는 거예요?"

"그래. 하지만 그게 다는 아니야. 다른 이유도 있어. 할인 매장에서 파는 물건들의 가격을 생각해 보렴. 그 가격에서 포장비와 운송비와 할인 매장에서 취할 이윤을 빼 봐. 남는 것은 어떤 경우에도 제대로 된 식품을 생산할 수 없는 금액이야. 놀라울 것도 없어. 그런 물건은 질이 아주 낮거나 농사짓는 사람들의 희생을 바탕으로 한 거야. 대규모 마켓들은 생산자에게서 한 푼이라도 깎으려 드니까."

"그런 점은 전혀 생각하지 못했어요. 우유 하나를 사러가서도 그 모든 것을 생각해야 하다니." 페르디난트가 말했다.

"하지만 우리는 그런 점들을 생각해야 해. 그리고 또 한 가지. 나는 '요구르트의 여행'을 생각하면 화가 나."

"요구르트의 여행이라뇨?"

"슈퍼마켓에 가서 식품들의 생산지를 잘 보렴. 우리나라에서 생산된 것도 있지만 다른 유럽 나라들에서 생산된 것도 많아. 나도 이탈리아나 프랑스, 스페인에서만 생산되는 특제품들을 싫어하지는 않아. 맛있으니까. 하지만 우리 도시에서 20킬로미터만 가면 낙농가들이 있잖아? 그런데 왜 600~800킬로미터 떨어진 곳에서 운반해 온 것들을 먹어야 하는지 알 수가 없어. 나보다 더 많이 여행한 요구르트를 꼭 먹어야 하는 걸까?"

"맞아요. 굳이 먼 데서 수입해 온 것을 먹을 필요는 없죠." 페르디난트가 말했다.

"고기와 소시지류의 경우에는 이 문제가 특히 중요해."

"어째서요? 그것들도 먼 데서 빙 돌아오나요?"

"응. 그런데 더 나쁜 것은 동물들이 도살되기에 앞서 아주 먼 곳에서 운송되어 온다는 점이야. 그리고 대규모 사육도 큰 문제야. 너도 알지? 수많은 닭들을 너무 좁은 우리 안에 가둬두는 그 양계장 말이야. 우리 인간이 꼭 고기를 먹어야 하는지에 대해서도 논란이 있을 수 있겠지만, 먹어야 한다면 적절하게 사육된 동물의 고기를 먹어야 해. 동물들도 고통을 느낄 수 있는 생명체이기 때문이야."

"하지만 유기농 상점의 물건들은 무지하게 비싸요. 그런데도 그런 물건을 사야 하나요? 또 환경에 해가 되니까 자동차도 타고 다니면 안 되나요? 내가 먹는 토마토 때문에 지구가 죽을 수도 있으니까요. 지미 자동차도 그렇고요."

환경보호를 위해서라면 무엇이든 포기해야 하나?

"지미 하나가 지구를 죽이지는 않겠지만 분명히 환경오염의 원인이 되지. 물론 이렇게 반박하는 사람도 있을 거야. 지구에 사는 수십 억의 사람들 중 하나에 불과한 우리가 하는 일은 아주 미미한 거라고. 그 말도 틀리지는 않아. 나 개인의 행동이 전 세계에 미치는 효과는 전혀 측정되거나 확인될 수가 없어. 긍정적인 면에서나 부정적인 면에서나 모두 그렇지. 즉 내가 환경을 좀 오염시켜도 표나지 않고 환경을 보호하려 해도 표 나지가 않아."

"그러면 별생각 없이 살아도 되는 거군요."

"아니야. 여러 가지 이유에서 그렇지 않아."

"왜요?"

"우선 일반화의 원리를 생각해 보자. 이 원리는 정언명법의 근거가 되는 것이기도 한데, 이건 '모두가 행해도 괜찮은 것만이 좋은 것이다.'라는 원리야. 그런데 우리 각자가 환경을 오염시키는 것은 이 원리에 완전히 위배되는 거야."

"그러니까 '대기를 오염시켜라.'는 보편적 법칙이 될 수 없다는 거군요."

"그래, 그거야. 그리고 우리 중 많은 사람이 조금만 잘못해도 환경은 금세 파괴될 수 있어. 예를 들어 많은 사람이 차를 운전하기 때문에 공기가 오염되지. 누구나가 환경 파괴에 조금씩 가담하고 있다는 거야. 내 잘못은 아주 사소한 것이므로 환경 파괴와 아무 관계가 없다는 말은 할 수 없어. 그러니까 누구나 환경보호에 조금씩 기여할 수 있고 또 그래야만 하는 거야. 지구 전체를 생각하든 내 주변을 생각하든, 환경보호는 결국 단 한 가지 물음으로 귀결돼. 그건 내가 마신 음료수병을 숲에 버려도 되는가라는 물음이야."

"무슨 말인지 모르겠어요."

"간단한 얘기야. 우리 각자는 사는 동안 이 세상에 얼마만큼 부담을 줘도 괜찮을지 늘 생각해야 한다는 거야. 우리는 모두가 쓰레기를 만들어 내는 사람이라는 것을 분명히 깨닫고 있어야 해. 장을 볼 때도 늘 그 생각을 해야 해."

"장을 볼 때도요?"

"응. 네가 사는 물건은 소비자인 너를 위해 생산된 것이야. 그러니까 환경을 많이 오염시키면서 생산된 물건을 네가 산다면 너도 환경오염에 책임이 있는 거야."

"그렇다면 아무것도 할 수 없겠네요. 겨울에 난방을 해서는 안돼요. 자동차나 기차는 에너지를 소비하니까 걸어 다녀야 하고요. 숨도 쉬지 않는 게 제일 좋을 거예요. 숨을 쉴 때 이산화탄소를 배출하니까. 이산화탄소 때문에 지구온난화가 일어나는 거잖아요? 그러니 아예 살지 말라는 얘기네요."

"그럴 수야 없겠지." 외삼촌이 말했다. "여기서 다시 아리스토텔레스의 중용론으로 돌아가야 할 것 같구나. 그 얘기 기억하니?"

"예. 무엇이든 너무 지나치면 안 된다."

"그건 여기서도 마찬가지야. 극단은 피해야 해. 당연히 숨은 쉬며 살아야지. 하지만 겨울에 창문을 연 채 난방을 해서는 안 돼. 추위에 떨어서는 안 되겠지만 실내 온도를 충분히 낮출 수는 있어. 집에서도 티셔츠만 입지 말고 스웨터를 껴입고 있으면 돼. 장을 보거나 야외에 갈 때 자동차를 타는 것은 좋아. 하지만 집 근처의 우체통까지 차를 몰고 가는 것은 곤란해. 가까운 거리는 그냥 걷거나 자전거를 타는 게 좋다는 거야. 그리고 먼 곳에 갈 때는 가급적 기차를 타는 게 좋겠지."

"하지만 그렇게 살려면 불편하고 번거롭잖아요?"

"그건 맞아. 하지만 우리는 어느 정도 포기하며 살아야 해. 모든 것을 누리며 살려 해서는 안 된다는 거야. 물론 모든 걸 포기할 수도 없겠지. 하지만 우리의 경제생활을 좀 더 규모 있게 하려고 노력해야 해. 너도 알다시피, 나는 차를 몰고 나갈 때마다 낡은 병과 신문을 함께 가져가. 쓰레기처리장에 버리려고. 그게 나는 즐거워."

"좀 유난 떠는 것처럼 보이기도 해요."

"하하. 그래, 그렇게 보이기도 하겠지. 물론 간단히 집 앞 쓰레기통에 버리는 게 더 쉽고 편해. 하지만 우리 모두 조금씩 노력해야 해."

"그러면 비싼 유기농 식품을 먹는 것은요?"

"그것도 마찬가지야. 계란을 먹고 싶다면, 불쌍한 닭들에게 충분한 자리를 줘 가면서 키운 양계장의 계란을 먹어야 해. 값이 싸다는 이유만으로 공책만 한 자리에 닭을 가둬두고 키우는 양계장의 계란을 사면 안 돼."

"나는 이제부터 계란을 먹지 않을래요."

"그것도 한 가지 방법이지. 하지만 네 말은 믿기 어려운걸. 그러면 계란을 넣은 카이저슈마른독일의 바이에른 지방과 오스트리아에서 즐겨 먹는 일종의 팬케이크.-옮긴이도 안 먹을 거냐?"

"아니, 아니. 그건 물론 먹어야지요."

"아무튼 다른 부분에서 절약할망정 그런 데는 돈을 더 써야 해. 내가 말을 너무 쉽게 한다는 것은 알아. 하루하루 먹고 살기 힘든 사람도 많으니까. 하지만 그런 점은 늘 생각해야 해."

"으음. 맞는 얘기 같아요." 페르디난트가 말했다.

"그러면 이 맥락에서 중요한 사상을 하나만 더 얘기하자. 이것도 한스 요나스와 연관된 것인데, 이른바 '개선설'이란 거야."

"개선설이라고요?"

"응. 개선설은 독어로 '멜리오리스무스Meliorismus', 영어로는 '밀리어리즘Meliorism'인데, 말뜻 그대로는 '악의 우선성'을 의미해."

"악이 제일 중요하다고요? 나 참, 뭔 말인지." 페르디난트는 이해할 수가 없었다.

물론 이러한 불확실성은 불행의 예언에만 국한되지 않으며, 그 불확실성으로 인해 우리가 의도하는 미래의 책임에 대해 윤리적 통찰이 아무 영향을 미치지 못하게 될 수도 있다. 그러나 바로 이러한 불확실성이 윤리 이론에서 고려되어야 하며, 그것은 실천적 규정으로서 효력을 나타낼 수 있는 새로운 원칙을 사유하는 동기가 되어야 한다. 소박하게 말해서, 그것은 구원의 예언보다 불행의 예언에 더 주의를 기울여야 한다는 규정이다.

한스 요나스

"요나스의 생각은, 모든 중요한 문제를 생각할 때는 최악의 상황을 고려하는 것에서 출발해야 한다는 거야."

"무슨 말인지 모르겠어요."

"예를 들어 새로 개발한 기술이 지구에 악영향을 끼칠지 확실히 알 수 없다면, 그 점이 명확히 밝혀질 때까지는 해를 끼칠 것이라고 전제해야 한다는 거야. 위험성이 밝혀지기 전까지 그 기술을 그냥 사용한다면 나중에 위험성이 입증되었을 때는 이미 늦는다는 거지. 그때는 더 이상 돌이킬 수 없는 상황이 된다는 거야."

"아유, 왠지 무시무시한 느낌이 드네요." 페르디난트는 잠시 생각을 하다가 말했다. "그렇다면 엄마가 인용한 성경 구절은 어떻게 이해해야 하나요? '땅을 정복하여라. 모든 짐승을 부려라!'는 구절 말이에요."

"그건 참 흥미로운 구절이지. 거기서도 뭔가 배울 수 있어." 외삼촌이 말했다.

"예? 그럼 맞는 말이라는 거예요?"

"응. 하지만 흔히 생각되는 것과는 좀 다른 뜻으로 이해해야겠지."

"어떤 뜻으로요?"

"그 구절은 물론 여러 가지 의미로 이해될 수 있어. 환경보호론자들의 주장을 반박할 때도 그 구절을 인용할 수 있겠지. 버트런드 러셀1872년~1970년, 영국의 철학자.- 옮긴이이 말했듯이, 대부분의 인간은 자기들 공동체의 성스러운 책에서 자기들에게 유리한 것만 찾아내는 경향이 있어. 다른 많은 점에서도 그렇지만, 나는 이 점에서 러셀의 말이 아주 옳다고 생각해. 사실 성경에는 그와 다른 구절, 즉 인간이 땅을 지키고 보호해야 한다고 말하는 구절도 있어. 따라서 '땅을 정복하라.'는 구절을 액면 그대로 이해해서는 안 된다고 생각해."

야훼 하느님께서 아담을 데려다 에덴에 있는 이 동산을 돌보게 하셨다.
구약성서 「창세기」 2장 15절

"그럼 어떻게 이해해요?" 페르디난트가 물었다.

"아마 완전히 다른 의미였을 거야."

"어떻게 그럴 수가 있어요? 그 구절은 아주 분명하게 표현되었는데."

"오늘날 보기에는 오해의 여지가 없는 것 같겠지. 하지만 성경 같은 책은 번역된 텍스트이고 모든 번역에서는 언제나 빠지는 부분이 있다는 점을 생각해야 해. 그리고 그것이 쓰여진 시대적 배경도 잊지 말아야 해. '정복하라'와 '지배하라'는 오늘날의 표현 방식으로 '소유하라'와 '돌보라'의 의미였는지도 몰라. 지배 내지 복속 관계는 부당한 것이기는 하지만 언제나 보호와 돌봄도 포함하니까. 물론 그 성경 구절에서 지배와 복속이란 말이 보호와 돌봄의 뜻이라고 간단히 말할 수야 없겠지만."

"좀 어리둥절하네요. 뜻이 분명해 보이는 문장이 있는데, 실제의 의미는 다른 거라니." 페르디난트는 잠시 생각에 잠겼다.

"그런데요, 외삼촌!"

"뭐?"

"한 가지 더 말하고 싶은 게 있어요."

"뭔데?"

"외삼촌은 지미가 기름을 너무 많이 먹기 때문에 기차를 자주 탄다고 했는데, 그건 너무 웃기는 얘기예요."

"왜?" 외삼촌은 별로 기분 좋은 표정이 아니었다.

"외삼촌이 정말로 환경을 생각한다면 무조건 기차만 타고 다녀야 해요. 연료 소비가 큰 자동차를 갖고 있다는 이유만으로 기차를 자주 타는 게 아니고요. 설령 외삼촌이 에너지 절약형 자동차를 타고 다닌다 해도 환경을 오염시키는 것은 마찬가지예요. 그래 봤자 자신의 양심을 좀 달래는 것에 불과하다는 거예요."

"그건 그래." 외삼촌이 한숨을 쉬며 말했다. "네 말이 100퍼센트 맞아. 하지만 나는 이렇게 말하고 싶구나. 나는 지미를 몰고 다니는 게 즐거워. 그리고 나는 성인군자가 아니야. 사실 너도 내가 성인군자가 아닌 게 더 좋지 않니?"

"그것도 맞아요." 페르디난트가 말했다.

이제는 외삼촌이 생각에 잠겼다가 잠시 후 입을 열었다.

"지금까지 얘기한 모든 것과 관련해서 네가 꼭 생각해야 할 게 있어."

"그게 뭔데요?"

"제일 중요한 거야. 사람들이 너한테 정답이라 내미는 것을 그냥 믿어버려서는 안 돼. 언제나 네 스스로 많은 생각을 하고 네 생각을 다듬어야 해. 그리고 네 믿음, 네가 옳다고 여기는 것, 네가 취하는 태도에 반드시 책임을 져야 해."

"하지만 그건 정말 힘든 일이에요."

"그래, 당연히 힘들지. 하지만 그런 게 바로 자유야."

저자의 말

옳다는 것은 무엇인가?

"그렇게 해야 하나?", "그게 올바른가?", "그러지 말아야 할까?"

우리는 무엇이 올바른 것인지 정확히 알 수 없는 상황에 자주 처하게 된다. 그런데 어떤 사람들은 무엇이 올바른 것인지 정확히 알고 있는 것 같다. 그들은 말한다. "그러면 안 돼!", "이렇게 해야 해!", "그건 도덕적으로 옳지 않아!" 하지만 도덕이니 뭐니 하는 얘기가 나왔다 하면 금지와 경고의 내용뿐이다. 도덕이란 것은 사는 것을 더 어렵게 만들고 즐거움을 망치는 역할밖에 하지 않는 것처럼 보인다.

그렇다면 이런 경우는 어떨까? 예를 들어, 어떤 사람이 거짓말을 하지 않기 때문에 그 사람을 믿을 수 있다면 좋은 것이다. 또 어려운 일이 생길 때 누군가 꼭 도움을 주리라 믿을 수 있는 것도 좋은 것이다.

그런데 거짓말을 하지 않는 것과 다른 사람을 돕는 것 역시 사실은 도덕의 문제이다. 어쨌든 남에게 속지 않거나 다른 사람의 도움을 받을 수 있다는 것은 바람직한 것이며, 여기에는 우리가 생각해 볼 중요한 점들이 있다. 우리는 "그러면 안 돼!"나 "그렇게 해야만 해!"와 같은 말에 무조건 복종해서는 안 된다. 그보다는 내게, 그리고 다른 사람들에게 무엇이 최선인가를 생각하는 것이 더 중요하다.

물론 이런 문제에 관해 생각한다는 게 간단하지 않은 경우도 자주 있다. 도둑질을 하면 안 된다는 얘기는 이미 백번쯤 들었다. 그리고 다른 사람을 괴롭히지 말라는 얘기도 귀가 아플 만큼 들었다. 하지만 상황이 그처럼 명확하지 않을 때도 있지 않은가? 예를 들어, 다른 사람을 돕기 위해서라면 거짓말도 할 수 있지 않을까? 또는 내가 좀 더 편해지려고 사소한 거짓말을 한다면 그게 그렇게 나쁜가? 이런 물음들을 생각하다 보면 더 많은 물음들이 떠오른다. 도대체 이런 것은 옳고 저런 것은 옳지 않다고 말하는 사람은 누구인가? 살다 보면 거짓말을 할 수도 있는 상황, 더 나아가 거짓말을 해야만 하는 상황도 있지 않은가?

이런 생각을 하다보면 우리는 아주 중요한 물음, 어쩌면 가장 중요한 물음에 맞닥뜨리게 된다. 그것은 '왜?'라는 물음이다. '왜 거짓말을 하면 안 되나?', '왜 다른 사람을 도와야 하나?', '왜 도덕적 규칙들이 존재하나?', '그런 규칙들이 정말 의미 있는 것인가?'

우리는 나이가 많건 적건 늘 이런 물음들에 직면한다. 이따금 우리는 어린 시절 읽었던 책들에서 이미 이런 물음들과 마주쳤음을 기억하고는 놀라곤 한다. 하지만 그 물음들 중 많은 것에 대해서는 지금까지도 올바른 답을 알지 못하고 있다.

이 책에 나오는 페르디난트와 그의 누나 피아도 그렇다. 두 아이는 이런 물음들에 관해 엄마와 아빠에게 물어본다. 그리고 식사를 하는 자리에서 토론도 한다. 그러나 두 아이가 가장 많이 대화를 나누는 사람은 고트프리트 외삼촌이다. 외삼촌은 아주 어려운 것을 물어도 답을 알 때가 많기 때문이다.

누군가의 일방적 지시를 받아 행동하는 것은 바람직하지 않다. 우리는 좀 더 확실하고 자신 있게 그리고 자유롭게 결정을 내릴 수 있다. 우리는 난처한 상황에 처했을 때 좀 더 확신을 갖고 자신의 태도를 결정할 수 있어야 한다. 더 이상 "원래 그런 것이니까 그렇게 해!", "그렇게 하는 게 당연해!" 같은 말에 휘둘려서는 안 된다. 우리는 무엇이 올바른 것인지 스스로 결정할 수 있다. 자신의 삶의 주인이 될 수 있다. 그리고 그것이 얼마나 멋진 일인지 알게 될 것이다!

이 책을 통해 많은 청소년들이 스스로 생각하고 스스로 답을 알아내는 방법을 배웠으면 한다.

2004년 6월 뮌헨에서
라이너 에를링어

308

용어 풀이

이 책에서 언급한 철학자들과 윤리학 개념들을 간략하게 가나다순으로 정리했다.

개선설 | 인간은 노력함으로써 이상 세계에 도달할 수 있다고 주장하는 이론. 즉 이 세상에는 선이나 정의와 함께 악이나 부정도 존재한다고 인정하고, 인간의 적극적인 의지의 노력으로 이러한 악이나 부정을 점차 극복해 가면 세계를 개선할 수 있다는 사고방식이다. 영국의 작가 엘리엇이 처음으로 이 용어를 쓰기 시작하였으며, 미국의 철학자 윌리엄 제임스 등에 의하여 일반화되었다.

게오르크 빌헬름 프리드리히 헤겔 | 독일의 철학자(1770년~1831년)이다. 칸트 철학을 계승한 독일 관념론의 완성자로서 자연, 역사, 정신의 모든 세계는 끊임없이 변화하고 발전하여 가는 과정이며 이들은 정반(正反), 정반합(正反合)을 기본 운동으로 하는 관념의 변증법적 전개 원리로 설명될 수 있다고 주장하였다. 이 변증법적 원리는 이후의 마르크스주의에 비판적으로 계승되어 19세기 이후의 사상과 학문에 큰 영향을 끼쳤다. 저서에 『정신현상학』, 『논리학』 등이 있다.

공리주의 | 행위의 목적이나 선악 판단의 기준을 인간의 이익과 행복을 증진시키는 데에 두는 사상이다. 개인의 복지를 중시하는 견해와 최대 다수의 최대 행복을 내세우며 사회 전체의 복지를 중시하는 견해가 있다. 주로 19세기 영국에서 유행한 윤리로 17~18세기의 고전 경험론과 신학자, 고전 경제학자, 19세기의 급진주의자에게서 이 주의를 찾아볼 수 있으나, 이를 단순 명

쾌하게 정식화한 사람은 제러미 벤담이며, J.S.밀 부자에 의해서 계승되었다.

공산주의 | 마르크스와 레닌에 의하여 체계화된 프롤레타리아 혁명 이론에 입각한 사상이다. 사적 소유에 근거를 둔 계급 지배를 철폐하고 생산수단의 사회화와 무계급 사회를 지향한다.

구스타프 라드브루흐 | 독일의 법학자이자 20세기 법철학을 대표하는 인물(1878년~1949년)이다. 1932년 법철학을 발표하여 명성을 얻게 되었고 실정법 이상의 법에 대한 관심을 보여왔다. 저서에 『포에르바흐의 전기: 한 법률가의 생애』, 『형법사 이야기』 등이 있다.

니콜라이 하르트만 | 독일의 철학자(1882년~1950년)이다. 처음에는 신칸트학파 내의 마르부르크학파로 출발하였으나, 뒤에는 독자적인 존재론의 입장에서 세계의 계층 구조나 윤리, 역사 따위의 여러 분야에 대한 문제를 인식하고 근대 형이상학의 대성자가 되었다. 저서에 『인식의 형이상학 강요』, 『윤리학』, 『실재적 세계의 구조』 따위가 있다.

디오게네스 | 시노페의 디오게네스라고도 한다. 가짜 돈을 만들었다는 죄목으로 고향인 시노페에서 쫓겨나 아테네에 와서 안티스테네스의 제자가 되었다. 행복이란 인간의 자연스러운 욕구를 가장 쉬운 방법으로 만족시키는 것이며, 자연스러운 것은 부끄러울 것도 없고 보기 흉하지도 않으므로 감출 필요가 없으며, 이 원리에 어긋나는 관습은 반자연적이며 또한 그것을 따라서도 안 된다고 역설하면서, 몸소 가난하지만 부끄러움이 없는 자족 생활을 실천하였다.
디오게네스가 일광욕을 하고 있을 때 알렉산드로스대왕이 찾아와 곁에 서서 소원을 물었더니, 아무것도 필요없으니 햇빛을 가리지 말고 그곳에서 비켜

달라고 하였다는 말은 유명하다. 알렉산드로스대왕은 "내가 알렉산드로스대왕이 아니었더라면 디오게네스가 되기를 바랐을 것이다."라고 말하였다고 한다.

딜레마 | 어원은 그리스어의 di(두 번)와 lemma(제안·명제)의 합성어로, 선택해야 할 길은 두 가지 중 하나로 정해져 있는데 그 어느 쪽을 선택해도 바람직하지 못한 결과가 나오게 되는 곤란한 상황을 가리킨다.

마르틴 루터 | 독일의 종교 개혁자이자 신학 교수(1483년~1546년)이다. 1517년에 로마 교황청이 면벌부를 마구 파는 데에 분격하여 이에 대한 항의서 95개조를 발표하여 파문을 당하였으나 이에 굴복하지 않고 종교개혁의 계기를 마련하였다. 1522년 비텐베르크성에서 성경을 독일어로 완역하여 신교의 한 파를 창설하였다. 특히 모든 직업을 신의 소명에 의한 것이라고 설명한 것이 직업관에 커다란 영향을 미쳤다. 종교개혁을 르네상스와 함께 근세로 가는 전환점으로 만들었다.

마하바라타 | 산스크리트어로 기록된 고대 인도의 대서사시. '바라타족의 전쟁을 읊은 대사시'란 뜻으로 오랜 세월에 걸쳐 구전되어 오는 사이에 정리, 수정, 증보를 거쳐 4세기경에 지금의 형태를 갖추게 된 것으로 여겨진다.

뱅자맹 콩스탕 | 프랑스의 정치가이자 소설가(1767년~1830년)로, 한때 나폴레옹 아래에서 호민관을 지내기도 하였으며 자유주의적인 입헌 왕정주의자로서 정치적 생명을 지켜나갔다. 대표적 저서에 심리소설의 원형이라 할 수 있는 『아돌프』 등이 있다.

버트런드 러셀 | 영국의 철학자, 수학자, 사회평론가(1872년~1970년)이

다. 수리철학, 기호논리학을 집대성하여 분석철학의 기초를 쌓았다. 평화주의자로 제1차 세계대전과 나치에 반대하였으며, 원폭 금지 운동, 베트남전쟁 반대운동에 앞장섰다. 1950년에 노벨문학상을 받았으며 저서에『정신의 분석』,『의미와 진리의 탐구』등이 있다.

베르톨트 브레히트 | 독일의 시인, 극작가(1898년~1956년)이다. 제1차 세계대전 중에 위생병으로 육군병원에서 근무하였다. 제대군인의 혁명 체험의 좌절을 묘사한『한밤의 북소리』로 클라이스트상을 받았다.

세네카 | 에스파냐 태생의 고대 로마 철학자이자 극작가(기원전 4년~기원후 65년)이다. 스토아학파의 철학자로, 네로의 스승이 되었지만 후에 반역의 혐의를 받고 자결하였다. 저서에『메디아』,『아가멤논』등이 있다.

소크라테스 | 고대 그리스의 철학자(기원전 470년~기원전 399년)이다. 문답을 통하여 상대의 무지를 깨닫게 하고, 시민의 도덕의식을 개혁하는 일에 힘썼다. 당시 그리스 철학자들은 우주의 원리를 묻곤 했다. 소크라테스에 이르러 비로소 자신과 자기 근거에 대한 물음이 철학의 주제가 되었다. 이런 의미에서 소크라테스는 내면(영혼의 차원) 철학의 시조라 할 수 있다. 신을 모독하고 청년을 타락시켰다는 혐의로 독배를 받고 죽었다. 그의 사상은 제자 플라톤의『대화편』에 전하여진다.

소포클레스 | 고대 그리스의 비극 시인(기원전 496년~기원전 406년)이다. 그리스비극을 기교적, 형식적으로 완성하였다. 작품에『안티고네』,『오이디푸스왕』등이 있다.

아르투어 쇼펜하우어 | 독일의 철학자(1788년~1860년)이다. 염세 사상

의 대표자로 불린다. 그의 철학은 칸트의 인식론에서 출발하여 피히테, 셸링, 헤겔 등의 관념론적 철학자를 공격하였다. 그러나 그 근본 사상이나 체계의 구성은 같은 '독일 관념론'에 속한다. 저서에 『의지와 표상으로서의 세계』 등이 있다.

아리스토텔레스 | 고대 그리스의 철학자(기원전 384년~기원전 322년)이다. 플라톤의 제자로 플라톤이 초감각적인 이데아의 세계를 존중한 것에 비해, 아리스토텔레스는 인간에 가까운, 감각되는 자연물을 존중하고 이를 지배하는 원인들의 인식을 구하는 현실주의 입장을 취하였다.

아리스토텔레스주의 | 아리스토텔레스의 철학이 계속해서 영향을 미치는 것, 또는 그의 덕택으로 생긴 철학적인 흐름을 말한다. 아리스토텔레스의 철학은 소요학파에서 출발하여, 아리비아인람, 유대인 및 13세기의 중세 전성기의 스콜라철학 등을 거쳐 이어져 내려왔다. 아리스토텔레스주의는 신플라톤학파와 스콜라철학에 큰 영향을 주었다.

아우렐리우스 아우구스티누스 | 로마의 주교, 성인(354년~430년)이다. 기독교회의 고대 교부 가운데 최고의 사상가이며 교부철학의 대성자로, 고대 신플라톤주의 철학과 기독교를 결합하여 중세 사상계에 영향을 주었다. 저서에 『고백록』, 『삼위일체론』 등이 있다.

아킬레우스 | 그리스신화에 나오는 영웅. 걸음이 몹시 빠르며 트로이전쟁 때 활약하였다. 불사신이었으나 유일한 약점인 발뒤꿈치에 트로이 왕자 파리스가 쏜 화살을 맞아 죽었다고 한다. 영어식으로는 '아킬레스'라고 부른다.

알베르트 슈바이처 | 독일계의 프랑스 의사, 사상가, 신학자, 음악가(1875

년~1965년)이다. 프랑스령 적도아프리카의 랑바레네에 병원을 세워 아프리카인의 치료에 헌신했으며 핵실험 금지를 주창하는 등 인류 평화에 공헌하였다. 1952년 노벨평화상을 받았다. 신학자로서는 종말론적 요소를 강조했고, 철학가로서는 칸트를 연구했으며, 자신의 윤리관으로 '생명의 경외'를 주장했다. 음악가로서는 뛰어난 오르간 연주가였고 오르간 개량에도 큰 업적을 남겼다. 저서에『문화와 윤리』,『라이마루스에서 브레데까지』등이 있다.

에피쿠로스 | 고대 그리스의 철학자(기원전 341년~기원전 270년)이다. 원자론에 기초를 둔 에피쿠로스학파를 창시하였다. 저서로는『자연에 대하여』가 있다.

오트프리트 회페 | 독일의 세계적인 법철학자이자 윤리학자(1943년~)로 독일 뮌스터대학교, 튀빙엔대학교, 자르브뤼켄대학교, 뮌헨대학교에서 철학, 역사학, 신학, 사회학을 공부했다. 1970년 뮌헨대학교에서 칸트 전공으로 철학 박사학위를 받았다. 이후 뮌헨대학교와 스위스 프리부르대학교 교수를 거쳐 2004년 이후 튀빙엔대학교 철학과 교수이자 정치철학연구소 소장으로 있다. 저서로『임마누엘 칸트』,『윤리학사전』등이 있다.

요한 볼프강 폰 괴테 | 독일의 시인, 극작가, 정치가, 과학자(1749년~1832년)이다. 독일 고전주의의 대표자로서 세계적인 문학가이며 자연 연구가이다. 자기 체험을 바탕으로 한 고백과 참회의 작품을 썼다. 작품에 희곡『파우스트』, 소설『젊은 베르테르의 슬픔』, 자서전『시와 진실』등이 있다.

윌리엄 K. 프랑케나 | 1908년 미국 몬태나주에서 태어나 엄격한 종교적 분위기에서 자랐다. 1926년 캘빈대학에서 영문학과 철학을 전공했고 여기에서 절대 관념론의 철학에 접하게 되었으며 윤리학에 대한 일생의 관심도 이

곳에서 싹트게 되었다. 저서로는 『윤리학』 등이 있다.

이기주의 | 일반적으로 윤리적 이기주의를 말하며 이타주의, 부분적으로는
공리주의와 대립된다. 소피스트, 키레네학파, 에피쿠로스학파, 홉스, 슈티르
너 등에서 그 두드러진 경향을 찾아볼 수 있으며, 이론적으로는 의무론의 형
태도 취할 수 있으나, 개인의 선(이익)이라는 목적을 행동의 의무, 올바름의
유일한 기준으로 삼는 점에서 실제로는 목적론적 윤리관의 한 형태를 취한
다. 나아가 목적, 내용의 차이에 따라 행복주의나 쾌락주의의 한 형태를 취
하기도 하나, 쾌락주의일 경우가 많다. 이기주의를 지원하는 유력한 근거는
인간 본성이 원래 자기의 이익만을 추구하도록 되어 있다는 심리적 이기주
의(프로이트주의의 입장도 그 한 예)이다.

인권 | 인간으로서 당연히 가지는 권리. 자유권, 인격권, 기본권, 즉 인권은
소위 '타고난' 권리이다. 인권은 본성적으로 제한할 수 없는 것이며 없애버
릴 수도 없다. 국가의 권력이 인격을 존중하지 않을 때에는 초실증적인 권리
를 짓밟는 것이며, 저항권을 불러일으킨다.

인종주의 | 개개 인종의 생물학적, 생리학적 특징에 따라 계급이나 민족 사
이의 불평등한 억압을 합리화하는 비과학적인 사고방식. 이러한 사고방식은
인종을 사회의 성립, 발전의 기본적인 요소로 보는 견해이다. 인종주의는 이
미 고대의 아리스토텔레스에서도 찾아볼 수 있으며, 근대적 형태는 J.A.C.
고비노에서 비롯되었다. 이러한 사고는 나치 독일의 세계관의 기초를 이루
었다. 인종의 유전적 소질과 정신적 능력 사이에는 직접적인 필연 관계가 성
립되지 않으므로, 인종주의가 인종적 편견 위에 수립된 오류임은 명백한 일
이다. 인종주의는 흔히 민족적인 지배나 정복을 정당화하고, 개인의 헤게모
니를 확보하기 위한 수단으로서 이용되기도 하였다.

이마누엘 칸트 | 독일의 철학자(1724년~1804년)이다. 경험주의와 합리주의를 통합하는 입장에서 인식의 성립 조건과 한계를 확정하고, 형이상학적 현실을 비판하여 비판철학을 확립하였다. 저서에 『순수이성비판』, 『실천이성비판』, 『판단력 비판』, 『영구 평화론』 등이 있다.

자본주의 | 이윤 추구를 목적으로 하는 자본이 지배하는 경제체제. 이 경제체제는 16세기 무렵부터 봉건제도 속에서 싹트기 시작하였는데, 18세기 중엽부터 영국과 프랑스 등을 중심으로 점차 발달하여 산업혁명에 의해서 확립되었으며, 19세기에 들어와 독일과 미국 등으로 파급되었다. '자본주의'라는 말은 원래 사회주의자가 쓰기 시작하여 점차 보급된 용어이다. 마르크스는 자본주의의 특징을 '이윤 획득을 목적으로 상품생산이 이루어진다는 점, 노동력이 상품화된다는 점, 생산이 무계획적으로 이루어진다는 점' 등으로 보았다.
M.베버는 근대 자본주의를 '직업으로서 합법적 이윤을 조직적, 합리적으로 추구하는 정신 태도'라고 정의하였다.

장 폴 사르트르 | 프랑스의 소설가, 철학자(1905년~1980년)이다. 잡지 《현대》를 주재하면서 문단과 논단에서 활약하였으며, 무신론적 실존주의를 제창하였다. 문학자의 사회참여를 주장하고, 공산주의에 접근하였다. 저서에 소설 『구토』, 『자유에의 길』, 철학서 『존재와 무』 등이 있다.

재사회화 | 사회변동과 새 환경에 적응하기 위해 새롭게 사회화하는 과정. 사람이 속한 사회집단의 규범, 가치관, 행동 양식 등의 문화를 배워서 한 사람의 인간으로서 행동할 수 있게 되는 과정이 사회화이고, 어른이 된 다음에 지위와 생활양식의 변화로 다시 새로운 생활양식이나 행동 규범을 학습하는 과정이 재사회화이다. 태어나서 청년기까지 가족과 이웃, 학교 등을 중심으

로 자아 형성과 사회 가치의 인지 과정을 원초적 사회화라고 한다면, 성인이 되어 새로운 상황에 적응해 가는 것이 재사회화이다.

정언명법 | 정언적명령이라고도 한다. 칸트 철학에서, 행위의 결과에 구애됨이 없이 행위 그것 자체가 선(善)이기 때문에 무조건 그 수행이 요구되는 도덕적 명령을 말한다.

제러미 벤담 | 영국의 철학자, 법학자(1748년~1832년)이다. 인생의 목적은 '최대 다수의 최대 행복'의 실현에 있으며 쾌락을 조장하고 고통을 방지하는 능력이야말로 모든 도덕과 입법의 기초 원리라고 하는 공리주의를 주장하였다. 변호사를 하다가 나중에 연구자가 되었는데, 의회의 개혁과 같은 정치 활동에도 관계한 바 있다.

존 롤스 | 미국의 철학자(1921년~2002년)로 하버드대학교 교수를 지냈다. 『정의론』에서 공리주의를 대신할 실질적인 사회정의 원리를 '공정으로서의 정의론'으로 전개했다. 가장 불리한 상황에 있는 사람들의 이익을 최대화하기 위해서는 사회경제적 불평등이 정당화된다는 '격차 원리'를 주장했다.

존 스튜어트 밀 | 영국의 경제학자, 철학자, 사회과학자, 사상가(1806년~1873년)이다. 초기에는 공리주의에 공명하였으나 후에 사상적으로 전환하여 종래의 공리주의적 자유론을 대신하여 인간 정신의 자유를 해설한 『자유론』을 저술하였다.

중용 | 아리스토텔레스의 덕론(德論)의 중심 개념이다. 이성으로 욕망을 통제하고, 지혜로운 관점으로 과대와 과소가 아닌 올바른 중간을 정하는 것을 이른다.

카를 마르크스 | 독일의 경제학자, 정치학자, 철학자(1818년~1883년)이다. 독일 관념론, 공상적 사회주의 및 고전 경제학을 비판하여 과학적 사회주의를 창시하였다. 헤겔 좌파 사상의 영향을 받고 급진적인 부르주아 반정부 기관지《라인 신문》의 주필로 있다가, 신문의 폐간으로 파리로 망명하여 사적 유물론 사상을 확립하고, 1848년에는 엥겔스와 함께 『공산당 선언』을 집필하였다. 1849년 이후에는 런던에서 빈곤과 싸우며 경제학 연구에 전념하고 『자본론』 저술에 몰두하였다. 이는 역사의 유물변증법적 해석으로 프롤레타리아의 역할을 인식하고 해방을 추구하여 계급투쟁의 이론을 수립한 것으로 평가받고 있다. 저서에 『신성 가족』, 『경제학 비판』, 『철학의 빈곤』 등이 있다.

쾌락주의 | 쾌락을 가장 가치 있는 인생의 목적이라 생각하고 모든 행위의 궁극적인 목적 내지 도덕의 원리로 생각하는 사상이다. 행복주의에서 나왔다.

크세노폰 | 고대 그리스의 군인이며 작가(기원전 431년~기원전 350년)이다. 소크라테스의 제자였다. 기원전 401년 페르시아 왕의 동생 키로스가 일으킨 전쟁에 참전하여 수기 『아나바시스』를 썼다. 저서에 『그리스 역사』, 『소크라테스의 변명』 등이 있다.

카르네아데스 | 고대 그리스의 철학자(기원전 214년~기원전 129년)이다. 스토아철학을 연구, 그 철학을 논박하여 진위의 기준이 존재하지 않기 때문에 여하한 인식도 불가능하다고 주장했다. 한편으로는 개연적 지식을 인정하고 그 삼 단계를 논한 후, 그에 바탕을 둔 도덕학을 전개하였다.

토마스 아퀴나스 | 이탈리아의 신학자, 철학자(1225년~1274년)이다. 스

콜라철학의 대표자 가운데 한 사람으로, 이성과 신앙의 조화를 추구하여 방대한 신학 이론의 체계를 수립하였다. 저서에 『신학대전』이 있다.

파울 요한 안젤름 포이어바흐 ｜ 독일의 형법학자(1775년~1833년)이다. 형벌이 법률에 의거하여 행하여져야 한다는 죄형 법정주의의 기초를 마련하여 근대 형법학의 비조로 여겨진다. 저서에 『현행 독일 보통 형법 교과서』 등이 있다.

페르난도 사바테르 ｜ 스페인의 철학자(1947년~)이다. 1975년 마드리드 종합대학에서 철학 박사학위를 받았으며, 이후 파이바스코대학 윤리학 교수를 거쳐 현재는 마드리드 종합대학 철학과 교수로 있다. 지은 책으로는 『철학 사전』, 『즐거운 비밀』, 『청소년을 위한 이야기 정치학』, 『선택의 가치』 등 다수가 있다. 《엘 파이스》의 칼럼니스트로 활동하고 있으며, 여러 방송 프로그램의 진행자로도 유명하다.

플라톤 ｜ 고대 그리스의 철학자(기원전 428년~기원전 347년)이며 형이상학의 수립자이다. 소크라테스의 제자로, 아카데미아를 개설하여 생애를 교육에 바쳤다. 영원불변의 개념인 이데아(idea)를 통해 존재의 근원을 밝히고자 했다. 철학자가 통치하는 이상 국가의 사상으로 유명하다. 저서에 『소크라테스의 변명』, 『향연』, 『국가』 등이 있다.

피터 싱어 ｜ 멜버른의 모나시대학교에 있는 인문생명윤리학센터의 부소장이자 철학과 교수(1946년~)이다. 그는 생명윤리학 국제협회의 창설 회장이며 '동물 해방'으로 잘 알려져 있다. 그의 저서 중 『삶과 죽음에 대한 회상』은 1994년, 최고 비소설 저서에 주는 오스트레일리아 밴조 국가저작협회상을 받기도 했다.

한스 요나스 | 독일의 철학자(1903년~1993년)이다. 그의 대표작 『책임의 원칙』은 생산력의 발달을 통해 유토피아를 건설하려고 하는 마르크스주의적 기획을 비판한다. 인간중심적 자연관은 도구적 기술관과 맞물려 환경 파괴와 기술 유토피아라는 신화를 낳게 되었다. 이에 요나스는 새로운 책임의 윤리를 제창한다.

황금률 | 그리스도교의 윤리관을 가장 정확하게 표현한 말이다. 원래 예수 그리스도의 산상수훈 속에 있는 것으로, 17세기부터 황금률이라는 표현이 사용되었다고 알려져 있다.

남에게 대접을 받고자 하는 대로 남을 대접하라는 말로, 황금처럼 고귀한 윤리의 지침을 일컫는다. 율법과 선지자, 성서의 내용과 예수가 가르친 윤리의 내용을 요약한 말이다. 그러나 지금은 '뜻이 심오하여 인생에 유익한 잠언'을 이르는 말로 사용된다.

인용문 출처

본문의 인용문을 번역하는 과정에서 옮긴이는 한국어 번역본이 있는 경우 번역본을 참고하였고, 그렇지 않은 경우는 독일어 원서를 기준으로 하여 번역했다. 한국어 번역본이 있는 책은 출판사를 밝혀놓았다.

13쪽 『내 이름은 삐삐 롱스타킹』, 아스트리드 린드그렌 지음, 햇살과나무꾼 옮김, 시공주니어.

18~19쪽, 25쪽 『거짓말, 거짓말에 대한 반론 *Die Lüge und Gegen die Lüge*』, 아우렐리우스 아우구스티누스 지음.

28쪽, 31쪽, 67~68쪽, 87~88쪽, 234~235쪽
『도덕 형이상학 *Metaphysik der Sitten*』, 이마누엘 칸트 지음.

30쪽 『신학대전 *Summa Theologica*』, II/II 토마스 판 아퀸 지음.

36쪽 『도덕의 기초에 관한 현상 논문 *Preisschrift über die Grundlagen der Moral*』, 아르투어 쇼펜하우어 지음.

43쪽 『꼬마마녀』, 오트프리트 프로이슬러 지음, 백경학 옮김, 길벗어린이.

53쪽 『분석 윤리학 입문 *Analytische Ethik - Eine Einführung*』, 윌리엄 K. 프랑케나 지음.

58쪽~59쪽, 109쪽, 260쪽, 263~264쪽
『니코마코스 윤리학』, 아리스토텔레스 지음, 최명관 옮김, 서광사.

61쪽, 273쪽 『쾌락의 철학』, 에피쿠로스 지음, 조정옥 옮김, 동천사.

63~64쪽 『공리주의』, 존 스튜어트 밀 지음, 이을상 · 김수청 옮김, 이문출판사.

64쪽, 286쪽 『도덕과 법령의 원리 입문 *An introduction to the Principles of Moral and Legislation*』, 제러미 벤담 지음.

70쪽 『윤리학 *Ethik*』, 니콜라이 하르트만 지음.

74~75쪽 『곰돌이 푸우는 아무도 못 말려』,

　　　　앨런 알렉산더 밀른 지음, 조경숙 옮김, 길벗어린이.

85쪽, 163쪽 『파우스트 1~2』, 요한 볼프강 폰 괴테 지음, 정서웅 옮김, 민음
사.

　　　　『파우스트』, 요한 볼프강 폰 괴테 지음, 정경석 옮김, 문예출판사.

101쪽 『떠들썩한 마을의 아이들』,

　　　　아스트리드 린드그렌 지음, 햇살과나무꾼 옮김, 논장.

110쪽 『실존주의는 휴머니즘이다』,

　　　　장 폴 사르트르 지음, 방곤 옮김, 문예출판사.

114~115쪽 『윤리학사전』, 오트프리트 회페 지음, 임홍빈 외 옮김, 예경.

124~125쪽 『톰 소여의 모험』,

　　　　마크 트웨인 지음, 지혜연 옮김, 시공주니어

132쪽, 167~168쪽 『플라톤의 대화편』,

　　　　플라톤 지음, 최명관 옮김, 훈복문화사.

　　　　『에우티프론, 소크라테스의 변론, 크리톤, 파이돈』,

　　　　플라톤 지음, 박종현 옮김, 서광사.

134쪽 『실천이성비판』, 임마누엘 칸트 지음, 최재희 옮김, 박영사.

　　　　『실천이성비판』, 임마누엘 칸트 지음, 백종현 옮김, 아카넷.

141~142쪽 『플라톤의 대화편』, 플라톤 지음, 최명관 옮김, 훈복문화사.

　　　　『에우티프론, 소크라테스의 변론, 크리톤, 파이돈』,

　　　　플라톤 지음, 박종현 옮김, 서광사.

150~151쪽 『어린 왕자』, 생텍쥐페리 지음, 박성창 옮김, 비룡소.

155~156쪽 『인도의 정신 세계 *Indische Geisteswelt*』.

172~173쪽 『가죽양말 이야기』, 제임스 페니모어 쿠퍼.

176쪽, 192쪽, 196쪽

『오이디푸스 왕, 안티고네 외』, 소포클레스 지음, 천병희 옮김, 문예
출판사.

181쪽 『백장미의 수기』, 잉게 숄 지음, 홍경호 옮김, 범우사.

『아무도 미워하지 않는 자의 죽음』,

잉게 숄 지음, 유미영 옮김, 푸른나무.

『아무도 미워하지 않는 자의 죽음』,

잉게 숄 지음, 이재경 옮김, 시간과공간사.

182~183쪽 『구스타프 라드브루흐–법철학
Gustav Radbruch - Rechtsphilosophie』, 구스타프 라드브루흐 지음.

188~189쪽, 212쪽, 213~214쪽

『도덕 형이상학을 위한 기초 놓기』,

이마누엘 칸트 지음, 이원봉 옮김, 책세상.

『윤리형이상학 정초』, 임마누엘 칸트 지음, 백종현 옮김, 아카넷.

201쪽 『에밀과 탐정들』, 에리히 캐스트너 지음, 장영은 옮김, 시공주니어.

225쪽 『하이디』, 요한나 슈피리 지음, 한미희 옮김, 비룡소.

236쪽, 240쪽 『법철학 강요』, 게오르크 빌헬름 프리드리히 헤겔 지음, 권응
호 옮김, 홍신문화사.

237~238쪽 『독일에서 일반적으로 통용되는 부끄러운 법률에 관한 교과서.
*Lehrbuch des gemeinen in Deutschland geltenden peinlichen
Rechts*』, 파울 요한 안젤름 포이어바흐 지음.

247쪽 『꼬마 백만장자 삐삐』,

아스트리드 린드그렌 지음, 햇살과나무꾼 옮김, 시공주니어.

255쪽 『도덕의 기초에 관하여』,

아르투어 쇼펜하우어 지음, 김미영 옮김, 책세상.

262쪽 『플라톤의 국가 · 정체』, 플라톤 지음, 박종현 옮김, 서광사.

266쪽 『윤리학에 대한 강의 *Vorlesungen über Ethik*』,

에른스트 투겐트하트 지음.

268~269쪽 『정의론』, 존 롤스 지음, 황경식 옮김, 이학사.

279쪽 『산적의 딸 로냐』,

아스트리드 린드그렌 지음, 이진영 옮김, 시공주니어.

283쪽 『정치학』, 아리스토텔레스 지음, 이병길 옮김, 박영사.

284~285쪽 『문화와 윤리 Kultur und Ethik』, 알베르트 슈바이처 지음.

285~286쪽 『윤리학에 대한 강의 Eine Vorlesung über Ethik』,

이마누엘 칸트 지음.

287~288쪽 『실천윤리학』, 피터 싱어 지음, 황경식 외 옮김, 철학과현실사.

300쪽 『책임의 원칙』, 한스 요나스 지음, 이진우 옮김, 서광사.

지은이 라이너 에를링어
1965년 독일에서 태어났으며 의학박사이자 법학박사이다. 처음에는 의사로
일했으나 인간의 참모습에 관해 의학적 측면보다 도덕적 측면에서 호기심을
느끼고 변호사로 직업을 바꾸었다. 방송 프로그램의 사회자와 문필가로도 활
동했으며, 의학과 법학에 관한 강연도 했다. 독일 일간지《쥐트도이체 차이퉁》
의 주말판 별책 잡지인《에스체트 매거진》에 윤리적인 문제를 다룬 칼럼을 실
어서 '윤리 박사'라는 별명을 얻은 저자는 어렵게만 느껴지는 수많은 윤리적
질문에 대해 명쾌한 답을 제공하는 것으로 유명하다.

옮긴이 박민수
연세대학교 독어독문학과를 졸업하고 같은 대학교 대학원에서 석사학위를 받았다.
이후 독일에 유학하여 베를린 자유대학에서 독문학 박사학위를 받았다. 한국해양대
학교 국제해양문제연구소에서 연구교수로 일했다. 옮긴 책으로『곰브리치 세계사』,
『카라반 이야기』,『세계 철학사』,『하이데거』등이 있다.

즐거운지식
거짓말을 하면 얼굴이 빨개진다
1판 1쇄 펴냄—2006년 12월 15일 1판 23쇄 펴냄—2022년 1월 27일
2판 1쇄 찍음—2025년 3월 14일 2판 1쇄 펴냄—2025년 3월 28일
지은이 라이너 에를링어 옮긴이 박민수 펴낸이 박상희 편집장 전지선
펴낸곳 (주)비룡소 출판등록 1994. 3. 17. (제16-849호)
주소 06027 서울시 강남구 도산대로1길 62 강남출판문화센터 4층
전화 02)515-2000 팩스 02)515-2007 홈페이지 www.bir.co.kr
제품명 어린이용 반양장 도서 제조자명 (주)비룡소 제조국명 대한민국 사용연령 3세 이상
ISBN 978-89-491-8743-3 44100/ ISBN 978-89-491-9000-6(세트)

즐거운지식

수학 귀신 한스 엔첸스베르거 글·로트라우트 수잔네 베르너 그림/ 고영아 옮김
어린이도서연구회 권장 도서, 열린어린이 선정 좋은 어린이책, 전교조 권장 도서, 중앙독서교육 추천 도서,
쥬니버 오늘의 책, 책교실 권장 도서, 독일 서적예술재단상

펠릭스는 돈을 사랑해 니콜라우스 피퍼 글/ 고영아 옮김
아침햇살 선정 좋은 어린이책, 어린이도서연구회 권장 도서, 책교실 권장 도서

청소년을 위한 경제의 역사 니콜라우스 피퍼 글·알요샤 블라우 그림/ 유혜자 옮김
2003년 독일 청소년 문학상 논픽션 부문 수상작, 한국간행물윤리위원회 청소년 권장 도서, 대한출판문화협회 선정
올해의 청소년 도서, 책따세 추천 도서, 전국독서새물결모임, 한우리독서운동본부 추천 도서

거짓말을 하면 얼굴이 빨개진다 라이너 에를링어 글/ 박민수 옮김
한국간행물윤리위원회 청소년 권장 도서, 책따세 추천 도서

음악에 미쳐서 올리히 룰레 글/ 강혜경·이헌석 옮김
네이버 오늘의 책, 열린어린이 선정 좋은 어린이책, 책교실 권장 도서

대통령이 된 통나무집 소년 링컨 러셀 프리드먼 글/ 손정숙 옮김
뉴베리상 수상작, 경기도학교도서관사서협의회 추천 도서

세상에서 가장 쉬운 철학책 우에무라 미츠오 글그림/ 고선윤 옮김
한국간행물윤리위원회 청소년 권장 도서, 아침독서 추천 도서

달의 뒤편으로 간 사람 베아 우스마 쉬페르트 글그림/ 이원경 옮김
어린이도서연구회 권장 도서, 학교도서관저널 추천 도서

클래식 음악의 괴짜들 스티븐 이설리스 글·애덤 스토어 그림/ 고정아 옮김
학교도서관저널 추천 도서

곰브리치 세계사 에른스트 H. 곰브리치 글·클리퍼드 하퍼 그림/ 박민수 옮김
《가디언》 선정 2010 청소년을 위한 좋은 책, 《로스앤젤레스 타임스》 선정 2005 올해의 책, 미국 대학 출판부 협회
(AAUP) 선정 도서, 학교도서관사서협의회 추천 도서, 학교도서관저널 추천 도서, 어린이문화진흥회 추천 도서

가르쳐 주세요!-성이 궁금한 사춘기 아이들이 던진 진짜 질문 99개 카타리나 폰 데어 가텐 글·앙케 쿨 그림/
전은경 옮김

이것이 완전한 국가다 만프레트 마이 글·아메바피쉬 그림/ 박민수 옮김
한국간행물윤리위원회 청소년 권장 도서

클래식 음악의 괴짜들 2 스티븐 이설리스 글·수전 헬러드 그림/ 고정아 옮김
아침독서 추천 도서

미스터리 철학 클럽 로버트 그랜트 글/ 강나은 옮김

하리하라의 과학 24시 이은희 글·김명호 그림

한국과학창의재단 선정 우수과학도서, 아침독서 추천 도서

하리하라의 과학 배틀 이은희 글·구희 그림

세종도서 교양부문 추천 도서, 대한출판문화협회 올해의 청소년 도서, 아침독서 추천 도서

별을 읽는 시간 게르트루데 킬 글/ 김완균 옮김

★ 계속 출간됩니다.